직장인 부동산 투자 오늘부터 1일

직장인 부동산 투자

오늘부터 1일

1쇄 발행 2022년 4월 30일
3쇄 발행 2022년 10월 10일

지은이 자유몽·구번타자홈런왕·갓슬러·배부른기린·집사드림·젠틀파파·호토
펴낸이 유해룡
펴낸곳 ㈜스마트북스
출판등록 2010년 3월 5일 | 제2021-000149호
주소 서울시 영등포구 영등포로5길 19, 동아프라임밸리 611호
편집전화 02)337-7800 | **영업전화** 02)337-7810 | **팩스** 02)337-7811

원고투고 www.smartbooks21.com/about/publication
홈페이지 www.smartbooks21.com

ISBN 979-11-90238-78-6 13320

직장인 부동산 투자

오늘부터 1일

- 자유몽
- 구번타자홈런왕
- 갓슬러
- 배부른기린
- 집사드림
- 젠틀파파
- **호토** 지음

스마트북스

머리말

직장인 자산가들

처음 부동산 투자란 것을 시작한 지 20여 년, 본격적으로 투자를 한 지는 어느새 10년 정도가 흘렀다. 꿈 많고 열정적이던 20대 청춘은 어느덧 40대 중반이 되었다. 신체적 변화만 생각한다면 너무도 서글프지만 인생의 성숙함, 그리고 자산의 증가 과정과 결과에 대해 돌아본다면 그렇게 슬퍼할 필요만은 없어 보인다.

그동안 많은 우려를 받으며 열정적으로 투자한 수십 개의 부동산 씨앗이 수확을 거두고 있다. 아직 직장에서 열심히 일을 하고 있지만, 이제 매년 투자에서 발생하는 현금흐름이 연봉을 훌쩍 넘어섰기에, 어느 정도 준·전업투자자와 경제적 자유인의 반열에도 올랐다고 생각한다. 기쁨은 나누면 두 배가 된다는 말이 있듯, 이러한 경험과 노하우를 주변의 꼭 필요로 하는 분들과 나누고 싶다는 생각이 들어 이 책을 기획하게 됐다.

직장인 자산가 7인이 모인 이유

투자는 외로운 길일 수밖에 없다. 정해진 공식이나 정답이 없기에, 오늘의 정답이 내일의 오답이 될 수도 있고 또 그 반대가 될 수도 있다. 1 더하기 1은 항상 2가 되고, 2를 10번 곱하면 항상 1,024가 되지만,

불과 2년 전의 투자 추천지역이 지금은 우려지역이 될 수도 있고, 반대로 예전에는 절대 매수하면 안 된다고 했던 지역이 지금은 관심 1순위 지역이 되기도 한다. 또한 부동산 투자를 적폐시하고 기피하는 정서상, 내가 투자를 많이 한다고 떠들고 다닐 수 있는 것도 아니다. 아무리 친한 지인이라고 해도 이쪽 세계에 아예 관심이 없거나, 또는 관심은 있지만 남들이 투자하는 것을 지켜보기만 할 수밖에 없던 분들에게는, 그분들이 먼저 노크를 해 주시기 전까지는 함께하자고 큰 목소리를 내는 것이 쉽지만은 않다.

그렇게 오랜 기간 외롭게 투자하면서도 네이버 블로그, 카카오톡 등 온라인 커뮤니티에서 투자자들끼리 조금씩 끈을 이어가다 보니, 나 같은 처지에 있는 투자자들이 꽤 많다는 것을 알게 되었다. 이렇게 나와 비슷한 생각을 가진 7명의 사람들이 모였다. 그리고 각자 가지고 있는 부동산 투자에 대한 경험과 생각을 모아 한 권의 책으로 만들게 되었다.

7인 7색의 경험과 노하우를 한 권에

부동산 투자에 대한 긍정적인 마인드는 우리 저자들 7명이 비슷하지만, 각각의 투자성향과 투자과정은 꽤 다르다.

서울 및 수도권 아파트, 지방 아파트, 아파트 분양권, 재개발/재건축 등 도시정비 사업, 오피스텔, 상가, 지식산업센터, 그리고 꼬마빌딩 등 서로 다른 각자의 분야에서 성공을 거두고 있으며, 이 책은 그에 대한 다양한 실전사례를 소개하고 있다.

그래서 오히려 독자들은 비슷하지만 각기 다른 생각을 가진 저자들의 다양한 경험과 노하우를 접하면서, 그중에서 자신에게 어울리는 투자방법이 무엇일지 각자의 상황에 맞추어 취사선택할 수 있을 것이다.

이제 막 시작하는 사람들에는 기회가 없는 걸까?

분명 운이 좋았음을 인정하지 않을 수 없다. 또한 지금처럼 계속 최고의 수익률을 이어간다는 보장도 없다.

그렇다면 이제 막 투자를 시작하려는 분들에게는 이러한 기회가 아예 없는 것일까?

나는 그렇게 생각하지 않는다. 50년 전에도, 100년 전에도 집값이 비싸서 서민들이 힘들어 한다는 기록들이 항상 있어 왔으며, 이런 말은 앞으로 50년 후에도, 100년 후에도 똑같이 나올 것이다.

물론 최근 수도권 아파트의 급등과 복잡한 세금제도, 그리고 대출규제 등으로 인해 예전보다 부동산 투자에 나서기가 어려워진 것은 사실이다. 하지만 정보에 접근하기 쉬워졌고 각종 온라인 커뮤니티도 활성화되어 있어 투자환경이 개선되었으며, 지금의 비정상적인 규제 또한 여러 이유로 인해 정상화될 수 있지 않을까 기대해 본다.

또한 자금이 부족하다면 꼭 수도권 아파트만 바라볼 것이 아니라 지역을 바꾸어 전국을 대상으로 한다든가, 아파트가 아닌 다른 부동산 상품을 통해 기회를 찾는다든가 하는 길도 있는데, 이 책에 소개된 저자 7명의 경험과 노하우가 참고가 될 것이다.(우리 또한 평범한 직장인으로서 월급 모아 종잣돈으로 시작했다.)

아무쪼록 오늘도 맡은 자리에서 본인과 가족을 위해 열심히 일하고 있는 여러분들을 응원한다. 앞으로 진정으로 자산가가 되기를 원한다면 하루종일 일만 하던 모습을 잠시 내려놓고, 그 노력의 아주 작은 일부분이라도 꼭 부동산 투자에 관심을 가지길 바란다.

부족한 나를 믿고 함께해 준 우리 6명의 공동 저자들께 감사드린다. 공동 저자들을 대표하여, 우리들의 사랑하는 가족들, 그리고 응원해 주시는 소중한 분들이 있기에 이 책이 세상에 나올 수 있게 되었다. 부디 이 책이 독자들께서 자산가가 되기 위한 방법의 실마리를 찾는 데 도움이 되었으면 한다.

2022년 4월
기획자 겸 공동저자 자유몽 드림

● 차 례

1
Part

**직장인 자산가가
되는 길**

_자유몽

2
Part

아직도 늦지 않은
내집 마련

-2030 사회
초년생들을 위하여

_구번타자 홈런왕

3
Part

종합부동산세
시대의
부동산 투자

_갓슬러

6
Part

부린이여,
나에게 오라
_젠틀파파

7
Part

30대, 플러스피로
이룬 부동산
파이프라인
_호토

자유몽

40대 중반 직장인. 신입사원 시절 소형 오피스텔 분양을 시작으로 그동안 전국을 대상으로 수도권과 지방의 아파트, 상가, 지식산업센터, 각종 분양권 등 수십 건의 부동산에 오랜 기간 투자하여 경제적 자유를 이뤘다.
좋은 물건을 찍는 능력보다 기본 투자 마인드가 훨씬 더 중요하다고 강조한다. 『부동산으로 이룬 자유의 꿈』 저자이며 〈인생과 투자 공부방〉 블로그를 운영 중이다.

1
Part

직장인 자산가가
되는 길

나의 투자 이야기

미약한 시작, 종잣돈 3천만원

처음 시작은 너무도 미약했다. 신입사원 시절 2년 정도 열심히 모은 돈 3천만원 남짓으로 어떻게든 빨리 부자가 되고 싶어 '투자'라는 것을 하고 싶었다. 그런데 아는 것이 아무것도 없어 이곳저곳 닥치는 대로 무작정 두드렸다.

당시 유행하던 소액 토지투자를 기웃거리며 만삭의 아내를 태우고 전북의 새만금을 다녀오고, 강화도 마니산 입구의 맹지(도로에 접한 곳이 없는 땅)를 기웃거리기도 했다. 또 서울 한복판 동대문구 신설동의 건물을 사보겠다고 무작정 공인중개사무소에 들어갔다가 곧 쫓겨나다시피 나오기도 했다(고작 3천만원으로 건물을 사려고 달려들다니, 패기인지, 세상물정을 너무 몰랐던 건지, 그 공인중개사분의 심정이 이해가 된다).

용산 삼각지 오피스텔, 첫 투자를 시작하다

그렇게 헤매던 과정에서 처음으로 투자한 것이 바로 서울 용산 삼각지 역세권의 오피스텔 '용산파크자이'이다. 방 1.5개짜리 작은 오피스텔을 1억5천만원에 분양을 받아서 5년 정도 지난 즈음, 2억5천만원에 매도했다.

당시만 해도 왜 아파트가 아니라 오피스텔에 투자했는지, 왜 그 단지를 선택했는지, 왜 그때 팔아버렸는지, 아무런 전략도 계획도 없이 그저 기분 내키는 대로 결정하고 행동했다. 결과적으로 초대박은 아니었지만, 투자의 맛에 대해서 배운 첫 사례이기에 후회는 없다.

하지만 처음부터 조금 더 체계적으로 공부하고 투자에 임했으면, 경제적 자유에 이르는 시간이 더 빨리 오지 않았을까 하는 아쉬움이 남는다.

분당 49평 아파트, 본격적인 투자의 세계로

우연한 기회로 첫 번째 투자를 했지만, 현실적인 상황은 젊은 직장인 가장이 투자의 세계에 계속 관심을 두기엔 녹록지 않았다.

일년의 반을 해외에서 가족과 떨어져 보내기도 했고, 아침 일찍 눈을 뜨면 출근하여 날이 바뀌기 직전에야 녹초가 되어 퇴근하는 생활이 계속되었다. 현실적으로 투자라는 것을 위해 시간을 내는 것이 너무도 어렵고 과분한 꿈같은 일이었다. 그렇게 내 생애 첫 투자인 오피스텔 한 채에 대한 기억을 아련한 추억으로만 남긴 채, 하루하루를 열심히 일만 하고 노동수입에만 의존하며 살아가는 평범한 직장인으로서의 시간이 몇 년 흘러갔다.

그러다가 본격적으로 투자의 세계에 빠져들게 된 것은 2013년 경기도 분당의 이매동 대형 아파트 매입 시점이다. 당시 우리는 빌라에 살고 있었는데, 언젠가 아이가 학교에 갈 때쯤이면 좀더 넓고 쾌적하고 학군이 좋은 곳에서 살고 싶다는 꿈을 가지고 있었다. 분당에 연고지가 있었던 것도 아니고 잘 알지도 못하는 동네였지만, 학군이 좋고 직장에서도 멀지 않았으며 가격도 서울 핵심지보다는 조금 더 저렴해서, 가진 돈이 많지 않은 우리도 접근해 볼 만하다는 생각이 들었다.

당시 분당 이매동의 49평 아파트 가격은 6억원 정도였다(지금은 20억원에 육박한다). 전세가격이 4억5천만원이어서 전세를 끼고 1억5천만원 정도를 들여 매수했다.

당시 비록 지금은 좁은 빌라에 살고 있지만, 아이가 학교에 갈 때쯤이면 분당 아파트의 전세를 빼주고 잘 수리한 후 입주해서 평생을 살겠노라고 부푼 꿈을 꾸었다. 그때만 해도 취득세가 얼마나 드는지, 나중에 팔 때 양도세는 얼마나 나오는지, 근처에 들어온다는 초고속철도 GTX(Great Train Express)가 얼마나 영향이 있을지, 내가 산 것이 과연 좋은 물건인지 아닌지, 잘한 투자인지 아닌지에 대한 깊은 생각조차 없었다.

그런데 1년 정도 지난 어느 날, 아파트 시세를 확인해 보니 어느새 7억원이 되어 있었다. 순간 두 눈을 의심했다. 회사에서 한 달에 월급 수백만원을 벌기 위해서는 죽을힘을 다해야 하는데, 불과 1년 만에 1억원이나 오르다니…. 이 아파트의 시세가 왜 올랐는지, 앞으로도 계속 오를 것인지 너무 궁금해지기 시작했다.

"한 번도 안 해본 사람은 있어도, 한 번만 해본 사람은 없다"는 말처럼, 이 작지 않은 성공은 나를 자연스럽게 투자의 세계로 이끌었다. 닥치는 대로 부동산 책들을 읽고 강의들을 찾아다니며 많은 투자 선배들의 의견과 경험을 듣고, 거기에 나의 생각이 융합되면서 조금씩 관련 지식과 경험, 자신감을 쌓아갔다.

한 번도 안 해본 사람은 있어도, 한 번만 해본 사람은 없다.

1년 후 분당 아파트를 한 채 더 사다

첫 번째 아파트를 산 후 1년 정도 지났을 때, 맞벌이를 하며 열심히 안 쓰고 모은 월급, 그리고 추가대출을 합하여 현금 1억원 정도를 마련할 수 있었고, 이 정도면 또 하나의 분당 아파트를 사기에 충분하지는 않지만 가능한 돈이었다. 그리고 또 1년 후 똑같은 방법으로 또 하나의 분당 아파트를 살 수 있었다.

이렇게 월급과 극도의 절약, 그리고 오피스텔 투자를 통한 약간의 시세차익과 대출을 활용하여, 입사 후 10년 동안 모은 현금 약 3억5천만원으로, 30대 중반에 전세 레버리지를 끼고 분당 아파트 3채를 매수할 수 있었다.

다른 사람들의 입장에서 보면, 별 고민 없이 '묻지 마 투자'처럼 부동산을 마구 사들인 것처럼 보일 수도 있을 것이다. 하지만 가진 것 없이 시작해 어렵게 모은 피 같은 전 재산을 투입해야 하는 30대 중반 가장의 결정이 그리 쉽게 이루어진 것은 아니다.

시장을 철저하게 분석하고 나름의 투자규칙을 세운 후 주변의 우려와 나 자신의 두려움을 뒤로 하고 소중한 재산을 베팅했고 장을 담그듯 기다렸다.(2019년에 출간한 『부동산으로 이룬 자유의 꿈』에 치열한 고민의 과정과 부동산 투자기술을 상세히 소개했다. 출간 후 시간이 많이 흘러 세금 등 크게 바뀐 부분이 있지만, 기본적인 투자 마인드와 투자기술은 변하지 않았으며, 나는 지금도 그 내용을 기반으로 투자처를 찾고 있다.)

40대, 경제적 자유를 누리다

작은 씨앗으로 시작된 부동산 투자는 이후에는 거침이 없었다. 보유한 분당 아파트 3채 중 각종 세금과 포트폴리오 구성을 고려하여 매도 시점이라고 판단된 아파트 한 채는 앞으로 더 오를 것을 알지만, 눈물을 머금고 매도하여 일단 현금화했다. 그런 다음 다시 좀더 작은 몸집의 경기도 용인의 아파트 3채로 바꾸었다. 이렇게 부동산이 조금씩 많아지고 총자산의 규모가 커지면서 자산의 증가속도에 가속도가 붙기 시작했다.

시간이 흘러 용인의 아파트 일부는 동탄, 시흥, 천안, 원주, 충주, 군산 등 전국 지방의 아파트로 바뀌었고, 일부는 상가, 지식산업센터, 오피스텔 등 그때의 시장상황에 따라 여러 자산으로 변형되어 전국으로 뿌려졌다.

약 10년 동안 50여 채 이상의 부동산을 취득했으니 두 달에 한 건 정도의 매매계약을 진행한 셈이다(매매계약 및 잔금, 매도계약 및 잔금, 임대차 계약 및 잔금 등을 포함하면 지금도 일주일에 몇 번씩 공인중개사무소와 연락하는 생활을 하고 있다).

앞에서 말했듯, 분명 운이 좋았음을 인정하지 않을 수 없다. 앞으로는 시장이 어떻게 흘러갈지 모르고, 지금처럼 최고 수익률을 낼 수 있다는 보장도 없다. 최근 수도권의 급등과 각종 세금 등으로 부동산 투자가 예전보다 어려워진 것도 사실이다.

그렇다면 이제 막 투자를 시작하는 분들에게는 기회가 아예 없는 것일까? 준비된 사람에게는 언젠가 항상 기회가 온다는 것을, 시장은 수십 년 동안 보여주었다. 이제 본격적인 준비를 시작해 보자.

부자 지능 테스트
(6 : 3 : 1 법칙)

많은 사람들이 막연하게 '부자가 되고 싶다'고 생각하지만, 사람마다 부자의 정의도 기준도 다르다. 여기서는 좀더 현실적이며 세속적이고 단순하게 '내가 가진 돈의 양을 가지고 정말 내가 부자인지 가늠해 보자.

내가 가진 돈의 구성

내가 가진 돈에는 세 가지 종류가 있다.

원래부터 받고 시작한 돈은 부모님이 나한테 주신 돈이다. 누구는 강남 아파트를 가지고 시작할 수도 있고, 또 다른 누군가는 부모님의 부채를 상속받을지 말지를 고민하는 어려운 상황일 수도 있다. 환경을 탓만 하고 있는 사람도 있고, 어떻게든 극복하려는 사람도 있다.

노동으로 번 돈은 많이 받는 사람과 적게 받는 사람 간에 차이는 있지만, 그래도 다른 방법으로 버는 돈보다는 차이가 상대적으로 작다. 현재의 최저시급(2021년 9,160원)으로 계산하면 연봉이 2,300만원 정도인데, 연봉 8천만원의 대기업 직원도 누진 근로소득세 35% 세율을 적용받으면 손에 쥐는 돈은 6천만원이 안 될 수도 있다.

투자로 번 돈은 내가 가진 자산을 활용해 리스크를 감수하며 돈으로 돈을 버는 방법이다. 레버리지와 인플레이션이라는 강력한 무기가 있다.

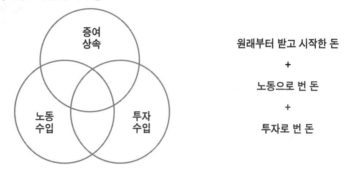

내가 가진 돈의 구성

증여
상속

노동
수입

투자
수입

원래부터 받고 시작한 돈

+

노동으로 번 돈

+

투자로 번 돈

부자가 된다는 것은 위에서 정의한 각종 수입을 극대화해 '내가 가진 돈의 양'을 늘리는 것이다. 이것을 이루면 경제적 자유는 당연히 따라온다.

어느 정도가 되어야 부자일까?

현실적인 환경에서 생각해 보고, 몇 가지 예시를 들어보았다.

밑으로 갈수록 달성하기 위한 난이도는 올라간다. 나는 어디에 해당될까?

질문	체크
1. 또래 평균보다 더 많이 모았는가?	
2. 매월 들어오는 임대수입이 보통 사람의 노동수입 이상 되는가?	
3. 일 안하고 평생 먹고살 수 있을 정도의 수준인가?	
4. 재벌 3세, 연예인, 기타 갑부보다도 상대적으로 더 많은가?	
5. 돈에 대한 아무런 개념이나 걱정 없이 쓸 수 있는 정도의 수준인가?	

워낙 이루기 어려운 것들이라 아직 한 개도 해당 안 되는 분이 많을 것이다. 이 중 한두 개만이라도 이룰 수 있다면 부자라고 할 수 있지 않을까?

부자 지능 테스트(6 : 3 : 1 법칙)

간단한 문제를 보자. 쉬운 계산 문제이지만, 나는 이것을 일명 '부자 지능 테스트'라고 할 정도로 중요하게 생각한다. 각 계산식이 갖고 있는 의미가 중요하다.

1. $300+300+300+300+300+300+300+300+300+300+300+300=$

   [답] 3,600(만원)

   → 월급 300만원인 A씨가 일년 12번의 월급을 받으면 3,600만원이 된다.

2. $300-200+300-200+300-200+300-200+300-200+300-200+300$
   $-200+300-200+300-200+300-200+300-200+300-200=$

   [답] 1,200(만원)

   → A씨가 매달 200만원을 지출하면 일년에 1,200만원을 모을 수 있다.

3. (2번의 돈)+8,800=

   [답] 1(억원)

   → A씨가 대출을 8,800만원 받으면 연말에 어쨌든 1억원의 자산을 만들 수 있다.

4. $(((((((((((10,000\times1.2)+1,200)\times1.2+1,200)\times1.2+1,200)\times$
   $1.2+1,200)\times1.2+1,200)\times1.2+1,200)\times1.2+1,200)\times$
   $1.2+1,200=$

   [답] 9억3천(만원)

   → A씨가 이 돈으로 투자해 매년 20%의 수익을 내면 10년 후에 9억3천만원의 자산을 모을 수 있다.

이번에는 숫자를 조금 바꾸어 보자.

A씨의 수입을 500만원으로 늘리고 절약을 통해 지출을 100만원만 한다고 하자.(요즘 맞벌이 부부의 경우 한 사람의 월급으로 생활하고, 한 사람의 월급은 거의 대부분 저축하는 경우가 제법 있다.) 대출금액도 1억원으로 조금 늘리고, 10년 간의 투자수익률도 연 30%로 늘린다면? 그러면 연간저축가능 금액은 4,800만원이 되고, 대출을 1억200만원 했을 때 연말 보유자산은 1억5천만원이 된다. 이렇게 위에서 계산한 방법대로 실천한다면 무일푼으로 시작하더라도, 이론상으로는 10년 후에 41억 원의 자산가가 된다.

그렇다면 실제로 월급 500만원으로 10년 후에 41억원을 모은다는 것이 과연 가능할까?

그렇다. 가능하다.

(나는 이런 방법으로 직접 해 보았다. 투자수익률 30%는 주변 부동산 투자 자들 중에 이 정도 수익률을 올리는 사람들이 심심찮게 있다.)

단, 이것이 가능하려면 다음과 같은 조건들이 반드시 충족돼야 한다.

> 1. 소비를 줄여서 종잣돈을 만들어야 하고,
> 2. 대출을 활용하여 레버리지를 일으켜야 하며,
> 3. 절대 잃지 않는 안전자산에,
> 4. 오랜 기간 동안 꾸준히 투자해야 한다.

그런데 문제는 자꾸 이렇게 안 한다는 것에 있다. 종잣돈 마련을 위해 소비를 줄이지 않거나, 건전한 대출을 무서워하거나, 투기성 자산에 투자하거나 등으로 말이다. 사실 앞의 수식은 이론상으로 그렇게 보인다고 해도, 직접 실천하기는 무척 어렵다. 분명히 숫자는 눈에 보이는데….

많은 사람들이 이런 이유로 부자가 되지 못하는 것 아닐까?

"왠지 내가 사면 급락할 것 같아."

"잘은 모르지만 다주택자는 적폐라고 하니 집이 많으면 세금으로 망하게 될 것 같아."

"언젠가 해외로부터 예상치 못한 충격이 와서 갑작스러운 경제위기로 나라가 흔들릴 수도 있을 것 같아."

"금리인상으로 대출이자를 견디지 못해 매물이 쏟아져 나오면서 완전 폭락하게 될 것 같아. 집값이 너무 많이 올랐으니 꼭지가 가까워진 것 같고, 이제는 정말로 큰 조정을 받을 때가 된 것 같아."

"부동산은 큰돈이 필요하니 아직 나 같은 사회 초년생이 시작하기에는 무리인 것 같고, 주식이나 가상화폐 같은 것이 자산을 더 빠르게 모으는 지름길 같아."

이렇게 오랫동안 머리에 깊게 박힌 생각들이 많은 사람들이 부자가 되지 못하는 이유이다.

사실 투자를 할 때 물건 선정의 중요성은 10% 정도밖에 되지 않는다고 생각한다. 그것보다 훨씬 중요한 것이 자산 포트폴리오(30%)이고, 가장 중요한 것이 마인드(60%)이다. 나는 이것을 '6:3:1 법칙'이라고 부르고 싶다.

내가 가진 기존 생각을 모두 깨부수고 새로 태어나야 단 한걸음이라도 나아갈 수 있다. 처음에는 복잡한 경제용어, 주식, 채권, 펀드, 파생상품, 미시경제, 거시경제, 금리, 환율, 산업분석, 각종 법률 및 규정, 대외경제상황, 정치상황 등을 많이 알면 투자를 잘하고 부자가 될 것이라고 생각했다. 하지만 아무리 경제지식을 많이 알아도 실제 부자가 되는 것과는 별로 관련이 없다는 것을 깨닫는 데 꽤 긴 시간이 걸렸다.

특출한 능력 없이 평범한 회사원의 수입만으로도 부자가 되는 길은 의외로 그렇게 어렵거나 복잡하지 않다. 단순 '더하기/빼기'의 사고에서 벗어나서 '곱하기'의 사고를 하면서 복리를 잘 활용한다면 누구든지 부자가 될 수 있다.

'더하기/빼기'식 사고에서 벗어나 '곱하기'의 사고로!

② 순자산 0원에서 100억까지 자산별 투자 포트폴리오

주변에서 "그래서 어디를 사야 해?"라고 막연하게 물으면 대답하기가 곤란할 때가 많다.

세금이 워낙 복잡하고 규제가 많아서 누군가에겐 좋은 물건이지만, 또 다른 누군가에겐 청약 기회를 박탈당하거나 현금 유동성을 막아버리는 자칫 치명적인 물건이 될 수도 있다. 그나마 보유자산, 고정수입, 직장 위치, 예상 근무기간, 가족계획, 청약가점 등의 내용을 모두 알아야 조금이나마 팁을 드릴 수 있다.

다시 한 번 말씀드리지만, 좋은 물건을 찍는 능력보다 마인드와 포트폴리오가 훨씬 중요하다.

다음의 내용을 읽고 비슷한 방법으로 자신만의 포트폴리오를 만들어간다면, 앞으로 10~20년 후에는 누구나 경제적 자유를 누릴 수 있지 않을까 조심스럽게 생각해 본다.

순자산 0~3천만원(우리의 MZ 세대들)

일단 노동수입을 최대한 키우고 근검절약을 생활화해야 한다. 예금이나 적금상품 등을 적절하게 섞어가며 종잣돈을 모으는 데 집중해야 한다.

이 정도 자산규모에서는 아무리 투자수익을 키운다고 해도 노동수입을 따라가기가 쉽지 않다. 간혹 투기성 자산에 투자해 큰돈을 버는 경우가 있지만 극소수에 불과하다. 실력도 있었겠지만 운이 좋았음을 부정하기 힘들 것이다. 이렇게 대박이 나는 경우보다는, 어렵게 모은 종잣돈을 투기성 자산에 투자하여 순식간에 모두 잃고 처음부터 다시 모아야 하는 경우가 훨씬 더 많다는 것을 잊지 말자.

순자산 3천만 ~ 1억원

요즘 20, 30대들이 가장 많이 속해 있는 구간이다. 어떤 마음가짐으로, 어떤 선택을 하느냐에 따라 자산가로 올라갈 수 있을지가 판가름나는 구간이다.

아직 실거주를 위한 집을 사기는 어렵다 보니, 전세대출을 받아 오랫동안 전세로 살며 분양을 기다리거나, 주식이나 코인으로 승부를 보려 하거나, 또는 욜로 인생을 예찬하며 명품이나 자동차 등에 큰 소비를 하는 사람들도 있다.

어떤 마음가짐으로, 어떤 선택을 하느냐에 따라 자산가로 올라갈 수 있을지가 판가름나는 구간이다.

하지만 순수한 현금 5천만~1억원 정도를 가지고 있다면, '월세'로 살면서 장차 가격이 오를 우량 아파트에 매매가와 전세가의 갭 금액만으로 충분히 투자할 수 있다. 만약 직장인 신용대출 등의 레버리지를 활용한다면 가용할 수 있는 돈은 당연히 더 커질 것이다.

순자산 1억 ~ 5억원

실거주할 집 한 채를 확보하는 데 최선을 다해야 한다. 여기서 실거주

집이란 당장 들어가서 살 집일 수도 있고, 아직 아이가 없거나 어리다면 몇 년 후 초등 1~3학년 사이에 입주할 집일 수도 있다. 소득과 직장 위치 등을 감안하여 선정하되, 투자가치가 있는 곳이라면 주변 시세보다 약간 비싸게 사는 것도 괜찮다.

미래에 입주하게 되면 최소한 10년 이상 거주하며 장기보유를 하게 될 것이므로, 그동안의 집값 상승에 따른 과실을 모두 따먹으며, 자녀들이 출가할 때까지 함께 살 집을 '미리' 확보하는 것이 중요하다.

물론 주택담보대출을 활용하여 집을 사면서 동시에 입주할 수 있으면 좋겠지만, 최근의 대출규제 등으로 여건이 안 된다면 전세를 끼고 갭 금액(매매가 – 전세가)만으로 미리 사놓는 것도 좋은 선택이다.

만약 '로또' 분양을 기다리며 실거주할 집 한 채를 확보하는 것을 미루고 있다면?

명확한 계획이나 전략 없이 실거주 1주택 마련을 미룬 대가는 언젠가 가혹하게 돌아올 수 있다. 자신의 청약가점을 확인하고 당첨 가능성이 얼마나 될 것인지 냉정하게 판단한 후 당첨 가능성이 적다면 매수 쪽이 나을 수도 있다.

의외로 '로또' 분양만 기다리다가 내집 마련이나 갈아타기에 실패해 낭패를 본 사람들이 많다. 부동산 시장의 시계는 우리를 기다려 주지 않는다.

'로또' 분양만 기다리다가 내집 마련이나 갈아타기에 실패해 낭패를 본 사람들이 많다.

순자산 5억 ~ 25억원

실거주 한 채를 안전하게 마련했다면, 추가 주택을 구매하며 다주택자로의 진입을 고려해 볼 수 있다. 물론 세금이 복잡하고 규제가 많지만,

이러한 부분을 잘 알고 적절히 대처해 간다면 충분히 수익을 낼 수 있을 것이다. 규제가 없는 지역의 아파트 및 분양권, 지방의 공시가격 1억 원 이하 아파트, 보유세가 크게 발생하지 않는 재개발 입주권 등 주거 상품에 투자할 수 있는 방법은 아직도 많다(뒤에서 상세히 설명한다).

하지만 일단 다주택자가 되는 순간 기존의 실거주 한 채를 매도하는 데 제약이 따르기 때문에, 앞에서 말한 '투자가치가 있고 거주여건을 만족시키는 실거주 한 채'의 선택은 정말 중요하다.

만약 다주택자가 되기 싫다면, 주택 대체상품인 오피스텔이나 아파트형 공장인 지식산업센터 투자, 또는 별도의 법인을 활용한 자산분산 등도 고려할 수 있을 것이다. 아울러 경매지식을 익혀 또 하나의 무기를 장착하는 것도 큰 도움이 된다.

순자산 25억 ~ 50억원

이제부터는 주택에만 자산을 담는 것이 거의 불가능하게 된다. 아무리 절세를 하기 위해 노력해도 다주택자로서 보유세를 감당해내기 어렵게 된다.

기존의 주택들에 대해서는 보유세 및 양도세에 대한 정확한 이해를 바탕으로 예상치 못한 세금이 발생하지 않도록 관리하되, 주택 외의 자산에도 관심을 기울여야 한다. 일단 임대만 맞춰지면 거의 신경쓸 일이 없는 상가, 요즘 자산가들 사이에서 유행하는 꼬마빌딩 투자에 슬슬 명함을 내밀어 볼 수도 있다. 이제부터는 부동산보다 등락폭이 커서 약간은 위험자산이라고 할 수 있는 주식의 비중을 늘려가는 것도 고려해 볼수 있다. 진정한 자산가가 되는 길이 멀지 않았다.

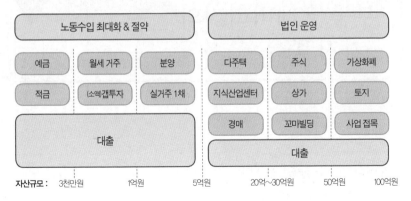

📍 순자산 100억원 달성 추천 코스

노동수입 최대화 & 절약			법인 운영		
예금	월세 거주	분양	다주택	주식	가상화폐
적금	(소액)갭투자	실거주 1채	지식산업센터	상가	토지
대출			경매	꼬마빌딩	사업 접목
			대출		

자산규모 : 3천만원　　　1억원　　　5억원　　　20억~30억원　　　50억원　　　100억원

순자산 50억원 이상

앞으로의 행보에 따라 미래의 자산이 100억원이 될 수도 있고 500억원, 1천억원을 만들지 말라는 법도 없다. 장기투자인 토지에 일부 자금을 투입하여 시행사업을 곁들이는 방법도 있고, 또는 완전 반대의 성격을 가진 가상화폐에도 일부 자금을 베팅해 볼 수도 있다. 조금 잃으면 어떤가? 순자산이 워낙 크기 때문에, 설령 잃더라도 다시 재기하는 데 문제가 없는 정도를 투자한다면 오래지 않아 복구할 수 있다.(이렇듯 위험자산에 대한 투자는 종잣돈을 만드는 과정에서 하는 것이 아니라, 이미 어느 정도 자산을 일군 이후 그중 일부만의 금액으로 하는 것이라고 생각한다.)

　앞에서 소개한 포트폴리오는 월급, 자녀계획, 부모님으로부터 받을 재산 등 각자가 처한 상황에 따라 다르게 적용될 수 있을 것이다. 하지만 필자가 10년 넘게 치열하게 투자하면서 느낀 가장 빠르고 안전한 포트폴리오라고 생각한다. 여러분도 자산규모와 상황에 맞추어 최선의 포트폴리오를 세우고 앞으로의 전략을 짜보기 바란다. 좋은 투자상품을 고르는 것은 내게 맞는 포트폴리오가 확정된 이후 천천히 생각해도 된다.

부동산 레버리지의 3가지 종류

레버리지(leverage)란 우리말로 '지렛대 효과'로 남의 돈(부채)을 지렛대처럼 이용해 투자수익률을 높이는 것을 말한다. 나의 투자자본은 최소화하고 타인의 자본을 활용하여 투자하는 방법이다. 잘 활용하면 수익률을 극대화할 수 있지만, 그렇지 못하면 손실폭이 훨씬 커질 것이다.

부동산에서 레버리지를 일으키는 방법은 크게 대출, 전세 끼고 매수, 분양권 매수 등을 꼽을 수 있다. 각각 장단점이 있다.

📍 부동산 레버리지 3가지 종류

대출	전세 낀 레버리지 (갭투자)	분양권

대출 레버리지

대출을 활용한 레버리지는 내가 직접 레버리지의 양(대출규모)과 질(대출이자 및 상환방법)을 선택할 수 있다는 것이 장점이다. '실거주 주택'에 대한 주택담보대출, '상가, 지식산업센터, 빌딩 등 상업용 자산' 매수 시 잔금 대출, '경매 낙찰' 후 경락자금 대출 등의 방법이 있다.

최근 대출규제로 인해서 레버리지가 가능한 정도가 점점 줄어들고는 있지만, 20대 대선 결과 정치적 상황에 변화가 생긴 만큼 앞으로 추이를 잘 살펴볼 필요가 있다.

　대출은 투자를 위해서, 그리고 종잣돈을 만들기 위해서 반드시 필요하다. 시장에 돈이 점점 더 많아지고 있고, 인플레이션으로 돈의 가치는 더욱 빠른 속도로 떨어지고 있다. 내가 대출한 돈은 지금은 너무도 크게 느껴지지만, 앞으로 미래에는 지금 느끼는 것보다 훨씬 더 작은 돈이 되어 있을 것이다. 물론 현금 유동성은 철저하게 살펴야겠지만, 대출이 조금 있다고 해서 내일 당장 갚으려고 조급하게 생각할 필요는 없다. 대출은 억지로 빨리 갚는 것이 아니라 시간이 지나면서 화폐가치의 하락과 함께 저절로 갚아지는 것이다. 시나브로….

대출규제 변화 상황을 잘 살펴야 한다.

전세를 낀 레버리지

일명 '갭투자'라고 불리는 방법이다. 매매가와 전세가의 차액만으로 집을 살 수 있다. 갭투자는 쉽고 간단하지만 강력한 레버리지 방법이다.

　몇 가지 팁을 살펴보면, 전세가율(=전세 보증금/매매가)이 낮은 집을 시세보다 조금이라도 저렴하게 산 후, 전세 계약기간이 끝난 다음 전세 보증금을 올려 받아 레버리지를 최대화할 수 있는 상품으로 만든 후 좋은 가격에 파는 방법이 있다.

　또한 자녀에게 증여할 때, 전세를 낀 상태에서 증여하여 양도세와 증여세를 최소화하는 경우도 있다(이를 '부담부증여'라고 하는데, 최적의 전세금 세팅에 대해서는 고민해야 한다).

　전세가가 매매가보다 높은 경우를 '플러스피(+P)'라고 하는데, 간혹 전세를 낀 집을 샀는데 오히려 돈이 생기는 플러스피 물건도 있다. 하

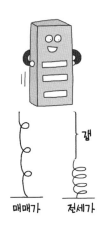
갭
매매가　　전세가

지만 혹시라도 그 지역에 공급이 많아서 전세가가 폭락할 경우, 전세기 간이 끝날 때 차액을 돌려줘야 하므로 현금 유동성에 항상 신경을 써야 한다. 어쨌든 전세를 낀 갭투자는 임차인의 전세 보증금을 활용한, 매우 쉽고 간단하지만 강력한 레버리지 방법이다.

분양권 레버리지

분양권 레버리지는 부동산 분야에서 레버리지의 끝판왕이라고 할 수 있다. 분양가의 10%인 계약금만으로 살 수 있고 프리미엄을 붙여서 팔 수도 있다.

한때는 플러스피(+P)라는 이름으로 매매하면서 회전시키면 투자금 대비 몇 백 %, 아니 1천 %의 수익률도 어렵지 않던 때가 있었다(지금은 분양권의 세금 변화로 거의 불가능하다). 아파트 분양권은 예전에는 투자 자들이 매우 좋아하는 투자대상이었지만, 요즘은 진입하기 어려운 시 장이기도 하다.

하지만 역시 조금만 더 생각해 보면,

• 3주택 이상인 다주택 자가 주택 매수 시 취득세 12% 부과(2020년 세법 개정)

1. 투자자 간에 경쟁이 없는 실거주 위주 시장에서 취득세 12%*까지 도 고려하면서 좋은 분양권을 선점하는 방법이 있고,
2. 아파트 분양권 규제에 따른 풍선효과로 최근에 각광받고 있는 비 주거용 물건의 분양권에 투자하는 방법도 고려해 볼 수 있다.

그렇다면 레버리지가 정말 이렇게 좋기만 할까?

다음의 그래프는 전세가율과 매매가 상승률에 따른 투자금 대비 수익 률을 계산해 본 것이다(각종 부대비용 및 세금 제외).

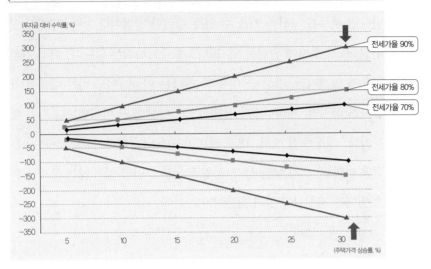

집값이 상승할 경우, 전세가율 90% 주택에 투자한다면 집값이 30%만 상승해도 수익률이 투자금 대비 300%에 달한다. 반대로 집값이 하락할 경우에는 무려 300%의 손실을 입게 된다.

첫 투자에서 이러한 손실을 본다면 다시 일어설 수 있을까? 레버리지는 이처럼 양날의 검과 같기 때문에, 다음의 두 가지 경우에는 절대 사용해서는 안 된다. 종잣돈을 모두 잃어버리면 다시 일어서기가 너무 어렵고 고통스럽기 때문이다.

레버리지를 사용하면 안 되는 경우

1. 절대 잃으면 안 되는 자본으로 투자하는 경우
   (이미 급등한 부동산에 영끌 투자하는 20, 30대)
2. 변동폭이 큰 자산에 투자하는 경우
   (선물옵션 및 미수금을 활용한 주식투자)

레버리지는 이처럼 분명 위험하지만, 확실히 잃지 않을 자산에 투자한다면 빠르게 자산을 키울 수 있는 강력한 방법이다. 나는 재개발 입주권, 토지 투자에 관심은 있지만 크게 즐겨하지는 않는다. 여러 가지 이유가 있겠지만, 가장 큰 이유 중 하나는 이들에서도 비록 대출이 가능하긴 하지만, 레버리지가 상대적으로 다른 투자 아이템보다 적기 때문이다. 거꾸로 말해서, 내가 레버리지를 극대화하여 투자하고 있는 각종 아파트, 오피스텔, 상가, 분양권 등은 그만큼 잃지 않는 투자를 할 수 있다는 자신감이 있기 때문이기도 하다.

반드시 피해야 할 세금폭탄, 세금 피해 아직도 주택에 투자할 방법

부동산 투자에서 투자수익은 단순히 내가 산 가격보다 얼마 올랐는지를 의미하지 않는다. '투자수익'이라 함은 일단 매도가격에서 매수가격을 빼고, 추가로 세금, 중개수수료, 이자비용, 기타 잡비 등을 모두 제외하고 최종적으로 내 손에 남는 돈을 말한다. 이 중에서 세금의 비중이 가장 크며, 세금에 대한 대비를 잘해야 수익을 정확하게 판단하고 최대화할 수 있다.

2017년 8.2 부동산 대책을 시작으로 2018년 9.13 대책, 2019년 12.16 대책, 2020년 2.20 대책, 6.17 대책과 7.10 대책, 8.12 대책까지…, 각종 부동산 세금이 강화되었고 세법이 어렵고 복잡해졌기 때문에 섣불리 투자하다가는(아니, 실거주로 1주택 또는 2주택을 매수하더라도) 낭패를 볼 수 있다.

반드시 피해야 할 세금 폭탄들

일반투자자들이 방대한 부동산 세금의 그 많은 내용을 다 알 필요는 없고, 여기서는 실거주자로 집을 한두 채 매수하거나 투자할 때 반드시 피해야 할 세금 폭탄 몇 가지를 소개하겠다. 이것만 숙지해도 세금으로 인한 낭패를 많이 피할 수 있을 것이다(2022년 4월 기준).

- 조정대상지역 2주택 이상 취득세(2주택 8%, 3주택 이상 12%)
- 조정대상지역 3주택 이상 양도세(30%P 중과)
- 주택 및 분양권 2년 미만 보유 양도세(1년 미만 70%, 2년 미만 60%)
- 다주택자 종합부동산세(대략 개인별 공시가격 12억원 이상에서 급등)

아직도 주택에 투자할 수 있는 방법들

앞에서 소개한 몇 가지 세금 폭탄들만 잘 피한다면, 아직도 주택에 투자할 수 있는 방법은 꽤 많이 남아 있다.

- 일시적 1가구 2주택 갈아타기는 기존주택 및 신규취득 주택이 조정대상지역에 있을 경우, 양도세 비과세 가능 기간이 1년으로 줄어들기는 했다(즉, 기존주택을 1년 안에 팔아야 1가구 1주택 비과세를 받을 수 있다). 하지만 아직은 자산을 키우면서 투자할 수 있는 유효한 전통적인 투자방법이다(단, 이사를 자주 해야 하고 거주비용이 점점 커지는 단점이 있다).
- 똑똑한 한 채를 사서 장기간 실거주하며, 투자 목적으로 한 채를 더 사고 싶은 경우, 2번째 주택이 비조정대상지역에 있다면 취득세는 취득가액과 무관하게 일반세율로 적용된다.
- 3주택이 넘는 다주택자라고 하더라도, 비조정대상지역의 주택을 매도할 경우 양도세는 일반과세로 적용받는다. 또한 수도권, 광역시, 세종시를 제외한 지방의 공시가격 3억원 이하 주택은 조정대상지역과 상관없이 양도세를 일반과세로 적용받는다.

- 공시가격 1억원 이하 주택은 취득 시 지역과 상관없이, 그리고 개인 또는 법인 여부와 관계없이 취득세는 1%의 일반세율로 적용받는다.

– 주택 분양권은 단기보유 시 모든 지역에서 1년 미만 70%, 1년 이상 60%로 양도세 중과를 적용받긴 한다. 하지만 당장 발생하는 보유세가 없으며, 입주 시점인 2년 이후에는 취득세를 포함한 세금이 어떻게 변할지 아직 알 수 없다.

혹시라도 정부가 또 추가 대책을 통해 위의 방법들을 모두 막는다면 어떻게 될까? 새로운 20대 정부의 정책을 살펴보면 그럴 가능성은 없어 보이지만 한 번 가정을 통해 시뮬레이션을 해보자.

만약 일시적 1가구 2주택 조건을 더 강화하고 대출을 규제한다면 대부분의 사람들이 이사가 불가능해질 것이다. 또한 저가주택의 취득 및 양도에 대한 규제가 강화된다면, 똘똘한 한 채로 몰리는 현상과 양극화 현상이 더욱 심해질 것이다. 그리고 시행사 입장에서는 민간분양 환경의 악화로 신규 투자활동을 줄일 것이고 이로 인해 아파트 공급 또한 줄어들 것이다.(이 경우 투자자들이 상가, 오피스텔, 공장, 토지 등에서 길을 찾게 되지 않을까 생각한다.)

복잡한 부동산 세금을 모두 알 필요는 없지만, 앞으로의 투자활동에 꼭 필요한 기본지식은 조금씩 갖추어 놓는 것이 세금 폭탄을 피하고 생존을 지킬 수 있는 길이다.

우리 모두의 부동산 고민들

세상에 고민 없는 사람은 없다. 취업, 연애, 결혼, 사업, 돈, 건강, 명예, 부모, 자식 등등 각자의 자리에서 각자의 고민과 걱정이 있으며 그것을 극복하고 성장해가며 살아간다. 이 중에서 말씀드리고 싶은 고민은 바로 '부동산 고민'이다. 항상 그래왔듯, 많은 사람들이 '부동산 고민'을 하고 살아가며 그 내용은 각자 상황에 따라 다를 것이다.

무주택자, 1주택자, 다주택자의 상황에서 주로 하고 있는 부동산 고민들을 살펴보았다. 해결의 실마리를 찾는 데 도움이 되었으면 한다.

무주택자(전체 가구의 약 50%)

- 집주인이 언제 실거주를 통보하면서 퇴거를 요청할지 몰라서 불안하다.
- 전세가격이 갑자기 얼마나 더 오르게 될지 몰라서 불안하다.
- 매수 vs 전세 연장, 무엇을 선택해야 할지 헷갈린다.
- 청약을 기다리고는 있는데, 당첨 가능성이 얼마나 될지, 언제까지, 어느 단지를 기다려야 할지 고민이다.
- 지금이라도 집을 살 의향이 조금 있긴 한데, 최근 집값이 너무 많이 올라서 꼭지를 잡는 것 아닌지 모르겠다.

- 금리가 오른다는데, 이제 집값이 떨어질 것 같아 기대된다.

1주택자(전체 가구의 약 30%)

- 지금 살고 있는 집이 꽤 올랐는데, 이것을 팔아 당장 시세차익을 취해야 하는 것 아닌지 궁금하다.
- 지금 살고 있는 집이 올라서 좋긴 한데, 이 집은 아무래도 불편한 점이 있다.
- 더 좋은 지역으로 갈아타야 하나 고민이다.
- 더 큰 집으로 갈아타야 하는 것 아닐까 고민이다.
- 그런데 아직 2년 실거주 요건도 못 채운데다가, 그마나 대출이 막혀서 갈아타기가 쉽지 않을 것 같다.
- 지금 살고 있는 집 때문에 투자를 못하고 있는데, 실거주 집과 별도로 다른 부동산에 투자해야 하는 것은 아닌지 고민이다.
- 1주택을 하고 남은 돈으로 어떻게 투자해야 할지 방법을 모르겠다.

다주택자(전체 가구의 약 20%)

- 현재 세입자가 시세의 절반 수준의 전세금으로 거주하고 있는데, 비록 마음 한쪽은 불편하지만 어떻게 잘 설득해서 이사를 가도록 해야 할지 고민이다.
- 사정상 집 한 채를 팔고 싶은데, 양도세가 너무 커서 지금 팔아봤자 오히려 돈을 뱉어내야 하기에 그럴 수가 없다.
- 작년 종부세가 많이 나왔는데 올해는 더 커질 것 같아 잠이 안 온다.
- 애들이 아직 미성년이라 증여를 안했는데, 누구의 명의로 부동산

자산을 운영해야 할지, 아직도 법인을 만들어 운용하는 게 유리한지 잘 모르겠다.

- 이제 주택에는 더 이상 투자할 수 없고, 주식이나 코인은 불안한데, 돈을 어느 자산에 묻어두어야 할지 고민이다.

- 집값이 많이 올라 자산규모는 커졌지만, 규제가 장기화된다면 현금 유동성이 막힐까 봐 걱정이다.

📍 우리 모두의 부동산 고민들

무주택자 (약 50%)	1주택자 (약 30%)	다주택자 (약 20%)
• 집주인의 실거주 통보 • 전세가격 상승 • 매수 vs 전세 연장 결정 • 청약 당첨 기다림(600 대 1) • 금리가 오르는데 집값은 언제 떨어지는지?	• 시세차익 실현 매도 여부 • 거주 불만족 • 상급지 갈아타기 • 큰 평수 갈아타기 • 투자와 거주의 분리 • 추가 투자방법	• 세입자와의 분쟁 • 양도소득세 • 종합부동산세 • 명의 및 법인 운영 여부 • 신규 투자 종목 • 규제 장기화 시 유동성

소형 빌라 거주 30대 직장인 부부, 어떻게 할까?

주변에서 "내 상황이 이러저러한데, 앞으로 어떻게 하면 좋을까요?" 하고 물어오는 분들이 적지 않다. 워낙 조심스러워 직접적인 의견을 드리는 것은 대부분 정중하게 거절하지만 기회가 되어 어렵게 의견을 드린 분들도 있다. 그중에 내용이 간단했던 세 가지 경우를 살펴보겠다.

사례 **서울 소형 빌라 거주 30대 신혼부부**

작년에 결혼한 신혼부부이고, 현재 거주하고 있는 집의 시세는 약 3억 원, 월수입은 맞벌이로 약 600만원, 절약을 통해서 열심히 모은 보유 현금은 약 2억원 정도이고 대출은 없다고 했다. 당장은 지금 집도 살기에 충분하고 굳이 큰집으로 이사할 필요가 없지만, 집이 너무 작아 아이가 생기고 성장하면 더 큰 집이 필요할 텐데 어떻게 해야 할지를 고민했다. 이에 대해 두 가지 의견을 드렸다.

시나리오1 **미래의 실거주 아파트 갭 구매, 당분간 월세 거주**

현재 거주 중인 빌라는 앞으로 오르기 쉽지 않아 보였기에, 지금의 빌라를 매도하고 일단 현금화하는 것도 방법이라고 말씀드렸다. 그리고 그 돈으로 서울 또는 수도권에 앞으로 오래 살 실거주용 집을 전세 갭을 끼고 살 것을 추천했다. 앞으로 아이가 초등 3학년이 되기 전에 입주할 계획을 세우되, 그때까지는 월세를 전전해도 문제가 없을 것이라고 했다.

장점으로는 일단 실거주용 집을 마련해 마음이 편안해질 것이고, 1가구 1주택이므로 복잡한 세금 등에 별로 신경쓸 일도 없다.

물론 단점이 없는 것은 아니다. 수도권은 이미 상승 중후반부이므로 집값이 단기간에는 크게 오르지 않을 수 있다. 또한 앞으로 입주할 때까지는 어쨌든 남의 집에 세 들어 살아야 하기에 거주 불안정 요소가 있을 것이다.

시나리오2 지금의 빌라 레버리지 삼아 다주택 매수

지금의 빌라는 신혼부부가 살기에 부족함이 없으므로 유지하고, 앞으로 5년에서 최대 8년 정도 거주하는 것도 고려할 수 있을 것이다. 단, 앞으로 상승 여력이 크지 않은 빌라이므로 인플레이션을 헤지(hedge)* 하기 위해서는 어떻게든 돈을 마련하여 추가투자를 반드시 하는 것이 좋다.

조심스럽지만, 지금의 빌라에서 대출을 최대한 받아 현금을 확보한 후 이제 막 상승을 시작한 지방을 찾아 중단기 분산투자를 해볼 수 있을 것이다. 이제 막 상승기에 진입한 지역이므로 중기적으로는 오히려 안전할 수 있고, 수익률 측면에서도 수도권보다 높을 가능성이 있기 때문이다.

단점으로는 복잡한 세법을 반드시 공부해야 하며, 언젠가 실거주용 집을 다시 알아봐야 한다는 것이다. 다주택자로서의 비난을 감수해야

• 헤지(hedge)
사전적 의미는 울타리. 투자자가 보유자산이나 앞으로 보유하려는 자산의 가치변동에 따른 위험을 없애려는 시도.

할 수도 있다.

이 30대 신혼부부는 어떤 선택을 했을까? 소형 빌라를 팔고 그동안 모은 현금까지 탈탈 털어 이미 꽤 오른 지역의 똘똘한 한 채(다행히 주변 시세보다 조금 저렴하게 나온 급매)를 약 5억원의 갭으로 매수했고, 현재 월세로 거주하고 있다. 정든 빌라를 팔고 나와야 했지만, 그래도 앞으로 실거주를 할 수 있는 안전자산을 확보했기에 마음만은 든든하지 않을까?

성공적으로 갈아타기를 한 사례이다. 새로 매수한 아파트는 비록 지금은 금리인상과 대출규제로 인해 단기조정을 겪고 있지만, 중장기적으로는 인플레이션으로 인해 지속 상승할 것이며, 언젠가 미래에 입주할 때까지 그 결실을 모두 따먹을 수 있지 않을까 기대해 본다.

전세 거주 40대의 고민, 청약 vs 일반 매수

사례 **강남 아파트 전세 거주 40대 맞벌이 부부**

강남에 15억원에 육박하는 전세금을 깔고 살고 있는 40대 무주택자이다. 20년 가량을 대기업 맞벌이로 근무하며, 고액 연봉과 절약을 바탕으로 약 15억원 이상의 현금을 모았다.

집값이 계속 오르는 것을 느끼면서도, 지금까지 기다려 온 것은 청약에 대한 아쉬움 때문이라고 했다. 지금 살고 있는 집의 전세금이 고가이지만, 시세보다는 싸게 들어가 살고 있기에 계약 갱신 청구권*을 사용하면서 앞으로 2, 3년 내에 청약 당첨을 받는 것을 목표로 무주택을 유지 중이라고 했다.

• 세입자가 원할 경우 1회에 한해 2년 계약 갱신을 청구할 수 있는 권리. 2020년 7월 31일부터 시행됐다.

시나리오 청약을 포기하고, 지금이라도 직장 위치를 고려하여 실거주할 아파트를 매수하는 것을 추천했다. 청약가점에 따라 다르긴 하지만, 분양권은 내가 원하는 단지에 잘 나오지도 않고, 내가 당첨되기도 쉽지 않다[실제 살면서 100% 만족하고 앞으로 오를 만한 지역이라면, 플러스피(+P)를 주고 분양권을 매수하는 것도 괜찮은 선택일 수 있다].

언젠가는 당첨될 것이라고 기대하고 계속 청약만 하는 사람들이 있지만 당첨 확률은 냉정하게 계산해 보면 절대 크지 않다. 청약은 학창

시절의 '고시'와 같은 성격이 있다. 물론 빠른 시일에 합격한다면 바로 5급 공무원으로 임용될 수 있지만, 언제 붙을지, 과연 붙기나 할지도 모르는 시험을 계속 붙잡고 있다가는 40대까지 수험생활을 이어갈 수도 있다. 결국 내가 합격할 확률이 얼마나 되는지 냉철하게 파악하고, 그만둘 특정 시점을 정해서(예를 들어 30세?, 35세?) 그때까지만 도전하고, 떨어지면 아쉽더라도 바로 취업한다는 마음가짐으로 청약에 도전해야 한다.

또한 요즘은 '지금 바로 입주가 가능한 물건'과 '지금은 전월세가 껴 있어 당장은 입주가 어려운 물건' 사이에 매매가가 작게는 10%, 크게는 20% 가까이 차이가 나기도 한다. 전세가 껴 있는 물건은 전세가가 낮아서 실투자금이 많이 들고, 그리고 당장 입주가 불가능하다는 이유로 덜 선호하기 때문이다. 이처럼 아무도 쳐다보지 않는 급매 물건을 시세보다 싸게 산 후, 현재 살고 있는 세입자의 퇴거 일정에 맞추어 입주하면 된다.

최근 "전세가가 너무 올랐다"고 하는 사람들이 있다. 이는 거꾸로 말하면, 세입자 입장에서는 '아직 만기가 되지 않았더라도, 언제든지 새로운 세입자에게 현재의 임대차 계약을 넘기고 원하는 일정에 맞추어 퇴거할 수 있다'는 의미이다. 예를 들어 세입자가 전세 보증금 3억원에 살고 있는데 만약 그 단지의 전세 시세가 이미 5억원을 넘어섰다면? 이런 경우 세입자가 중간에 퇴거를 희망한다면 집주인 입장에서는 두 손을 들고 환영할 것이다. 따라서 이런 입장의 세입자라면 이러한 장점을 최대한 활용할 필요가 있다(혹시라도 이사비용 명목으로 작은 성의를 표시해 준다면 금상첨화이다).

분당 대형 아파트
60대 은퇴 가장의 선택은?

사례 분당 대형 아파트 거주 60대 은퇴 가장

분당에 20억원에 육박하는 대형 아파트에 살고 있는 1주택자이다. 주택담보대출도 거의 없고 자산규모도 작지 않지만, 이미 은퇴를 해 별도의 수입이 없고, 성인이 된 자녀들이 드리는 넉넉지 않은 용돈으로 생활하고 있었다. 게다가 자녀들이 출가를 준비 중이어서 당장 큰 현금이 필요했다. 그는 분당 아파트를 팔고, 경기도 준 외곽의 좀더 작고 저렴한 아파트로 갈아타는 것은 어떨지 고민하고 있었다. 좀더 정확하게는, 이미 그렇게 결정한 상태였다!

시나리오1 그냥 아무것도 안하고 유지, 추가 대출 검토

현재의 분당 아파트에 계속 살 경우 이사를 하지 않아도 되는 장점이 있다. 단점으로는 아주 오래전에 3억원에 구매해 양도차익이 이미 17억원이나 되는데, 지금 팔지 않고 계속 가져갈 경우 언젠가 양도세가 꽤 크게 발생할 수 있다는 리스크가 있었다. 또한 당장 현금 유동성이 없다는 것이 가장 큰 문제였다. 하지만 대출규제가 몇 년 전보다 강화되긴 했지만, 분당 아파트를 활용하여 대출을 받아 현금 유동성을 해결할 수 있는 방법이 아직 많이 있다.

시나리오2 분당 아파트 매도, 축소 갈아타기(당초 계획)

물론 이렇게 하면 좋은 점이 많다. 분당 대형 아파트를 매도하는 즉시 현금 유동성을 확보할 수 있고, 이러한 현금성 자산은 증여 면에서도 유리할 수 있다. 거주비용을 절감하여 생활비를 줄일 수 있고 미래에 발생할 수 있는 양도세 리스크도 없앨 수 있다.

하지만 하급지로 이사해야 하기에 거주 만족도가 떨어질 수 있다. 또한 새로운 집을 사기 위해서는 취득세 및 중개수수료 등이 발생할 것이며, 무엇보다 총자산의 크기가 줄어든다는 것이 치명적인 단점이다.

시나리오3 분당 아파트 매도, 비슷한 크기 물건으로 갈아타기

이 방법은 양도차익을 한 번 실현하고 매수가액을 올린다는 측면에서 의미가 있다. 단, 수입이 없는 60대 은퇴 가장으로서는 현실적으로 실행하기 힘들다. 역시 이사도 해야 하고 신규주택에 대한 취득세 및 중개수수료도 무시할 수 없다.

시나리오4 축소 갈아타되, 잔여자금으로 공격적 추가 투자

투자의 관점에서만 보면 가장 좋은 방법이라고 생각한다. 거주비용도 줄일 수 있고, 미래에 발생할 수 있는 양도세 리스크도 없앨 수 있다. 현금 유동성도 확보되고 자식들에게 증여도 미리 준비할 수 있다. 또한 잔여자금으로 공격적 분산투자를 통해 자산의 크기를 유지 또는 키워서 앞으로의 인플레이션에도 대비할 수 있다. 하지만 복잡한 세법 공부가 필수적이고 거주환경의 낙후 가능성, 이사비, 취득세 및 중개수수료 발생 등의 단점도 있다.

그는 어떤 선택이 가장 좋을까? 그가 원래 실행하려고 했던 '축소 갈아타기', 즉 [시나리오2]의 치명적 단점은 바로 '자산규모가 줄어든다'는 것이다. 투자에서 기본은 특별한 상황이 아니라면 몸집(자산규모)을 키워가는 것이다. 자산규모를 줄여버리면 당장은 현금 유동성에 숨통이 트이겠지만, 다시 키우려면 몇 배의 노력이 든다. 절대 해서는 안 되는 선택이라고 극구 말씀드렸다.

[시나리오3]은 이미 발생한 시세차익 17억원을 양도세를 최소화하여 일단 실현하는 것이다. 바로 옆 동으로 이사하는 한이 있더라도, 자금여유가 있는 사람에게는 꽤 매력적인 방법일 수 있다. 하지만 그는 당장 현금이 필요하므로 현실적으로 이 시나리오를 선택하기에는 어려움이 있다.

따라서 나는 아무것도 안하는 [시나리오1], 그리고 작은 집으로 이사하되 남는 돈으로 재투자하는 [시나리오4]를 제안했다.

그는 조언대로 분당 대형 아파트를 유지하기로 했다. '집을 안 판다'는 결정도 일종의 투자활동이라고 할 수 있다. 비록 현금흐름은 여전히 어렵지만, 다양한 방법을 알아보면 어느 정도의 대출이 가능하기에 심적 안정도 얻었다. 무엇보다 하마터면 팔 뻔했던 핵심 자산인 분당 대형 아파트를 지켰다. 약 20년 만에 3억원에서 20억원이 된 이 아파트는 과연 10년 후에는 얼마가 되어 있을까? 먼 훗날 이 책을 꺼내 보면서 다시 확인해 보고 싶다.

부동산 투자
언제 멈춰야 할까?

나도 투자를 결정할 때마다 과연 맞는 선택인지 고민되고, 솔직히 두려울 때도 있다. 주변에서도 투자를 언제까지 할지, 혹시 폭락하면 어떻게 할 것인지 걱정해 주시는 분들이 있다.

어느덧 투자를 본격적으로 시작한 지 10년이 훌쩍 넘었다. 그동안 서울, 경기권 위주로 많이 상승했고, 내 자산도 그와 함께 성장해 왔다. 그렇다면 앞으로도 이렇게 계속 상승할까? 수도권은 인천을 제외하고는 앞으로 몇 년 간은 계속 공급이 부족하기 때문에 강보합으로 갈 가능성이 높겠지만, 지난 몇 년과 같은 급등은 없을 것 같다.(물론 이상한 규제로 시장을 또 다시 왜곡한다면, 그에 대한 부작용으로 예상치 못할 만큼 더 상승할 수도 있을 것이다.) 이것이 내가 요즘 지방에 집중하고 있는 이유이기도 하다.

그렇다면 이제 투자를 그만둘 것인가? 당장 그렇게 할 필요는 없어 보인다. 언젠가 서울, 경기권에 충분한 공급으로 시장이 당분간 꺾인다고 하더라도, 분명 공급 부족으로 상승하는 지역이 반드시 있을 것이기 때문이다. 그 어렵던 외환위기 시절에도(1997년 1월 ~ 1999년 12월 시세 비교) 강남지역은 소폭 상승했고, 대전은 지하철 개통이라는 호재를 발판으로 대폭 상승했다.

구분	전국	서울	강북	강남	부산	대구	인천	광주	대전	울산
1997년 1월	**40.8**	32.0	41.9	27.5	43.2	44.2	43.8	57.7	40.6	47.7
1999년 12월	**39.3**	31.3	38.7	27.9	40.1	41.3	43.4	48.0	43.1	41.0
증감	-1.5	-0.7	-3.2	0.4	-3.1	-2.9	-0.4	-9.7	2.5	-6.7

도대체 언제까지 이렇게 시장을 바라보고 연구하며 치열하게 투자를 이어가야 하는지, 어느 시점에 멈추어야 할지 생각하게 되었고, 다음과 같이 나름대로의 기준을 잡아 보았다.

전국 자가점유율 70% 돌파 시

지금 집값 상승 또는 하락을 주도하는 플레이어는 다주택 투기꾼이 아니라 실수요자이다. 일단 다주택자는 20% 정도밖에 되지 않고, 80%는 무주택자와 갈아타기를 준비하는 1주택자이며, 다주택자들이 시장에 참여하려고 해도 엄청난 세금 때문에 그마나 쉽지 않다.

물론 다주택 투자자들이 집값의 상승 또는 하락을 가속화하는 역할을 하는 것은 사실이다. 하지만 결국 집값이 크게 오르거나 떨어지려면 반드시 시장의 대부분을 차지하는 실수요자들이 움직여야 한다.

현재 전국의 자가점유율은 약 58% 수준이다. 절반 수준인 50%보다는 높지만, 아직도 절반에 가까운 사람들이 전월세로 거주하면서 이 시장에 참여하고 있다. 이들은 잠재 실수요라고 할 수 있는데, 여러 시장 상황 및 규제로 인해 자가점유율은 조금씩 올라가고 있다. 즉, 투자시

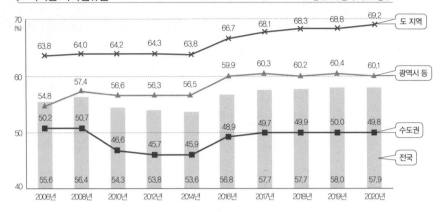

장에서의 상승과 하락에 대한 모멘텀이 줄어들고 있는 것이다.

지금과 같은 추세로 언젠가 전국 자가점유율이 70% 수준을 돌파한다면, 이는 결국 수요의 고갈이 가까워져 온다는 것을 의미한다. 만약 이러한 상황이 오면 나는 주거용 부동산 투자를 계속 할지에 대해 보수적으로 바라볼 것이다.

전세제도 소멸 시

전세는 가장 쉬우면서도 강력한 레버리지 방법이다. 담보나 저당권이 설정되지 않으며, 금융기관을 끼지 않고 집주인과 세입자 간에 직접 계약체결이 가능하여 레버리지 과정에서의 부대비용도 별로 들지 않는다. 또한 실거주 세입자를 보호한다는 명목 아래, 부동산 실물이 아닌 '전세 보증금'을 담보로 하는 '질권담보'라는 개념을 도입하여 공격적으로 대출을 해주는데, 이는 유동성 극대화에 일조한다.

전세제도는 전 세계에서 우리나라에만 존재하는데(유사한 제도가 몇 국가에 있으나 우리나라에서만 유독 발전), 임대시장을 안정시키는 면도 있지만, 유동성을 극대화해 투자수요를 유입시키는 역할도 한다.

그런데 최근 여러 규제로 인해 전세제도가 점차 사라지고 있다. 전세 공급이 줄면 전세가격이 오르게 될 것이다. 하지만 아무리 전세가격이 올라도 전세 물건 자체가 희귀해지고 월세 위주의 시장이 되어 버리면, 지금과 같은 갭투자는 점점 어려워질 것이다.

어쩌다가 나온 전세를 낀 물건은 일반 월세 물건보다 훨씬 비싸게 거래될 것이므로 투자 매력도가 떨어질 것이다. 그렇다고 월세를 끼고 투자를 하려니, 대출이자가 부담스럽고 규제로 대출 자체가 쉽지 않을 수도 있다. 아파트를 주요 투자 아이템으로 하는 이유 중 하나가 전세를 낀 갭투자에 의한 레버리지인데, 이것이 불가능하게 되면 번거롭고 까다로운 담보대출의 규모를 키워 가면서 굳이 아파트 투자를 고집할 필요가 있을까?

건강 악화 시

투자의 가장 큰 목적은 물론 돈을 벌기 위해서지만, 더 큰 목적은 행복이다. 부동산 투자를 하려면 분석을 위해, 임장을 위해, 의사결정을 위해, 계약 실행 및 관리를 위해 큰 에너지와 시간을 소비해야 한다(물론 그로 인해 근로에 필요한 시간과 노력을 조금씩 줄여갈 수 있다는 것은 적잖은 보상일 것이다). 아무튼 (그럴 리는 없겠지만) 혹시라도 건강처럼 내 인생에서 중요한 가치 중 하나에 조금이라도 안 좋은 일이 감지된다면? 회의감이 든다면? 굳이 투자를 계속할 필요가 없어질 듯하다. 인생에는 돈보다 중요한 것들이 훨씬 많기 때문이다.

규제가 더 강해진다면?

→ 신중하게 투자한다

규제는 단기적으로는 투자자와 실거주자 모두에게 악재이고, 특히 투자자들을 매우 불편하게 하는 요소이다. 하지만 부동산 시장은 이러한 투자자들이 아니라 실거주자들이 이끌어 가는 시장이며, 규제는 오히려 중장기적으로 보면 호재가 될 수도 있다.

6.17 대책, 7.10 대책 등의 여파를 살펴보면, 규제가 발생하면 시장은 즉시 반응을 보이며 어느 정도 위축된다. 하지만 6개월 정도 지나면 시장은 조금씩 적응하기 시작하고, 1년 정도 경과한 시점에는 오히려 기존의 위축됐던 에너지를 한 번에 분출하며 급상승하는 모양새를 보이곤 했다.

오히려 규제가 완화된다면, 단기적으로는 다주택자의 물건들이 일부 시장에 나오고, 중장기적으로는 시장에 신규 아파트의 공급이 늘어나면서 집값이 안정화될 수도 있을 것이다.

📍 규제가 주택가격에 미치는 영향 분석(수요와 공급 측면)

수요/공급	구분	호재 or 악재	영향력	장기/단기
수요 측면	조정대상지역 매수 기피	악재	작다	단기
	브랜드 이미지 강화	**호재**	**크다**	**장기**
	갭투자자 감소	악재	크다	장단기
	자금 조달 난항	악재	작다	장단기
	노출 빈도 상승	호재	작다	단기
공급 측면	다주택자 물건 출현	악재	작다	단기
	중과세 물건 소멸	**호재**	**크다**	**장단기**
	임대주택사업자 등록	**호재**	**크다**	**장단기**

복어는 맹독을 품고 있기에 잘못 먹으면 심하면 목숨을 잃을 수도 있지만, 독을 제거하고 잘 요리해서 먹으면 너무도 맛있는 생선이다. 송나라 시인 소동파는 복어의 맛을 '죽음과도 바꿀 만한 가치가 있는 맛'이라고 극찬했다. 나는 아파트 규제도 이와 비슷하며, 현 시점에서 아파트 투자를 한다는 것은 이런 복어요리를 먹는 것과 비슷하다고 생각한다. 아무리 규제가 심해지고 투자환경이 불편해지더라도, 아파트 투자의 맛은 '직장과도 바꿀 만한 가치가 있는 맛'이라고 생각한다.

나라가 완전 망할 것 같은 경우에는?
→ 더 투자한다

우리나라는 경제대국으로 GDP가 이미 세계 10위 수준이며, 많은 대기업들이 끊임없는 노력을 통해 외화를 벌어들이고 있다. 그렇게 벌어들인 외화가 월급으로 뿌려지고, 그 월급들이 집값 상승에 반영된다. 그런데 만약 여러 가지 이유로 나라가 정말 망할 것 같다면?

베네수엘라의 예를 보자. 비록 임대에 관한 자료지만, 집값이 2014년의 1/10 수준으로 떨어지는 데 딱 3년 걸렸다. 미국 달러 기준의 수치이므로 통화 인플레이션과 관계없는 실질가격의 하락을 의미하며, 베네수엘라 경제가 가장 어려움을 겪던 시기와 일치한다. 이러한 일이 우리나라도 일어날 수 있을까?

필자는 조금 다르게 생각한다. 베네수엘라는 정국혼란이 계속되면서 상류층들이 살던 집을 비우거나 완전히 정리하고 미국, 브라질, 아르헨티나, 콜롬비아 등 주변국으로 망명을 많이 했다. 이로 인해 베네수엘라 주택시장에서 수요가 감소하고 공급이 증가하는 현상이 동시

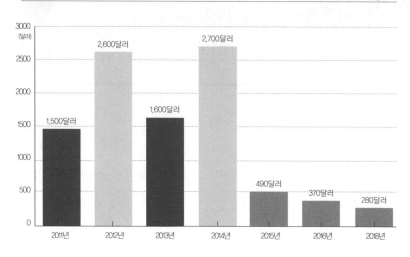

에 가속화되었다. 하지만 우리나라는 설령 나라가 망해 간다고 해도 막상 갈 곳이 없다. 미국과 유럽은 너무 멀고 일본, 중국, 동남아 등은 언어가 불편하다.

나는 (정말 그렇게 되지 않길 바라지만) 혹시라도 나라 살림이 너무 어려워진다면, 오히려 그때가 투자의 최적의 순간이 될 것이라고 생각한다. 초반에는 심리 위축으로 매도물량이 출현하여 가격이 약세를 보일수 있겠지만, 결국 의식주 중에 필수인 '집'은 대다수의 국민들이 나라를 떠나지 않는 한 반드시 필요하고, 인플레이션으로 현금(원화)의 가치가 추락할 것이며, 이에 따라 실물자산의 가치는 더욱 귀한 대접을받게 될 것이기 때문이다.

다주택자로서 포트폴리오에
상가, 지식산업센터를 담은 이유

나는 아파트 투자를 가장 좋아한다. 실수요자 위주의 시장이며, 의식주 중 하나인 필수재이고, 환금성이 좋고(손절매 가능), 대출이 잘 나오(왔었으)며, 전세 레버리지도 가능하고, 절세도 할 수 있(었)으며, 공부한 만큼 정직한 결과가 나오는…. 하지만 지금은 여러 규제로 인해 아파트 투자에 어려움이 있으며, 그로 인해 포트폴리오의 구성이 정말 중요해졌다. 앞에서도 말했듯, 언젠가는 아파트 투자를 멈출 시점이 올 수도 있기에 또 다른 투자에 대해 간단하게 소개한다.

현재 나의 투자 포트폴리오에서 아파트를 제외하고 가장 큰 축은 상가와 지식산업센터(=아파트형 공장)이다. 일단 종부세 주택분에 들어가지 않아 절세를 할 수 있으며, 적당한 레버리지도 활용할 수 있고, 시세차익과 임대수입을 동시에 볼 수 있다.

둘 다 아파트보다는 투자하기가 어렵다. 상가임대차보호법 등도 알아야 하고, 자칫하면 공실도 감수해야 한다. 하지만 주거용 상품과는 또 다른 매력이 있다. 다음의 내용은 기본적으로 내 경험과 지식을 바탕으로 하되, 상가전문가 박종일 대표님, 길목 대표님, 상가몽땅 최원철 대표님, 경매 전문가 달천 대표님의 집필 또는 강의 내용에서 일부 발췌하고 참고했음을 밝힌다.

상가투자 팁

상가투자는 세금계산서 발행 외에는 크게 신경쓸 일이 별로 없다. 각종 인테리어, 관리비 정산, 시설 및 바닥 권리금 등은 임차인끼리 알아서 정산하므로, 상가 주인은 매월 꼬박꼬박 월세를 받으며, 계산서 발행 및 세금 납부만 신경쓰면 된다(그래서 찐 부자들이 선호한다).

다른 투자상품과 마찬가지로 교통, 호재 등 많은 것을 고려해야겠지만, 특히 배후 세대와 동선이 매우 중요하다. 택지지구 내의 배후 수요와 상가 비율을 반드시 확인해야 한다.

상가는 워낙 개별성이 커서 경매정보에 올라오는 감정가, 그리고 바로 앞 건물 등의 주변 시세는 단순 참고자료일 뿐이다. 건물 위치나 모양, 동선에 따라 가격이 천차만별이다. 결국 유효수요를 스스로 판단하고 시장가격을 예상하는 수밖에 없다.

분양상가는 마진이 많이 껴 있기 때문에 좋지 않을 확률이 90% 이상이다. 은퇴 후 월세 받는 삶을 원하는 수많은 투자 대기 수요자들이 있기에, 시행사는 상가를 분양할 때 분양가를 호락호락 내리지 않는다. 분양사무실 운영을 위한 인건비, 관리비, 각종 수수료 등 모든 비용 또한 상가를 분양받는 사람의 부담이다.

건축을 진행 중이거나 이제 막 준공한 신축 분양상가는 가짜 월세 세입자가 있을 수 있다. 병원이나 약국이 있는 상가는 많은 사람들이 선호하는 멋진 상가이다. 하지만 그 병원이나 약국이 아주 저렴하게 임대를 들어와서 몇 달만 운영한 후, 상가분양이 완료되면 다른 곳으로 옮기는 사례도 있으니 한 번쯤은 의심해 보는 것이 안전하다.

상가임대차보호법을 마스터하는 것은 필수이다. 2018년 10월 16일

이후 최초 상가임대차 계약 체결분은 임차인에게 10년 동안 상가를 사용할 수 있는 권리가 보장된다. 거꾸로 말하면, 주인은 그 상가에 대한 모든 비용을 지불하고 샀음에도 불구하고, 앞으로 10년 동안은 실제로 사용할 수 없다. 상대방의 권리는 나의 의무가 될 수 있다는 것을 명심하자.

상가를 매수할 때 앞으로 세입자가 나가거나 공실이 났을 경우 내 사업에 이용할 가능성도 고려하면 투자 리스크가 감소한다. 의사라면 언젠가 병원으로 운영할 수도 있는 자리, 약사라면 약국 자리, 식당을 운영한다면 식당 자리, 공인중개사라면 공인중개사무소 자리, 기타 실내골프장, 영상촬영 장소, 소호 사무실 등, 당장은 아니더라도 언젠가 내가 직접 운영할 수 있는 상가를 미리 매수하여 투자와 실사용을 겸할 수 있다면 상가투자의 장점을 극대화할 수 있다.

나도 상가투자를 많이 하고 있지만, 대부분 은퇴 후의 예상 창업업종과 연계된 자리들이다. 내가 직접 운영할 가능성이 있는 업종과 관련 없는 곳에 단순히 수익률만 보고 투자하느니, 차라리 주거상품 투자에서 방법을 찾는 것이 낫다고 생각한다.

지식산업센터 투자 성공원칙은?

지식산업센터는 실수요가 탄탄하며, 아파트 투자 규제로 인해 투자수요도 계속 유입 중이다. 지식산업센터도 은근히 실수요자 위주의 시장이다. 구도심의 낡은 상가 사무실에서 시작한 회사들이 성공하여 번듯한 신축 사무실을 찾아 지식산업센터로 이주하고 있다. 투자 측면에서도 투자자들의 돈이 갈 곳이 없다. 각종 규제로 아파트 투자에 지친 투자자들이 어떻게든 새로 투자할 곳을 찾고 있다. 지식산업센터는 아파트보다는 덜할 수 있지만, 실수요와 투자 수요를 모두 가지고 있다는 측면에서 매력적인 투자처라 할 수 있다.

지식산업센터는 분양가의 10%만으로 계약한 후, 중도금 대출 실행 시 건축물 분에 대한 부가세까지 환급받을 수 있어 레버리지를 극대화할 수 있다. 현금 3천만원이 있으면 3억원짜리 물건을 살 수 있고, 1억원이 있으면 10억원짜리 물건도 가능하다. 건물이 올라가고 중도금 대출이 실행될 때마다 건축물 분에 대한 부가세를 환급받을 수 있기에, 현금 유동성이 좋아지고 레버리지는 더 커진다. 준공 시점이 되면 4.6%의 취득세를 부담하고 등기를 해서 임대료를 받을지, 또는 아쉽지만 프리미엄을 받고 분양권을 팔아 일부 수익을 실현할지 선택지도 주어진다.

지식산업센터는 입지가 좋을수록 오히려 수익률은 떨어진다. 이는 빌딩이나 상가도 마찬가지다. 입지가 좋은 물건은 매매가 상승 압력이 크다 보니, 아무리 월세가 함께 올라도 매매가 상승률을 따라잡지 못하기 때문에 결과적으로 임대수익률이 떨어지게 되는 것이다. 가끔 등장하는 '확정 임대수익률 보장'이라는 광고문구는 '상승여력 거의 없음 보장'이라는 말과 유사한 의미일 수 있다. 결국 지식산업센터 투자 시에도 시세차익과 임대수입 중에서 어디에 더 집중할지 선택해야 하는 것이다.

애매한 대형 사무실은 수요 감소로 임대를 맞추기 어려울 수 있다. 기업들도 양극화되는 중이다. 한 층 전체, 또는 2, 3개 층의 초대형 여러 호실, 또는 4, 5명 이하의 중소형 사무실을 선호하는 경향이 있다. 애매하게 큰 평수는 분양가는 분양가대로 비싸고, 임대를 놓는 데 어려움이 있을 수 있으니 잘 보고 선택해야 한다.

좋은 호실은 단독으로 분양해 주지 않는다. 아파트는 로열과 비로열이 주로 층으로 구분되지만, 지식산업센터는 같은 층 내에도 로열 호실과 비로열 호실이 있다. 엘리베이터 근처, 넓은 출입구, 코너 자리 등은 로열 호수이고, 좁은 출입구, 화장실 바로 앞, 기둥이 많은 호실 등은 비로열 호실이다.

많은 사람들이 돈을 더 주고라도 로열 호실만을 원하니, 시행사나 분양사에서도 어쩔 수 없이 둘을 묶어서 팔 수밖에 없는 입장이 이해는 된다. 혼자 가면 좋은 호실을 받기 어려울 수 있으므로, 아예 여러 호실을 묶어 한꺼번에 분양받거나, 마음이 맞는 사람들끼리 뜻을 모아 좋은 호실과 좀 덜 좋은 호실을 확보하고 서로 잘 분배하는 것도 괜찮은 전략이 될 수 있다.

마지막으로 지식산업센터의 상가는 되도록 투자 아이템에서 제외하기를 권한다. 아무래도 시행사들은 대금을 조금이라도 더 많이 회수하기 위해 상대적으로 분양가가 높은 상가의 비중을 늘리고 싶어 하지만, 배후 수요와 동선을 잘 살펴봐야 한다. 같은 건물에서 근무하는 직원들은 그 건물의 상가를 이용하겠지만, 과연 옆 건물에서도 찾아오게 될까? 배후 수요와 예상 동선을 한 번쯤은 더 생각해 보자.

미래의 투자 로드맵
(feat. 수요와 공급)

나는 오랜 기간 여러 종목에 투자해 왔고 운이 좋아 적잖은 결실을 거뒀지만, 앞으로 투자를 어떤 식으로 할지 항상 고민이 많다. 아파트는 가장 좋아하고 자신 있는 종목이지만 주택 수를 더 이상 늘리는 것은 부담스럽고, 그렇다고 주택이 아닌 현재 유행하는 부동산 상품들은 언제까지 인기가 지속될 수 있을지 걱정된다.

미래의 투자 로드맵을 작성하기 위해 잠시 '수요와 공급'이라는 기본 내용에 대해 자세히 살펴보자. 수요와 공급은 내가 아는 거의 모든 사회현상에 적용된다. 각종 투자뿐만 아니라 직장생활, 하물며 가족 간의 관계 등에도. 무엇이든 모자라면 비싸지고, 남으면 싸진다. 이는 모든 가격 형성의 기본이며, 아직 이유 없는 예외는 찾지 못했다.

부동산에서는 집을 사려는 사람과 돈이 많아지면 집값이 올라가고, 집을 많이 지어 공급이 많아지면 집값은 떨어진다. 마스크의 가격은 코로나 발발 직후에 장당 1만원까지도 육박했지만, 지금은 몇 백원이면 쉽게 구할 수 있다. 바나나는 어렸을 때 먹기 너무 힘든 비싼 과일이었지만, 지금은 대량생산으로 저렴한 가격에 쉽게 먹을 수 있다. 반면에 갈치나 오징어는 상대적으로 구하기 쉬운 생선이었으나, 요즘은 어획량 감소로 예전에 비해 꽤 비싸졌다. 직장에서는 일을 좀 덜 잘하더라도 동년배에 같은 직급 동료가 없다면 홀로 핵심 요직을 차지하며 승승장구하기도 하지만, 동기(=공급)가 많다는 이유로 경쟁에 치여 조직 내자리를 잡는 데 어려움을 겪을 수도 있다. 하물며 가족 간에도 외동아들은 부모의 사랑을 혼자서 독차지하게 되지만, 형제자매가 많은 집안의 가운데 낀 자식은 첫째의 믿음직스러움과 막내의 귀여움을 뺀 나머지 사랑을 나누어 가져야 하는 경우도 있다.

앞으로 어떤 일이 벌어질지, 어떤 투자종목이 주목받을지, 어디에 돈을 묻어둘지 고민되어 수요와 공급 측면에서 나의 투자에 대한 실마리를 찾아보고자 했다.

증가하는 것

- 돈의 양: 인플레이션이 계속되고 있다.
- 노인인구: 수명의 증가로 노인들이 늘어나고, 바이오 및 의료 관련 사업의 수요가 증가할 수 있다.
- 1인 가정: 사별 후 혼자 사는 노인이 많아지고, 젊은 세대는 이제 결혼이 필수가 아니다. 초역세권 1인 가구의 거주 수요는 꾸준할 것이다.
- 귀차니즘: 사회의 전반적인 분위기가 복잡하고 힘든 일, 몸을 사용하는 힘든 일을 꺼리는 분위기로 변하고 있다. 이로 인해 수혜를 받는 업종은 무엇이 있을까?
- 비대면: 처음에는 코로나가 무서워서 온라인으로 지인을 만났는데, 이제는 편해서 온라인을 선호한다. 처음에는 사내 코로나 확산 금지를 위해 재택근무를 도입했는데, 이제는 회사의 비용을 줄이고 임직원들의 편의를 위해 재택근무를 독려한다.

- 전자화폐: 하루아침에 전자화폐를 없앨 수 있을까? 전자화폐를 사용하는 곳이 줄어들기보다는 오히려 늘어나지 않을까?
- 평범한 아파트: 3기 신도시가 공급되면 기존의 구축 아파트들은 어떻게 될까? 입지도 연식도 애매하다면?
- 친환경기기(전기차, 수소차): 앞으로 전기차가 줄어들거나 없어질 일이 생길까? 아마 당분간은 계속 늘어나지 않을까?

감소하는 것

- 인간의 노동력: 인구가 감소하고 1인당 노동시간도 줄어들고 있다. 물론 기술발전과 자동화로 인해 노동의 전체 생산성은 증가할 것이다.
- 비핵심지 주거 부동산의 수요: 많은 사람들이 더 비싸더라도 핵심지에 살고 싶어 한다. 인구도 장기적으로는 감소하는 중이다. 이렇게 되면 비핵심지의 부동산은 어떻게 될까?
- 비핵심지 상업용 부동산 수요: 비대면이 점점 더 많아지고 있다. 골목상권이 다시 살아날 수 있을까? 교통망이 발전할수록 핵심지 상권이 오히려 빨대처럼 수요를 빨아들이게 될 텐데.

물론 전쟁과 전염병 같은 예상치 못한 변수가 있지만, 대부분의 내용은 누구나 알고 있고 앞으로 크게 벗어나지 않을 것 같다. 사회변화에 따라 증가, 감소하는 것을 잘 분석해 투자종목을 선정한다면 미래의 투자 로드맵을 그리는 데 도움이 될 것이다. 언젠가 거주 부동산 투자, 궁극적으로는 부동산 투자가 어려워지더라도, 또 다른 아이템을 찾아 투자를 이어가는 것이 우리의 소중한 자산을 지키는 방법이다.

우리 모두의 고민들

요즘 어떠한 고민을 하고 있는가? 직장인, 사업가, 또는 이미 경제적 자유를 이룬 자유인 여부에 따라 각자의 고민은 다를 것이다. 그 각자 상황에 따른 고민들을 다음과 같이 예상해 보았다.

직장인들은 인사평가, 연봉, 승진에 불만족이 있을 수 있고, 근무강도가 너무 세서 고민이 있을 것이며, 이직을 해야 할지, 조기은퇴 및 창업을 고려해야 할지, 정년 이후 계획은 어떻게 세워야 할지 고민이 많을 것이다.

사업가들은 매출 확대를 위한 방안을 항상 찾아야 하고, 신규 성장동력을 발굴하기 위해 노력해야 하며, 직원관리도 무리 없이 해야 하고, 자동화를 통한 시간적 자유를 누리기 위해서는 어떻게 해야 할지, 그리고 이러한 사업을 자식들에게 어떻게 증여, 상속해야 할지 고민일 것이다.

이미 **경제적 자유를 얻은 사람**들은 어렵게 일군 자산을 어떻게 아이들에게 남겨줄지, 또는 반대로 부모님이 만들어 놓은 소중한 자산을 어떻게 증여, 상속할지, 최선의 즐거움과 쾌락의 끝은 무엇이고, 인생은 무엇을 위해 사는지, 명예를 드높이고 자아를 실현해 갈 수 있는 방법은 무엇인지, 나보다 더 어려운 계층에 대한 사회봉사 및 이익환원의 방법은 어떤 식으로 가져야 할지, 궁극적으로 이 삶의 종료와 그 이후를 위해 어떠한 마음가짐으로 준비해야 할지 또 고민이 될 것이다.

📍 우리 모두의 고민들

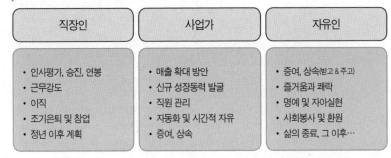

직장인	사업가	자유인
• 인사평가, 승진, 연봉 • 근무강도 • 이직 • 조기은퇴 및 창업 • 정년 이후 계획	• 매출 확대 방안 • 신규 성장동력 발굴 • 직원 관리 • 자동화 및 시간적 자유 • 증여, 상속	• 증여, 상속(받고 & 주고) • 즐거움과 쾌락 • 명예 및 자아실현 • 사회봉사 및 환원 • 삶의 종료, 그 이후…

누구의 고민이 더 크다고도 작다고도 할 수 없을 것 같다. 결국 자신이 가지고 있는 고민이 현재 가장 크게 느껴지지 않을까? 다소 잔인하게 들릴 수도 있지만, 위의 고민 중에서 많은 부분이 경제적 자유를 가지게 된다면 없어질 가능성이 높은 것들이다. 그렇기 때문에 우리는 오늘도 열심히 일하고 투자에 관심을 가지면서 경제적 자유를 이루기 위해 노력한다.

　필자도 아직 완전한 자유인이 되지 못했으며 많은 고민을 가지고 있는 사람 중 한 명이다. 그리고 이 고민은 혼자 끙끙대기보다는 비슷한 고민을 가진 사람끼리 모여 생각을 나눌 수 있다면 해결방법을 더 빨리 찾을 수 있을 것이다. 모두 경제적, 시간적 자유인이 되어 인생을 깊게, 그리고 함께 많이 고민했으면 한다.

구번타자 홈런왕

30대 후반 직장인. 투룸 빌라에서 신혼생활을 시작, 집 앞에 세워둔 차가 자꾸 견인당하는 설움을 겪으며 내집 마련에 눈을 뜨기 시작했다. 이후 공부한 것들을 〈구번타자 홈런왕의 세상뒷담화〉라는 블로그를 통해 공유하다가 우연한 기회에 『내집 마련 서울 대장아파트에 답이 있다』라는 책을 집필하게 되었다. 서울뿐만 아니라 전국 투자에 눈을 뜨게 되어 매년 투자를 이어나가고 있다. 이제는 내집 마련을 넘어 부동산 투자를 통해 가족과 함께 더 많은 시간과 추억을 함께할 수 있는 자유를 꿈꾸고 있다.

2
Part

아직도 늦지 않은
내집 마련

-2030 사회 초년생들을 위하여

12평 투룸 전세에서
경제적 자유까지

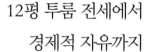

25년 연식의 12평 남짓한 개포동 투룸 전세(전세가 1억8천만원), 나의 첫 신혼집이었다. 모든 처음이 그러하듯, 신혼의 부푼 꿈을 안고 시작한 곳이었지만, 꿈에서 현실로 돌아오는 시간은 길지 않았다.

25년식 12평 빌라에서 내집 마련을 꿈꾸다

기본적으로 오래된 집이었기에 여름에는 더욱 덥고 겨울에는 더욱 추웠다. 집에 있는 시간이 고되게 느껴져 주말에는 대부분 근처 카페에서 시간을 보냈다. 가장 불편했던 것은 역시 주차였다. 빌라는 총 7세대인데 공식적으로 주차가 가능한 공간은 3곳이었다. 이중주차는 기본이었고 인근에 대충 주차하는 경우가 다반사였다. 그러다 보니 주차딱지가 일상이었고, 집 앞에 잠시 주차했다가 견인되기도 했다. 그런 시간이 6개월 정도 지속되니 마음속에 작은 불꽃이 일었다. '내집 마련'이라는 이름의 불꽃이었다.

계약 직전 분당 아파트를 놓치고

다행히 시드머니는 1억원 가량 마련되어 있었다. 신혼 초부터 아내의 월급 중 일부를 생활비로 사용하고, 내 월급은 한푼도 빠짐없이 저축한 덕분이었다(지금도 아내에게 감사하는 부분이다). 당시 그 정도 현금이면 좋은 차나 명품백도 사고 싶었을 텐데, 아내는 빌라 투룸에 살면서 퇴근 후 산책을 함께하고 동네에 커피를 함께 마시러 가는 것을 최대의 사치로 여기며 그 시간을 함께 견뎌주었다.

당시(2016년)만 하더라도 주택시장에 조금씩 훈풍이 불기 시작할 때였지만, 투자자가 아닌 일반인으로서는 완벽하게 체감되는 시기는 아니었다. 여전히 많은 사람들이 집을 사는 것은 바보 같은 짓이라고 생각하던 시기였다. 하지만 우리는 거실이 있는 내집 마련이 무엇보다도 큰 꿈이었기에, 일단은 살고 싶은 집을 미리 잡아두자고 결정했다.

그 이후로 참 많은 집을 보러 다녔다. 신혼집이 있던 개포동을 중심으로 경부고속도로 아래의 동탄, 수지, 용인 일대, 분당 등 정말 많은 지역들을 돌아봤다. 고심 끝에 분당의 작은 평형을 전세금을 끼고 갭투자로 매수하기로 결정했으나, 계약 당일에 500만원을 올려달라는 집주인에게 화가 나서 결국 매수하지 않았다. 만약 그때 그대로 주저앉았더라면? 지금 생각해도 참 아찔한 기억이다.

과천 아파트 싸게 주울 수 있었던 이유

막상 내집 마련의 목전까지 갔다가 계약이 엎어지자, 아내와 나는 마음이 매우 헛헛했다. 다시 주변을 살펴보다가 내가 태어나서 자랐던 곳, 막연하게 비싸서 절대 구입하지 못할 거라고 생각했던 과천을 방문하게 되었다.

그런데 이게 웬일인가? 매매가와 전세가의 갭이 거의 없었다. 당시 인근 재건축의 이주 수요로 인해 일대에서 유일한 신축급이었던 과천의 아파트는 전세가가 폭등했는데, 그에 반해 매매가는 계속 정체되어 있었다. 또한 네이버 부동산의 상황과는 달리, 이미 많은 투자자들이 진입하고 있어서 전세를 낀 물건은 거의 씨가 말라 있었다. 그때 아내와 나는 느낄 수 있었다.

'이것이 인터넷에서 보는 것과 현장 분위기의 차이구나!'

그날부터 우리 부부는 번갈아가며 여러 공인중개사무소에 전화를 거듭했다. 그 와중에 물건을 하나 발견했는데, 월세가 껴 있어서 우리가 가진 금액으로는 턱없이 부족했다. 하지만 꼭 사고 싶었다. 월세 계약 만기가 몇 개월 뒤였기 때문에, 일단 매수해서 전세를 놓으면 안정적으로 보유할 수 있는 상황이었다.

가능한 방법을 찾아보기로 했다. 우선 주택담보대출을 최대한의 한도로 받고(당시 주택담보대출비율인 LTV가 70%였는데, 임대 보증금이 40% 남짓이라 남은 30% 정도를 대출받을 수 있었다), 카드 포인트부터 시작해서 아내가 결혼할 때 가지고 온 돼지저금통까지 깨고, 그동안 쌓였던 퇴직금까지 정산하여 매수했다. 그것으로 나의 첫 투자는 시작되었다.

그리고 계약 후 몇 개월 뒤 잔금을 치를 때, 이 아파트는 이미 7천만 원 가량이 올라 있었다. 그때 느꼈다.

'돈으로 돈을 버는 것이 이런 것이구나!'

선착순 뚫고 서울에 한 채 더 사다

이렇게 첫 주택을 샀지만, 단순히 전세를 끼고 갭 금액으로 산 것이기 때문에 당장에 들어가서 살 수 있는 집은 아니었다. 우리가 거주하는 투룸 빌라는 여전히 여름에 덥고 겨울에 추웠으며, 차도 간간이 견인됐다. 이번에는 진짜 우리가 살 아파트를 사야겠다고 생각하게 되었다. 때마침 첫 집의 전세 계약기간이 끝나서 전세 보증금을 1억원 가량 올려 받을 수 있었다. 또다시 투자금이 1억원 생긴 것이다. 자연스럽게 두 번째 집을 매수할 생각을 했다.

첫 주택과는 달랐다. 이미 매수를 한 번 경험한 이후였고, 임장을 수없이 다녀온 이후였기에 나름의 기준을 세울 수 있었다. 직장(당시 서울 강남)에서 다소 멀더라도 출퇴근이 가능하며, 아이가 생겼을 때 장모님의 도움을 받을 수 있는 인근 지역, 되도록 1천 세대가 넘는 신축 또는 준신축을 목표로 삼았다. 그 기준으로 서울 서북구 방향에서 집을 알아보기 시작했다.

다소 충동적으로 시작했던 첫 번째 투자와는 달리, 두 번째 집을 매수하는 것은 신중했다. 일단 지하철을 중심으로 몇 군데 후보지를 정한 이후 아침, 점심, 저녁, 평일, 주말 가릴 것 없이 다양한 시간대와 상황에 따라 임장을 했다. 대략 10번 정도 방문하고 임장 보고서를 부동산 카페에 올리고 나니 물건에 대한 감이 생기기 시작했다.

기회는 어느 순간 예고하지 않고 왔다. 당시에 분위기가 들썩들썩하던 것을 감지, 전세금을 올려 받은 돈으로 매수할 수 있는 물건을 발견하게 된 것이다.

이번 역시 결정의 시간은 길지 않았다. 집을 보고 바로 매수했다. 사려는 사람들이 3명이나 있었기에 말 그대로 '선착순'이었다. 두 번째 집 역시 계약 이후 잔금을 치를 때쯤에는 수천만원이 훌쩍 올라 있었다. 본격적으로 '투자란 이런 것이구나!' 깨닫게 되었고, 원래 거주를 목적으로 샀던 그 집은 당시 준공공임대사업*이라는 제도를 통해 장기임대

• 준공공임대사업
2013년 12월 5일부터 시행된 제도로, 세입자의 거주 안정을 위해 임대인에게 세제혜택을 주는 대신 임대료 인상 규제를 받는 민간 임대주택 제도.

를 주게 되었다. 성공적인 두 번째 투자였다.

결혼 3년 만에 과천에 1채, 서울 신축 2채 계약

투자로 꽤나 성공적인 성과를 쌓아가고 있었음에도 저축률은 전혀 낮추지 않았다. 부부 월급의 80%는 저축했고, 덕분에 투자를 하는 중에도 시드머니가 계속 쌓이고 있었다. 세 번째 시드머니를 모으는 데 일 년이 채 걸리지 않았다. 두 채의 집을 매수했음에도 불구하고, 여전히 내가 거주할 수 있는 집은 없었기에 세 번째 투자를 감행하게 되었다.

이번에는 진짜(?) 실거주를 목적으로 한 집이었다. 후보지는 서울의 동북권에 3년이 되지 않은 24평 신축이었다. 이미 임장의 맛(?)을 들였기에 서울 곳곳이 꽤나 익숙한 장소가 되어 있었다. 그렇게 여러 곳을 다니다 보니 지역 간, 아파트 간 비교분석이 어느 정도 가능했고, 그렇기에 서울 미아동 아파트를 보는 순간 바로 저평가임을 알 수 있었다.

그렇게 물건을 확인한 당일 바로 계약을 했다. 열 몇 번 임장을 갔던 이전 계약과는 달리, 한 번 본 순간 '이 물건이구나' 싶었다. 그렇게 계약을 완료, 결혼 3년 만에 과천에 하나, 서울에 신축급 아파트 둘을 마련하게 됐다.

지방으로 눈을 돌린 이유

하지만 투자라는 것이 언제나 계획대로 되는 것은 아니었다. 당시는 지금처럼 투자 블로그 친구나 투자자 지인들이 없이 혼자 투자하던 시기였기에, 급등기에는 중도금을 미리 넣어야 한다는 사실을 몰랐다. 그저 시세가 하루가 다르게 올라가는 것을 보며, 행여나 계약이 파기되지는 않을까 불안해하기만 했다. 불행한 예감은 언제나 맞는다고 하지 않는가? 중도금 입금 전달에 공인중개사무소로부터 갑자기 문자통보를 받았다.

"계약해지를 통보합니다. 현 문자 이후 중도금 입금은 유효하지 않습니다."

하늘이 무너지는 기분이었다. 당시 서울은 본격적으로 규제에 들어가던 시기였고, 사실상 서울 아파트를 추가 매수할 수 있는 마지막 기회로 여겨졌기 때문이다.

하지만 그때 이후로 다시 생각을 해보았다. 굳이 서울에만 목맬 필요가 있을까? 월세로 살면서, 투자는 서울이 아니라 지방에서 시작하면 되지 않을까? 그렇게 나는 모두가 말리는 지방투자를 시작하게 되었다.

첫 월세가 들어오던 날의 뿌듯함

처음은 천안이었다. 시작한 아이디어는 단순했다. 서울에서 멀지 않고, 충분한 일자리가 있으며, 월세 수익률이 충분히 나오는 지역이라는 조건을 충족한 곳이었다. 그렇게 처음으로 준공공임대사업자(당시에 정부가 추천하던 임대사업자 제도) 대출을 통해 월세투자를 진행했다. 다소 투박했지만, 처음으로 구축을 매입해 인테리어를 하여 10%가 훌쩍 넘는 수익률로 월세 세팅을 마무리지었다. 아직도 첫 월세가 들어오던 날의 뿌듯함을 잊지 못한다.

지방 월세투자 역시 처음이 어려웠지 그다음은 쉬웠다. 다음 지역은 청주였다. 평소에 업무로 자주 방문하던 지역이어서 청주에 대한 이해도가 높았다. 역시나 당시에 존재하던 준공공임대사업자 대출을 통해 월세투자를 진행했다. 소액으로 할 수 있다는 것, 작게나마 월세로 현금흐름을 만들 수 있다는 것, 적은 액수로 부담없이 투자의 스펙트럼을 넓힐 수 있다는 것이 매력적이었다.

투자를 빠르게 마무리짓고 나자 총 세 군데에서 월세가 들어오기 시작했다. 나의 월급일, 아내의 월급일, 그리고 총 세 군데의 월세…. 30일 중 5일이 급여가 들어오는 날이 된 것이다.

1년에 1채 이상 투자하기

물론 돌이켜 생각해 보면 조금은 이른 시기의 투자였다. 당시는 모든 직장인의 로망(?)인 월세를 받기 위해서 일찍 월세투자에 나섰지만, 자산을 불리는 측면에서 돌이켜보면 또박또박 월세를 받는 임대수익형 투자보다는 물건의 가격 자체가 크게 올라가는 시세차익형 투자로 가는 것이 더 옳은 단계였다. 하지만 지방투자에 대한 두려움 및 거부감을 줄일 수 있었고, 거의 반강제(?)적으로 천안과 청주라는 큰 지역에 대한 이해도를 크게 높일 수 있었다.

또한 매월 두 지역에서 들어오는 월세 덕분에, 당시 대출로 나가는 이자를 웃돌고도 남는 순수익이 생겼고, 여전히 바꾸지 않은 생활습관 덕분에 보유 주택 수가 단기간에 많이 늘어났음에도 불구하고, 현금이 계속 쌓이는 선순환을 거듭할 수 있었다.

몇 년이 지난 지금은 두 아파트 모두 시세가 크게 올랐고, 보유세 부담이 크지 않은 효자물건이 되어 미운 오리새끼에서 백조로 변모해 있다.

그 이후에도 꾸준히 투자를 하여 개인적으로 세운 원칙인 '1년에 1채 이상 투자하기'를 진행하고 있고, 2016년 첫 투자를 시작한 이래로 초과달성을 하고 있다.

그렇기에 나는 자신 있게 이야기할 수 있다. 직장을 열심히 다니고 일상을 크게 변화시키지 않더라도, 나처럼 매년 한 건 정도는 누구나 부동산에 투자할 수 있다고.

이 글은 나와 비슷한 길을 걸어가고자 하는 독자들을 위한 것이다. 각각의 꼭지들은 내가 투자를 시작할 때 '누군가가 알려줬더라면 더 겁 없이 투자의 세계에 일찍 뛰어들 수 있었을 텐데' 싶은 생각과 공부법을 독립적으로 다루고자 한다.

실제로 주변 부린이* 지인들이 가장 많이 했던 질문에 대한 이야기들을 글로 엮었다. 여러분이 이 글을 통해서 부동산에 관심을 충분히 가지게 되고, 직장을 열심히 다니면서도 꾸준히 공부하며 부동산 투자에 도전한다면 그것만으로 매우 보람차지 않을까 생각한다.

• 부동산 어린이의 약자로 부동산 투자에 익숙지 않은 사람들을 말한다.

누군가가 알려줬더라면 투자의 세계에 일찍 뛰어들 수 있었을 텐데….

부동산 지금도 할 수 있는 투자에요? 사회 초년생이? 돈이 없는데?

만약 내가 이 글을 쓰는 2022년 이 시점에 처음 직장생활을 하는 사회 초년생이라면? 다음과 같은 생각이 들지 않을까?

"부동산 지금도 할 수 있는 투자야? 돈이 없는데? 이번 생은 망했어."

이 글은 그런 생각을 할 법한 2030 사회 초년생 후배들에게 들려주고 싶은 이야기이다.

나는 30대 초반에 결혼 후 바로 투자에 뛰어들었고, 지금은 내집 마련의 목표를 넘어 경제적 자유를 위한 발판을 마련했다.

고백하자면, 나의 경우는 시기가 너무 좋았다. 특별한 혜안과 능력이 있어서가 아니라 그저 어떤 집이든 사기만 하면 오르는 시기를 만났고, 첫 투자의 대성공으로 용기를 얻고 그 이후의 투자를 실행할 수 있었다.

군이 성공의 비결이라고 하면, 남들보다 조금 일찍 집에 관심을 가졌고 조금 겁 없이 실행했으며 결정적으로 시기가 절묘했다는 것, 한마디로 정리하면 운이 좋았다.

그렇기에 이 글에서는 '무조건 성공하는 법'보다는 '실패하지 않으며 꾸준히 공부하는 법'에 대한 이야기를 함께하고자 한다. 결국 투자는 투자를 대하는 태도로 성패가 갈린다고 생각하기 때문이다.

부동산 공부와 투자를 시작하는 분들에게

내가 가장 좋아하는 영화 장면이 있다. 〈비긴 어게인〉이라는 영화에서 여자주인공인 키이라 나이틀리가 펍에서 노래를 부르는 장면이다. 그녀는 남자친구와 헤어지고 뉴욕을 떠나기 전에 친구가 공연하는 펍에 가게 된다. 그곳에서 친구의 권유에 마지못해 노래를 부르게 되고, 남자주인공인 음악 제작자의 눈에 띄어 새로운 계기를 맞게 된다.

내가 그 장면을 좋아하는 이유는 여자주인공이 모든 것을 포기하고 싶은 순간에도 펍에서 노래를 부르는 선택이 새로운 계기를 만들어 준 모습에 영감을 받았기 때문이다. 그래서 나는 '최악'이라고 생각하고 포기하고 싶을 때야말로 무엇이든 해야 한다고 생각한다. 그 경험이 우리에게 생각하지 못한 결과를 가져다주는 씨앗이 될 수 있기 때문이다.

2030 사회 초년생들에게 지금의 상황이 그렇지 않을까 싶다. 너무 많이 올라버린 집값에 모든 것을 포기하고 싶고, 내 힘으로는 평생 내 집 마련을 하지 못할 것 같은 생각이 들지 않을까 싶다. 하지만 그럴 때일수록 지금 당장 무언가를 시작해야 한다고 생각한다.

한창 주경야독으로 일하며 부동산 공부를 하던 시기에 주변 사람들이 내게 이렇게 말했다.

"굳이 그렇게 열심히 해서 뭐가 남느냐?"

지금 나는 이렇게 말할 수 있을 것 같다. "태도와 추억이 남는다"고.

그런 의미에서 지금 막막하기만 한 부동산 시장에서 용기내어 공부와 투자를 시작하고자 하는 여러분에게 계기가 될 수 있는 글이 되었으면 좋겠다. 기왕이면 그 계기가 부동산을 진심으로 공부할 수 있는 태도의 씨앗이 되었으면 하는 바람이다.

부동산 공부를 어떻게 시작하면 될까요?

②

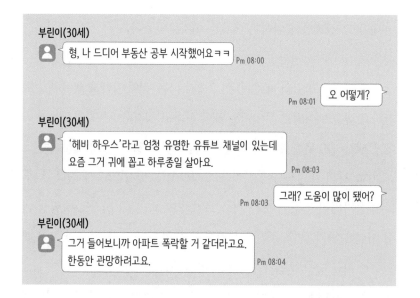

부린이(30세)
형, 나 드디어 부동산 공부 시작했어요ㅋㅋ Pm 08:00

Pm 08:01 오 어떻게?

부린이(30세)
'헤비 하우스'라고 엄청 유명한 유튜브 채널이 있는데
요즘 그거 귀에 꽂고 하루종일 살아요. Pm 08:03

Pm 08:03 그래? 도움이 많이 됐어?

부린이(30세)
그거 들어보니까 아파트 폭락할 거 같더라고요.
한동안 관망하려고요. Pm 08:04

처음 부동산 투자를 하고자 하는 사람들의 공통된 고민은 다음과 같을 것이다. 과연 부동산 공부는 어떻게 시작해야 할까?

아마 주변의 열에 아홉은 다음과 같은 방식으로 부동산 공부를 시작하지 않을까 싶다.

하나, 유튜브에 '부동산 공부'라고 검색한다.

둘, 자극적인 제목 혹은 섬네일이 있는 영상을 찾는다.

셋, 영상을 계속 검색해서 듣고 공부를 했다고 만족한다.

이런 행동을 한참이나 반복한 이후, 부동산에 대한 인사이트는 전혀 늘지 않은 채 부동산 공부는 나랑 맞지 않는다고 이야기한다.

냉정하게 이야기하자면, 이런 공부는 안 하느니만 못하다. 유튜브는 분명 접근성이 좋은 공부법이지만, 그에 반해 휘발성이 높다는 단점이 있다. 영양섭취로 비유하자면, 비타민 약과 비슷하다고 볼 수 있다. 비타민은 양질의 식사를 섭취한 이후에 보충제로서 의미가 있다. 밥도 안 먹고 비타민만 먹는다고 건강해지는 것은 아니듯, 제대로 된 부동산에 대한 기본기 없이 유튜브 영상만 본다면 당연히 공부가 되지 않는다.

처음에 동기부여를 유발하기 위해서 유튜브 영상을 비롯하여 책을 선택하는 것은 나쁘지 않다. 하지만 결국에 부동산 공부는 어떻게 시작하든, 눈과 귀가 아니라 반드시 손과 발로 마무리지어야 한다. 그렇기에 여기서는 간단하고 슬기롭게 부동산 공부를 시작하는 법을 소개하고자 한다.

서울 25개구의 대장아파트를 찾아라

결국 투자공부는 스스로 판단할 수 있는 힘을 기르기 위한 것이다. 스스로 판단하고 결과에 책임을 지는 것, 그 기반이 공부가 되어야 한다. 그래야 설혹 결과가 원하는 때에 나오지 않았을 경우에도 어려운 시간을 버텨 나가기 위한 힘을 기를 수 있다.

기본은 철저하게 혼자 만들어 나가야 한다. 그 방법은 그다지 어렵지 않다. 나도 누군가의 특별한 도움 없이 홀로 공부를 시작했다(『내집마련, 서울 대장아파트에 답이 있다』에서 혼자서 부동산 공부하는 법에 대해 공유한 바 있다). 이미 서울의 아파트값은 천정부지 올라간 상황이지만,

지금도 나는 여전히 서울 대장아파트를 공부하는 것이 가장 쉽게 부동산 공부를 하는 방법이라고 생각한다. 그 이유는 서울은 대한민국 부동산의 척도이며, 서울 부동산을 이해한다는 것은 결국 기본적인 부동산 시장이 흘러가는 구조를 이해하는 것과 같기 때문이다. 내가 제시하는 방법은 다음과 같다.

1. 먼저 서울 25개구의 대장아파트가 무엇인지 스스로 찾아본다.

   (개인적으로는 10년 이내, 1천 세대 이상, 국민평형이라고 불리는 30평 형대에서 평단가가 가장 높은 아파트를 대장아파트로 여긴다.)

2. 그 아파트를 각각 방문한다.

3. 그 아파트의 리뷰글(간단한 입지분석 포함)을 스스로 작성해 본다.

끝이다. 대단한 노하우도 비법도 없다. 특별히 강의를 수강하거나 굉장한 노력을 할 필요도 없다. 나는 누구나 이렇게 단 25번 정도만 하면 부동산 투자의 기본은 충분히 쌓고도 남을 수준이 된다고 생각한다.

오랜 시간이 걸리는 것도 아니다. 마음만 먹으면 하루에 2~3곳 정도, 주말 하루를 투자해서 두 달이면 마무리지을 수 있다. 두 달 정도만 시간 투자를 해서 평생 써먹을 수 있는 부동산 투자의 통찰력이 생기는 것이다. 그렇다면 해볼 만하지 않은가?

부동산 투자는 한 번 배우면 평생 써먹을 수 있다. 그리고 적어도 일평생 한두 번은 필연적으로 겪게 되는 집을 사고팔 때도 이때의 경험이 큰 도움이 된다. 그렇게 배운 통찰력은 서울 부동산뿐만 아니라 전국의 어느 부동산을 투자하더라도 같이 써먹을 수 있다.

대장아파트를 각각 방문한다

너무 부담 갖지 않아도 된다. 그저 사전에 미리 입지조사를 마치고 인근에 맛집도 함께 탐색해 놓는다(나는 아내와 함께 유명한 카페를 사전 검색하고 방문한다). 그리고 서울 25개구를 여행한다는 생각으로 아파트 구경을 가보는 것이다. 요즘 신축은 지상공원화가 되어 있기에 심지어 산책 간다는 기분으로 가기에도 좋다. 그 아파트에 지인이 있어 커뮤니티까지 볼 수 있으면 좋다. 그게 어렵다면 공인중개사의 도움을 받아 매수 또는 전세의 입장에서 집을 구경해 보는 것도 좋을 것이다. 마치 옷을 사기 위해 매장을 돌아다니듯 가벼운 마음으로 아이쇼핑을 해보는 것이다.

임장 후기는 반드시 써라

대장아파트를 방문한 후에는 반드시 임장(관심 있는 지역에 직접 가서 주변지역을 살펴보고 분석하는 활동) 후기를 써보기 바란다. 기왕이면 블로그나 유명 카페 같은 곳에서 누군가에게 보여주기 위해서 써보기를 권한다.

나도 처음에는 부동산 카페에 매수기를 쓰기 시작하면서 블로그를 시작했다. 부정적인 댓글이 달릴 수도 있고, 일종의 훈수(?) 및 잔소리와 같은 댓글도 많이 달릴 것이다. 그렇지만 내가 놓치고 있는 것을 말해주는 댓글도 달리고 진짜 가르침을 주는 댓글이 달리기도 한다.

사실 댓글이 달리면 그나마 괜찮은 편이다. 대다수의 사람들은 여러분의 글에 큰 관심이 없다. 오히려 악플보다 무플을 걱정해야 할 판이다. 그러니 두려워하지 말고 아파트를 보고 분석하고 느꼈던 것을 글로 현재 실거주자로 힐스3차를 은평내에서는 하나의 또다른 분위기의 마을로 보는 학부모들도 많아요. 초품아, 커뮤니티센터 수영, 단지내 학습소, 문고활용 취미교육용 세팅이 아주 잘되어 있고 비용도 저렴해서 선호도가 높아요. 불광중도 실제 수리초 졸업친구들이 잘해가고 있다는 소문^^~이고 추후 녹번역 인근 몇몇신규단지들도 불광중으로 오는데, 걸어서 등하교가 가능한 이 곳을 학부모들은 선호할듯해요. 언덕 못잡은게 최대단점이라고 보고 버스노선도 2개로 늘었고, 아이 키우는 입장에서 조용한 주거지를 선호하시는 분들께는 참 좋아요. 아파트정문입구 기준 태권도,피아노,홈플러스익스프레스등 모두 백미터 범위안에 있어 생활하기 더할나위없이 좋습니다. 애정하는 곳이에요 ^^~

2018.01.18. 08:22   답글쓰기

공상rk 작성자
우와! 정말 제가 보지 못한 것들을 한꺼번에 다 말씀을 해주셨네요. 학군 관련된것이 가장 물음표였는데 어느정도 해소가 된것 같네요 감사드려요!

2018.01.18. 09:55   답글쓰기

2018년에 카페에 적었던 임장기에 달린 댓글. 위와 같이 내가 놓친 부분을 직접 알려주는 경우가 많다.

남기고 많은 이들과 공유하기 바란다. 그렇게 시작하는 것이 가장 빠르게 기초를 단단히 하는 방법이라고 나는 믿어 의심치 않는다.

아파트 상대비교 달인이 되려면

결국 부동산 투자의 관건은 '상대비교'를 할 수 있는 힘을 얼마만큼 키웠는지 여부이다.

대단히 어려워 보이지만, 이미 우리 모두는 '상대비교의 달인'이다. 배달의 민족으로 음식을 시켜먹을 때를 생각해 보라. 점심 메뉴를 하나 정하는 데에도 많은 댓글을 살펴보고 사진을 보고 가격을 보고 심지어 추가 검색까지 하고 선택하지 않는가? 의식주 중에서 가장 저렴한 식을 해결할 때도 그 정도 노력을 하는데, 훨씬 비싼 집의 경우 그에 반에 반도 안 되는 노력을 들이고 매수하는 경우가 많지 않은가? 더도 말고 덜도 말고, 딱 배달의 민족에서 음식을 시켜먹을 때만큼의 노력이라도 하면 된다.

그런 의미에서 서울 25개구 대장아파트를 임장하고 공부하는 것은, 적어도 실패하지 않는 가장 단단한 비교 축을 머릿속에 만들어 둔다는 데에서 의미가 있다. 25개 정도도 머릿속에 없는 상태에서 어떤 아파트가 저평가이고, 어떤 아파트가 고평가인지 어떻게 평가할 수 있단 말인가?

아파트를 투자할 때 가장 피해야 할 것은 '내 생각'에 비싼 것 같은 주관적인 생각이다. 따라서 최대한 많은 아파트를 직접 분석하고 방문하고 시세를 머릿속에 넣어두는 것이 가장 기본적이며 좋은 공부방법이다. 사실 이거 하나면 전국 어디든 투자가 가능하다.

그 지역을 왜 그토록 소유하고 싶어할까?

지금 사는 지역이 서울 및 수도권이라면 서울로 시작하라고 권하고 싶다. 하지만 지방도시에 거주한다면 그 지역의 강남에 해당하는 지역부터 공부를 시작해도 괜찮다.

중요한 것은 사람들이 왜 그 지역을 그토록 소유하고 싶어하는지 이해하고, 그 값어치가 어떻게 시세에 녹아 있는지, 그리고 그 지역에서 조금씩 멀어지면 시세가 어떻게 떨어지는지를 몸소 체험하고 느끼는 데 있다.

부동산 공부를 위한 유튜브 & 책

이렇게 해서 부동산에 대한 관심과 이해도가 높아졌을 때, 그때 부동산 공부의 비타민과 같은 역할을 하는 유튜브와 책을 권하고 싶다. 개인적으로 유튜브는 '후랭이TV'를 추천한다. 수없이 많은 유튜브 채널을 봐왔지만 그 어떤 채널보다 인터뷰를 깐깐하게 진행한다. 자고로 유튜브와 같이 중독성이 강한 채널로 공부를 할 때는 제대로 된 전문가가 말하는 것을 듣는 것이 중요하다. 그런 의미에서 후랭이TV는 채널의 주인이 구독자에게 도움이 되는 전문가를 직접 구별하고 까다롭게 인터뷰를 진행하는 편이다.

아울러 다음의 책들을 추천한다. 모두 너무나 유명한 책들이다. 다르게 이야기하면 적어도 투자를 할 마음이 있다면 다음의 책은 반드시 읽어보았어야 한다는 소리이다. 기왕이면 종이책으로 구입해서 필기도 하고 밑줄도 그으면서 몇 번 읽기를 추천한다. 그렇게 하면 투자를 향한 마인드는 충분히 형성될 것이다.

- 부의 추월차선: 너무나 유명한 책. 돈에 대한 기본 마인드를 쌓기 좋은 책이다.
- 부의 인문학: 자본주의에 대해서 매우 쉽게 쓴 책. 하지만 그 깊이는 결코 얕지 않다. 몇 번이고 필사하면서 읽어도 좋을 책이다.
- 세이노의 가르침: 시중에 정식으로 출판된 책은 아니다. 인터넷에서 무료로 배포된 PDF 버전을 쉽게 구할 수 있으며 제본된 책도 있다.
- 돈의 속성: 『세이노의 가르침』의 순한 맛 버전의 느낌. 가볍게 읽기 좋고 돈에 대한 기본기를 다지기에 좋다.
- 부자 아빠 가난한 아빠: 『부의 추월차선』과 함께 돈에 대한 개념을 세울 수 있는 가장 좋은 책 중 하나.
- 아파트값 5차 파동: 부동산에 대한 역사를 다룬 책. 절판되어 시중에서는 구하기 어렵다. 어떻게든 구해서 반드시 읽어보기를 권한다.
- 시장을 이기는 정책은 없다: 유명한 책은 아니다. 하지만 부동산 정

책에 관련된 사설을 엮은 책으로 당시의 분위기를 제대로 이해할 수 있다.

- 전세가를 알면 부동산 투자가 보인다: 부동산 투자 중 가장 중요한 요소인 전세가에 대해서 가장 잘 다룬 책
- 부동산 상승 신호, 하락 신호: 부동산의 사이클에 대해서 가장 잘 다룬 책
- 부동산 투자 인사이트: 부동산의 상승 원리에 대해서 다룬 책. 다소 어려운 느낌이 있으나 몇 번에 걸쳐서 읽어보면 이해하기 좋다.

이 정도의 책들을 읽고, 다른 부동산과 관련된 책들은 가볍게 읽어도 좋다. 이 책들을 여러 번 읽어 완벽하게 숙지한 이후에 다른 책을 읽는 것을 추천한다.

시세를 빠삭하게 아는 법

마지막으로 충분한 공부가 되었다면 이제는 꾸준히 관심을 가지고 실행에 옮겨야 한다. 당장 부동산을 매수하기 힘들더라도 괜찮다. 먼저 관심을 가진 지역의 시세를 빠삭하게 파악하는 것부터 시작하자.

나는 보유하고 있는 물건과 관심을 가지고 있는 아파트의 시세는 네이버 부동산을 통해 매일 확인한다.

어제와 오늘의 시세가 특별히 다르지 않더라도 괜찮다. 시간 날 때마다 5분 정도 잠깐 확인함으로써 대략적인 시세가 어느 정도 되고, 흐름이 어떤지를 익히는 것이 중요하다.

그렇게 시세에 대한 이해도가 어느 정도 높아졌다면 용기를 내어 공

인중개사무소도 방문해 보자. 처음 시작이 어렵다면 간단한 간식거리를 사서 조심스럽게 방문하는 방법을 추천한다. 여러분이 공인중개사무소에 근무하는 분이라면 아들딸 같은 사람이 간단한 간식거리를 사들고 내집 마련을 위해서 자주 방문한다면 기특해서라도 좋은 정보, 좋은 매물을 주지 않겠는가?

이제 60세면 은퇴하고 남은 노후자금으로 여생을 즐기는 시대는 지났다. 우리는 생각보다 훨씬 더 오래 살 것이고, 남은 시간 동안에도 여전히 무언가를 하며 시간을 보내고 돈을 벌어야 할 것이다. 그렇기에 회사 밖에서도 돈을 벌고 관심을 가지고 애정을 쌓을 무언가가 있어야 한다. 그런 의미에서 부동산 투자는 나이가 들어도 할 수 있는 좋은 기술이자 취미가 될 수 있다.

나는 은퇴를 하고 노년기가 되어서도 꾸준히 아내와 임장을 다니고, 인근 맛집과 커피집을 찾아다니고 투자를 하며 충분히 시간을 들이는 그런 삶을 살 것이다. 이 책을 읽는 여러분도 함께했으면 좋겠다.

일단 대장 아파트부터 발로 뛰어 알아보자

떨어지면 살래요?

부린이(30세)
형, 집 언제 사는 게 좋아요?
Am 11:12

내집 마련이 목표면 빠를수록 좋지.
Am 11:14

부린이(30세)
근데 지금은 너무 비싼 거 같아요. 떨어지면 살래요.
Am 11:15

'너무 비싼 거 같다'의 기준은 뭐야? 판단의 기준이 있어?
그리고 얼마만큼 떨어지면 살건데?
Am 11:18

부린이(30세)
…
Am 11:18

위의 대화는 실제로 지난 몇 년 동안 후배들과 수없이 나누었던 대화들이다. "현재 부동산은 너무 많이 올랐다. 그리고 떨어지면 사겠다"라는 것이 주된 요지이다.

누구나 무릎에서 사서 어깨에서 팔고 싶어 하기에 가격이 천정부지로 오른 지금이 아닌, 떨어진 가격에 투자하고 싶은 생각은 극히 공감하고 존중한다. 하지만 특정 기준이 없이 막연한 느낌적인 느낌 식의 접근은 투자를 진행할 때, 특히 실거주 주택을 마련하고자 할 때에 가장 지양해야 하는 사고라고 생각한다.

가격의 히스토리가 중요하다

앞의 말을 다시 복기해 보자.

"현재 부동산은 너무 많이 올랐다."

여기에서 가장 문제가 되는 부분은 무엇인가?

바로 '너무'라는 표현이다. 기준이 없는 지극히 주관적인 표현이기 때문이다.

가격이 올랐다고 이야기할 때는 적어도 "전년 대비 얼마만큼이 올랐다", "작년 물가상승률이 몇 %였는데 이것을 훨씬 웃도는 수준으로 올랐기에 부동산은 너무 많이 올랐다"는 식으로 오른 정도에 대하여 수치를 기반으로 한, 그리고 상대비교를 통한 이해가 반드시 필요하다.

주식을 예로 들어보겠다. 흔히 주식투자 시 기업분석을 할 때도 매출과 순이익이 전년 대비 얼마나 오르거나 내렸는지, 혹은 지난 몇 년 동안 동종업계의 기업 평균에 대비해서 얼마만큼 꾸준히 성장했거나 하락했는지 여부를 판단하곤 한다. 그래야만 정확히 주식의 가치가 보이기 때문이다.

아파트도 마찬가지이다. 가격을 평가할 때는 적어도 특정 시점에 대비해서 얼마만큼 상승하거나 하락했는지, 다른 지역의 물건과 비교해서 얼마만큼 오르거나 떨어졌는지, 숫자를 기반으로 정량적으로 비교하고 이해하는 것이 중요하다. 그런 의미에서 '너무'라는 말은 지극히 주관적이며 상대적이기에 개인적으로 판단을 할 때 아무런 도움이 되지 않는다고 생각한다.

아파트 가격과 샤넬 재테크

좀더 쉽게 예를 들어보겠다. 명품에 관심이 많은 사람이라면 샤넬 가방의 작년 가격과 올해 인상된 가격, 프리미엄을 붙여서 파는 개인 거래 가격을 속속들이 꿰고 있을 것이다. 그리고 샤넬 가방을 사지 못했을 때를 대비한 루이비통과 프라다, 구찌의 동급대 가방의 가격대 역시 알고 있을 가능성이 높다. 심지어 그보다 훨씬 비싼 에르메스 가방의 가격까지도 말이다.

"나 샤넬 가방 하나 사줘"라고 했을 때, 보통 남편들은 "너무 비싸"라고 대답할 가능성이 높다. 그때 샤넬 가방에 대한 가격적인 히스토리 및 이해도가 높은 아내는 이렇게 대답할 것이다.

"당신은 샤넬이 비싸다고 하지만 앞으로 더 비싸질 거야. 작년에 대비해서도 벌써 10% 이상 올랐고, 이 추세는 지난 몇 년 간 계속되고 있어. 우리 결혼할 때는 500만원 가량이었는데 지금은 천만원이 넘어. 우리 월급 상승률보다 훨씬 상승폭이 크다고. 그리고 어차피 평생 살면서 한 번은 사주지 않을까? 그럼 올해 사주는 게 가장 쌀 거야.

막연하게 비싸다고 생각할 게 아니라 30년 동안 하나 사서 쭉 사용한다고 생각하면 1년에는 30만원 정도 투자한다고 생각할 수 있어. 괜히 나중에 되팔 수 없는 저렴한 가방을 매년 사는 것보다 훨씬 낫고.

샤넬의 경우 나중에 다시 중고로 팔아도 가치가 있어서 도리어 재테크도 될 수 있으니, 오히려 돈을 버는 걸 수도 있다니깐."

자, 어떠한가. 남편의 느낌적인 느낌인 "너무 비싸다"는 표현보다 아내 쪽의 대답이 훨씬 설득력이 있지 않은가? 숫자를 기반으로 상품을 이해했을 때 나타나는 차이가 바로 이러한 것이다.

아파트 가격은 명품가방처럼 접근하라

이제 샤넬 가방을 아파트로 바꿔 보자.

만약 여러분이 내집 마련에 관심이 있다면, 관심 있는 아파트의 작년 가격과 올해 가격, 로열동, 로열층의 가격은 얼마나 더 비싸게 나오는지, 그리고 그 아파트와 입지가 비슷하지만 상품성이 떨어지는 구축 아파트의 가격과 상품성이 뛰어난 신축 아파트의 가격을 모조리 꿰고 있어야 한다.

또한 지난 수십 년 간의 가격 추이를 보고 어차피 아파트 가격은 장기적으로 오를 수밖에 없고(인플레이션, 그리고 땅은 한정되어 있으므로) 언젠간 살 것이니, 정확한 타이밍보다는 준비가 되었을 때 빠르게 매수하는 게 낫다는 것을 이해할 것이다.

나의 현재 가용자산으로 접근할 수 있는 아파트는 어느 정도이고, 그 아파트를 매수하기 위해서는 추가 비용이 얼마만큼 필요하다는 식의 정량적인 접근이 가능해질 것이다.

한마디로 아파트의 가격은 적어도 명품가방에 접근할 때처럼 철저하게 그 상품의 숫자를 기반으로 한 이해를 바탕으로 접근해야 한다는 말이다.

아파트 가격 판단할 힘을 길러라

내집 마련을 목표로 하는 사람이라면, 적어도 정확하게 내가 매수하고자 하는 아파트를 먼저 정하고(열에 아홉은 정확히 매수하고자 하는 아파트를 정하거나 찾아보지도 않고, 막연하게 비싸다고만 한다), 그 아파트의 시세가 어떻게 변화해 왔는지, 현재 시세는 어떤지, 그리고 공인중개사무소에서 말하는 '급매'의 기준은 시세 대비해서 몇 %나 싼 것을 의미하는지, 선호하는 RR(로열동, 로열층)과 비선호동, 비선호층의 가격 차이는 얼마만큼 나는지 등을 정확하게 파악하는 것부터 시작하라고 말하고 싶다.

그렇게 정확하게 숫자를 기반으로 기준을 세워 놓아야, 비로소 스스로 가격을 판단할 수 있는 힘이 생기기 때문이다.

얼마만큼 떨어지면 살지 정하라

두 번째 "떨어지면 사겠다"라는 말 역시 수정되어야 하는 부분이다. "떨어지면 사겠다"라는 말 자체가 잘못된 것이 아니라 "얼마만큼 떨어졌을 때 바로 사겠다", 즉 '얼마만큼'에 대한 명확한 목표 설정이 필요하다.

자본주의 시장에서 승리하는 불변의 진리, 즉 "싸게 사서 비싸게 판다"라는 측면에서 보면 '떨어지면 사겠다'라는 전략은 100% 승률을 가져다줄 수 있는 매우 훌륭한 전략이지만, 그 전략이 모든 이에게 유효하지 않은 까닭은 바로 '얼마만큼'에 대한 가이드라인을 잡는 것이 매우 어렵기 때문이다.

적어도 떨어질 것이라고 생각하는 큰 그림에서의 이유, 그리고 '얼마만큼' 떨어지는 것이 나에게 부담 가능한 수준인지에 대한 객관적인 이해를 하려고 노력하는 것이 중요하다는 이야기이다. 그런 이해도 없이 막연하게 "떨어지면 사겠다"라고 하는 것은 안 사겠다고 하는 것과 마찬가지이다.

앞에서 말한 것을 종합하여 수정한 문장은 다음과 같다.

"현재 부동산은 너무(소득상승률, 현재 물가상승률, 세계 부동산 상승률에 비해) 많이(평균 이상) 올랐다. 그리고 (현재가에서 10% 정도 조정이 보일 시) 떨어지면 사겠다."

이렇게 이야기하는 것이 필요하다. 비로소 현재 부동산 시장과 개별적인 상품에 대한 이해가 녹아 있기 때문이다.

목표가가 되면 주저 없이 매수하라

특히 목표가에 대한 이해는 매우 중요하다. 현재 시세보다 5~10% 떨어지면 무조건 매입하겠다고 하지만, 막상 시장이 어려워져서 일시적으로 5~10%가 떨어진 물건이 나오면 사람 심리상 당장 매수하는 것이 쉽지 않다.

이런 경우 무주택자일수록 상황을 더 주시하는 경향이 짙다. 그리고 조정이 끝나고 급반등할 경우 후회를 한다.

"그때 샀어야 했는데!"

따라서 우선 목표가를 잡고 꾸준히 모니터링하고, 그 목표가가 되는 물건이 나오면 주저 없이 매수하는 원칙을 세우라고 권하고 싶다. 그것이 무주택자가 가격이 떨어졌을 때 부동산을 매입할 수 있는 가장 현실적인 방법이 아닐까 생각한다.

대출을 무서워하는 그대에게
— 은행은 가장 양심적인 동반 투자자

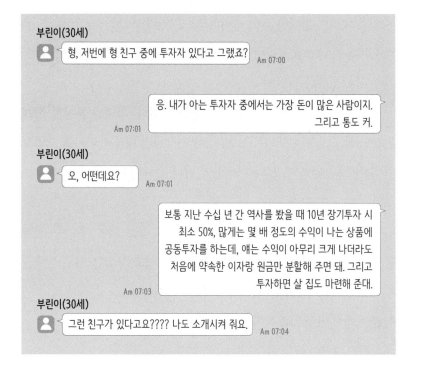

부린이(30세)
형, 저번에 형 친구 중에 투자자 있다고 그랬죠? Am 07:00

응. 내가 아는 투자자 중에서는 가장 돈이 많은 사람이지. 그리고 통도 커. Am 07:01

부린이(30세)
오, 어떤데요? Am 07:01

보통 지난 수십 년 간 역사를 봤을 때 10년 장기투자 시 최소 50%, 많게는 몇 배 정도의 수익이 나는 상품에 공동투자를 하는데, 얘는 수익이 아무리 크게 나더라도 처음에 약속한 이자랑 원금만 분할해 주면 돼. 그리고 투자하면 살 집도 마련해 준대. Am 07:03

부린이(30세)
그런 친구가 있다고요???? 나도 소개시켜 줘요. Am 07:04

내 친구는 투자자이다. 수익률은 보장해 줄 수 없지만, 본인의 경험상 10년 정도 뒤면 적어도 물가상승률 정도의 수익은 날 수 있다고 한다. 예외도 있지만, 지난 수십 년 간 트렌드로 봤을 때 물가상승률 정도만 상승해도 약 10년이면 50% 정도의 수익은 낼 수 있고, 30년 정도가 지나면 투자금 대비해서 두세 배 이상의 수익률도 많이 난다고 한다.

공동투자를 하는데 투자금은 내가 정할 수 있다고 한다. 자기가 지원해 줄 수 있는 투자금은 상품에 따라서 조금씩 다른데, 40%에서 70%까지도 지원해 줄 수 있다고 하는 것을 보면 정말 부자인 것 같다. 본인은 대신 4~5% 정도의 배당금과 30년을 분할한 원금 정도만 매달 요구한다. 원금을 갚을수록 배당금이 줄어드는 건 물론이다. 정말 매력적인 것은 수익이 얼마만큼 더 나더라도, 수익금을 더 줄 필요가 없고, 오로지 처음에 약속했던 배당금만 요구한다. 여기서 정말 이 친구가 좋은 친구구나, 느꼈다.

이 정도면 친구에게 도대체 뭐가 남을까 싶다. 게다가 투자를 하게 된다면 살 집도 마련해 준다고 하는데, 전세자금 대출로 이자를 꼬박꼬박 내던 거 생각하면, 투자수익이 안 난다고 하더라도 딱히 손해 보는 투자는 아닌 거 같다.

눈치가 빠른 사람들은 이미 눈치를 챘을지 모르겠다. 이 친구는 바로 은행이다. 실거주할 주택을 은행 대출을 끼고 구입할 경우 은행을 투자자, 은행 이자를 투자자에게 주는 수익금(배당)으로 생각해 보면 어떨까 해서 가상으로 적어본 투자 제안 사연이다.

이보다 더 좋은 투자 파트너가 어디 있어?

최근 주택이 없는 지인들과 이런저런 이야기를 하고, 무주택자이자 실거주를 생각하는 지인들에게 주택 매수를 권유할 때마다 열에 아홉은 다음과 같은 반응을 보이곤 한다.

"몇 억씩 깔고 앉아 살아야 하고, 은행에 거액을 빚져서 30년 동안

이자와 원금을 갚아야 하니 하우스푸어가 될까 봐 무서워."

이렇듯 빚과 이자에 대해 굉장히 부정적인 인식을 보이곤 하는데, 그것이 처음 주택을 매수하는 데 가장 큰 걸림돌이 되지 않나 싶다.

그럴 때 나는 다음과 같은 방법으로 이야기를 하곤 한다.

"거주도 할 수 있는데다가, 투자자에게 줘야 하는 배당금도 매우 낮은 조건의 주택에 투자한다고 생각해 보는 건 어때?

어차피 우리가 투자는 해야 하잖아. 예적금처럼 금리가 낮은 것보다는 차라리 내 마음에 드는 집에서 이사 걱정 없이 살고, 겸사겸사 투자를 같이 하면 일석이조가 아닐까?

은행에 지불하는 돈을 이자가 아니라 공동 투자자에게 미리 주는 배당금이라고 생각해 봐. 은행은 집값이 더 올랐다고 해서 추가 배당을 요구하지도 않잖아. 이보다 더 좋은 투자 파트너가 어딨어?"

이자라는 말 대신 배당금

빚이라는 말 대신 투자금, 이자라는 말 대신 배당금이라는 단어를 쓴다면 어떨까? 이 투자의 가장 큰 장점은 '적어도' 살 집을 제공해 준다는 점에서, 주식처럼 상장폐지가 될 염려도 없다는 것이다. 또한 아무리 많은 수익을 낼지라도 추가 배당금을 줄 필요도 없다. 아울러 거래를 마감하고 싶으면, 3년이 지났을 때 언제라도 큰 수수료도 없이 바로 갚아버릴 수 있다. 실용성과 안정성, 거기다가 잠재력까지 갖춘 이런 투자를 마다할 사람이 있을까?

쓰는 언어와 생각을 조금만 바꾸더라도, 어쩌면 주택 구입에 대한 인식이 한결 나아질 수 있을지도 모르겠다. 주택가격이야 오르거나 떨어질 수 있지만, 적어도 내가 살 집을 마련하는 문제는 예나 지금이나 가장 중요한 문제이다.

적어도 '빚'과 '이자'에 대한 부정적인 인식으로 인해 내집 마련의 좋은 기회를 놓쳐 버리는 독자들이 없길 바라며, 오늘도 주변 친구들에게 조심스럽게 이야기해 본다.

"진짜 좋은 투자자 친구(은행)가 있는데 한 번 만나보지 않을래?"

내 재산을 이해하는 방법
순자산 X억? X평 서울 대지지분!

사회 초년생들이 개념적으로 가졌으면 하는 생각이 있다. 바로 내가 가진 것을 '금액'으로 생각하기보다는, 내가 보유한 자산의 '교환가치'가 얼마나 되는지를 이해하는 것이 중요하다는 것이다. 이 생각은 아이러니하게도 내가 실패했던 코인 투자에서 정립할 수 있었다.

당시 코인을 투자하던 사람들에게 통용되는 가장 중요한 개념이 있었다. 바로 '원화로 얼마가 있느냐?'가 아니라 '몇 비트코인이 있느냐?'가 중요하다는 것이다. 가치를 비트코인을 기반으로 사고하는 것이다.

이 개념은 다음과 같은 세 가지 아이디어를 기반으로 출발한다.

1. 원화보다 비트코인의 가격이 오르는 속도가 더 빠르다.

2. 비트코인은 우상향한다.

3. 비트코인의 총량은 한정되어 있다.

어차피 비트코인은 우상향할 것이기 때문에(그렇게 믿기 때문에), 중요한 것은 지금 가진 비트코인을 원화로 환산한 금액이 아니라 '비트코인으로 얼마를 가졌는가?'이고, 이것이 결국 코인 투자의 관건이라고 생각하는 것이다.

대한민국 부동산의 기축통화, 서울 부동산

앞에서 소개한 생각은 부동산에서 역시 유효하다.

특히 서울 부동산의 경우는 더욱 그렇다.

역사적으로 서울 부동산 역시

1. 물가보다 서울 부동산 가격이 오르는 속도가 더 빠르다.
2. 꾸준히 우상향해 왔다.
3. 수량이 제한되어 있다.

그렇기에 내가 가진 부동산의 가격이 중요한 것이 아니라 '서울 부동산의 대지지분을 얼마나 가졌는가?'(또는 늘어났는가?), 혹은 '서울 부동산의 대지지분과 교환할 수 있는 가치를 얼마나 가졌는가?'를 생각하는 것이 중요하다.

한마디로 자산을 숫자로 평가하기보다는 내 자산의 교환가치가 얼마나 늘어났는지를 살펴보는 것이 중요하다는 것이다(그리고 그 기준점은 서울 부동산이면 좋다).

그래야 상승기와 하락기에 심리적으로 흔들리지 않고 꾸준히 부동산 투자를 할 수 있는 마인드와 동기부여를 갖출 수 있기 때문이다.

상승장, 서울 부동산 대지지분으로 사고하라

상승장에서 위와 같은 생각이 어떻게 도움을 줄까? 이번 상승장에서는 모든 집값이 올랐기 때문에 가만히 있어도 부자가 된 느낌을 받은 사람들이 많을 것이다. 부자가 되었다는 생각에 무리해서 소비하고 정신을 차려보면 허덕거리고 있는 경우를 많이 볼 수 있다. 숫자를 기반으로 자산을 생각하기 때문에 벌어지는 현상이다.

하지만 상승기에는 내 집만 오르는 것이 아니라 모든 재화가 오른다. 중요한 것은 내가 가진 집의 가치가 상대적으로 얼마만큼 많이 올랐는지를 판단할 수 있는 능력이다. 그렇게 객관적으로 판단해야 쉽게 자만에 빠지지 않고 초심으로 돌아가 계속해서 투자를 할 수 있다.

하락장도 서울 부동산 대지지분으로 사고하라

하락장에서도 마찬가지이다. 내 부동산의 가격이 하락하더라도, 만약 과거보다 서울 부동산의 대지지분과 맞바꿀 수 있는 교환가치가 더 커졌다면 오히려 기뻐해야 한다. 결국 대한민국 부동산의 기축통화에 해당하는 것은 서울 부동산이기 때문이다. 따라서 부동산 투자자의 관건은 '서울 부동산의 대지지분(나아가서 강남의 대지지분)을 얼마만큼 가졌는가?'에 달려 있다.

투자할 때는 반드시 사고를 서울 부동산, 아니면 내가 갖고 싶은 부동산의 대지지분으로 판단하기를 권한다. 예를 들어 내가 최종적으로 정착하고 싶은 곳이 아크로리버파크라면 나의 현재 재산은 X억이 아니라 '0.X 아크로리버파크'라고 생각하는 것이다.

그것이 상승장에서도 하락장에서도 꾸준히 초심을 잃지 않고 투자할 수 있는 가장 좋은 방법이다.

서울 부동산
대지지분으로
사고하라!

지방투자로 시작하는 것도 방법이 될 수 있다

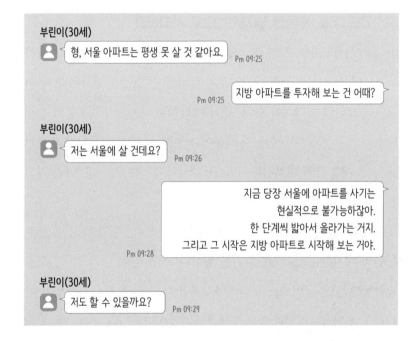

부린이(30세)
형, 서울 아파트는 평생 못 살 것 같아요. Pm 09:25

지방 아파트를 투자해 보는 건 어때? Pm 09:25

부린이(30세)
저는 서울에 살 건데요? Pm 09:26

지금 당장 서울에 아파트를 사기는
현실적으로 불가능하잖아.
한 단계씩 밟아서 올라가는 거지.
그리고 그 시작은 지방 아파트로 시작해 보는 거야.
Pm 09:28

부린이(30세)
저도 할 수 있을까요? Pm 09:29

최근 당장 내집 마련을 하기 힘든 상황이라는 후배들에게 부쩍 많이 듣는 고민 이야기는 다음과 같다.

"월급으로 돈을 벌어서는 평생 서울에 집을 살 수 없을 것 같아요."

그런 후배들의 말에 나는 이렇게 대답하곤 한다.

"지방투자로 시작해 보는 것은 어때?"

살고 싶은 집 중심으로 로드맵을 그려라

원래 집이라는 것은 역사상 싼 적이 단 한 번도 없었다. 원래 집이라는 것은 평범한 직장인이 월급을 모아서 살 수 있는 것이 아니었다. 지금 은 특히나 그렇다.

그렇다고 해서 포기하라는 소리인가? 아니다. 불과 10년 전만 하더 라도(2010~2013년) 서울의 집은 아무도 사지 않는 집이었다. 그리고 그 런 시기는 지난 수십 년 동안 수차례 반복되어 나타났다. 하지만 막상 그 시기가 되면 또 아무도 집을 사지 않는다.

그렇기에 나는 후배에게 이렇게 이야기해 주었다.

"지금 시기에 중요한 것은 당장 서울 집을 마련하는 것보다 차곡차 곡 한 단계씩 밟아나갈 로드맵을 한 번 그려보는 거야.

먼저 지금 궁극적으로 가지고 싶은 집에서 2년 간격으로 이사를 하 며 갈아타기를 한다고 생각하고, 내가 최대한 양보할 수 있는 지역까지 한 번 로드맵을 그려봐.

그리고 처음 시작하는 곳은 수도권 외곽이라도 한 번 도전해 봐. 만 약 그것도 어렵다면 지금 같은 경우 지방투자를 통해서 시작해 보는 것 도 괜찮아."

첫 시작은 꼭 서울이 아니라도 괜찮다

중요한 것은 일단 시장에 참여를 해보는 것이다. 집을 매수하고 때로는 가격이 떨어지면 버티기도 하고, 경우에 따라서 전월세도 줘 보고, 가 격이 오르면 매도도 해보고, 다시 매수를 해보고…, 이 모든 것들을 일 단 경험을 해보는 것이 중요하다.

만약 서울 및 수도권 실거주 주택으로 진입하는 것이 현실적으로 어렵다면(사회 초년생이라면 당장은 불가능한 것이 당연하다), 지금이라도 지방의 주택 투자를 한 번 경험해 보라고 말하고 싶다.

물론 당장 지방에 투자를 시작하려고 하면 꺼려지는 것이 사실일 것이다. 투자 역시 항상 성공으로 이어지는 것은 아닐 것이다. 하지만 매번 책과 유튜브로 공부만 하는 것과, 직접 실행에 옮겨보는 것은 천지차이이다. 한 번 행함이 여러 번 공부하는 것보다 낫다.

기본적으로 집을 투자하게 되면, 다음과 같은 신기한 현상이 벌어질 것이다.

- 가격이 변동되지 않는데, 하루에도 몇 번씩 네이버 부동산을 쳐다보고 시세를 찾아보게 된다.
- 그 집의 호갱노노의 평가를 찾아보게 된다.(호갱노노는 부동산 앱 중의 하나로 각 아파트들에 대한 사람들의 평가가 공유되어 있다.)
- 인근 지역은 시세가 어떨지, 혹은 지역 부동산 커뮤니티를 가입하게 된다.

이렇게 하다 보면 어느덧 그 지역의 전문가가 되어 있을 것이다.

특히 지방에 투자할 경우 처음에는 낯선 지역이었더라도, 머지않은 미래에 그곳의 원주민보다 지역에 대한 이해도가 높아져 있을 것이다.

지방 아파트로 얻은 또 하나의 수익

처음에는 어느 정도 규모가 큰 도시, 그리고 일자리가 늘어나고 있거나 자체적으로 일정 규모 이상의 경제규모가 되는 도시(인구 50만 이상의 도시)에서 시작해 보라고 권하고 싶다. 어떤 일이든지 처음이 어렵다. 그 시작이 어려워서 다들 주저하기에 시작을 했다는 것만으로도 이미 남들과는 다른 길을 걷고 있는 것이다.

지방의 오래된 집을 저렴하게 구입해서 리모델링도 해보고 직접 세입자도 구해보고 월세도 받아보고 매도도 어렵게 해보고, 이런 경험을 한 번이라도 해본 사람과 해보지 않은 사람의 투자 마인드는 다를 수밖에 없다.

나의 경우에도 투자 당시에는 실패했다고 생각했던 지방투자가 있었다. 2018년과 2019년에 투자했던 천안과 청주의 소형 월세 아파트 투자였다. 당시만 하더라도 모든 직장인의 로망인 월세 받는 삶을 살고 싶어서 시작한 투자였다.

처음 지방 아파트에 투자하는 것이기에 겁이 났지만, 일단 입지를 살펴보고 무작정 시작했다. 특히 천안의 경우 집을 매수하고 리모델링까지 진행해야 했기에 덜컥 겁이 나기도 했다.

리모델링을 통해 월세투자를 진행했던 지방 아파트. 처음 경험했던 것이기에 비용을 최대한 아끼고자 기존 싱크대를 재활용했다. 완전 새것처럼 되지는 않아 아내가 직접 얼룩을 모두 제거했던 기억이 있다(지금 다시 한다면 그냥 업체에 맡겼을 것이다).

이런저런 시행착오를 겪으며 결국 세입자를 들이고 나쁘지 않은 수익률로 월세를 받는 것에는 성공했지만, 이후 몇 년 간은 만족보다는 후회가 더 컸다. 다른 지역의 시세가 크게 상승한 데에 비해, 시세가 잘 오르지 않았기에 상대적 박탈감이 컸다.

하지만 부동산 공부의 관점에서 이 두 건의 투자는 단순한 수익률을 넘어선, 보이지 않는 대단히 큰 경험을 안겨주었다.

시세가 목표한 만큼 단기간에 잘 오르지를 않았기에, 도리어 그 두 지역에 대한 공부를 깊게 할 수 있었고, 더 넓은 지역의 시세를 모니터링하고 분위기를 공부하면서 부동산 시장의 사이클, 그리고 투자를 처음 시작할 때는 왜 수익형보다 시세차익형을 선택해야 하는지 등 다방면에서 시야를 넓힐 수 있었다.

무엇보다 지방투자에 대한 두려움이 완전히 사라지게 되었다. 덕분에 넓어봤자 서울과 경기도 일부에 불과했던 나의 시야는 서울, 수도권을 훌쩍 넘어 전국으로 커져가게 되었다.

그 이후에는 다양한 지역으로 눈을 돌릴 수 있었다. 두 아파트의 경우 워낙 소액의 아파트였기에 그다지 크지 않은 투자금을 넣고, 돈으로 살 수 없을 만큼의 많은 경험과 인사이트를 얻을 수 있었던 것이다. 투자 이후 3년이 훌쩍 지난 지금, 둘 다 매수할 때 대비하여 2배 가까이 상승했다. 그때는 틀렸지만, 결과적으로는 지금은 옳은 투자가 된 것이다.

부동산의 가장 큰 특징, 따로 또 같이

이렇게 지방투자를 통하여 부동산에 대한 시야를 전국으로 키우게 되면, 무엇보다도 언제나 투자를 할 수 있게 되는 장점이 있다. 지역마다 필요한 투자금도 사이클도 분위기도 다르기 때문이다.

부동산의 가장 큰 특징 중 하나는 '따로 또 같이'이다. 여기서 '따로 또 같이'라는 말은 전국이 동시에 오르는 것이 아니라 개별성을 띠며, 순차적으로 상승과 하락의 흐름을 반복하는 '따로'의 움직임을 보이지만, 어찌됐건 흐름으로 보면 순차적으로 '같이' 오른다는 특징이 있다는 의미이다.

이 말인즉슨, 서울에서 투자 타이밍을 놓쳤더라도 그다음 경기도로 눈을 돌리면 기회가 오고, 수도권을 놓쳤더라도 지방 광역시로, 그다음은 지방 중소도시로 눈을 돌리면 또 다른 투자기회가 기다리고 있다는 것이다(그리고 이 사이클은 반복된다).

게다가 지역뿐만 아니라 상품도 이와 같이 '따로 또 같이'의 특성을 띤다. 재개발, 재건축, 분양권, 신축, 준신축, 구축, 나아가 경매 등, 주요 도시와 이런 상품 종류를 고려하면 100가지를 훌쩍 넘는 경우의 수가 나온다. 즉, 시점과 상관없이 언제든지 투자를 할 수 있는 기회가 있다는 것이다. 그런 기회를 얻기 위해서는 결국 기본적으로 서울, 수도권을 넘어 전국에 대한 이해가 필요하다. 그런 의미에서 나는 지방투자 역시 반드시 해볼 것을 권하는 바이다.

지방투자가 어려운 분들을 위해

처음 지방투자를 진행하는 데 어려움이 많을 것이라고 생각한다. 나 역시 그랬던 기억이 생생하다. 당시 투자했던 방식과 느낌을 전하고자 그때 작성했던 블로그 글을 공유한다. 어떤 기준으로 투자를 진행했는지, 임장기, 대출, 인테리어 과정 등 세부적인 과정이 모두 공유되어 있다.

1편 지역조사(blog.naver.com/caesar84/221355223134)

2편 입지분석 및 임장기(blog.naver.com/caesar84/221355714486)

3편 매수와 대출(blog.naver.com/caesar84/221369687028)

4편 셀프등기와 인테리어(blog.naver.com/caesar84/221372254234)

5편 인테리어 중간과정(blog.naver.com/caesar84/221388327875)

6편 인테리어 완료 및 계약(blog.naver.com/caesar84/221389822765)

정리하면, 지금 투자금이 충분하지 않다면 겁내지 말고 지방투자도 한 번 고려해 볼 것을 권하고 싶다. 지금 당장 서울에 집을 살 수 없다고 해서 아무것도 하지 않는 것보다는, 무엇이라도 도전해 보면 나중에 더 좋은 기회를 맞이할 수 있을 것이라고 믿는다.

입사 후 최소 5년, 본업에서 작은 성공 쌓기도 중요한 투자다

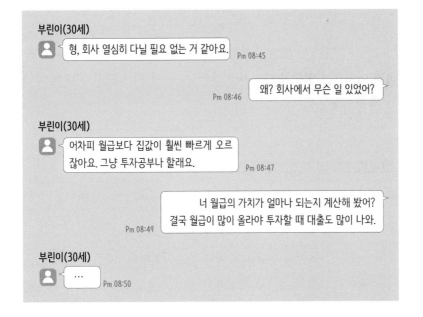

부린이(30세)
형, 회사 열심히 다닐 필요 없는 거 같아요. Pm 08:45

Pm 08:46 왜? 회사에서 무슨 일 있었어?

부린이(30세)
어차피 월급보다 집값이 훨씬 빠르게 오르잖아요. 그냥 투자공부나 할래요. Pm 08:47

너 월급의 가치가 얼마나 되는지 계산해 봤어?
결국 월급이 많이 올라야 투자할 때 대출도 많이 나와.
Pm 08:49

부린이(30세)
... Pm 08:50

부동산 투자 이야기를 하다가 갑자기 웬 뚱딴지같이 본업에서의 성공을 이야기하냐고 하겠지만, 나는 투자에서 탄탄한 본업은 무엇보다 중요한 요인이라고 생각한다. 특히 사회 초년생의 경우 최소 5년 본업을 탄탄하게 해놓는 것이 실패하지 않는 투자로 가는 지름길이라고 생각한다.

특히 요즘같이 투자 이야기가 범람하고, 다들 본업을 소홀히 여기거나 중요시하지 않을 때일수록, 도리어 본업에 충실하여 작은 성공을 쌓아나가는 것이 결국 투자에도 중요한 도움이 된다고 본다.

그것은 세 가지 측면에서 그러하다.

1. 시드머니의 복리효과

2. 위닝 멘탈리티

3. 심리적 안정감

최근 몇 년 안에 투자를 시작한 사람들은 운이 좌우한 부분이 많았다. 오로지 나의 100% 실력으로 이룬 성과라고 생각하기는 힘들다. 오히려 이런 시기일수록 따박따박 들어오는 월급의 중요성에 대해 다시 한 번 생각해 보는 것이 중요하다.

시드머니의 복리효과를 누려라

투자에서 중요한 것은 첫 번째 시드머니, 두 번째 레버리지이다. 그리고 필요한 레버리지의 한도는 내가 근무하는 직장의 신용도, 개인의 신용도, 연봉 등 복합적인 요인에 따라 천차만별이다. 따라서 필요한 순간에 레버리지를 극대화하기 위해서라도 사회 초년생 때부터 착실하게 성공적인 고과를 받는 것이 투자 측면에서도 중요하다.

연봉 인상을 크게 중요하게 여기지 않는 사람이 생각보다 많다. "1, 2% 차이가 뭐가 그리 크냐?"라는 말을 하기도 한다. 연봉 조금 올라 봤자, 세금을 떼고 나면 실제로 내 손에 쥐는 것은 많아 봤자 고작 수십만 원이라는 이야기도 한다. 그 이야기는 당장은 맞지만, 시간이 흐르면 다른 이야기가 된다.

연봉의 가장 중요한 측면은 바로 복리로 적용된다는 데 있다. 연봉

인상에서 한 번의 차이는 크지 않을지 몰라도, 그것이 복리로 10년 정도 누적되면 이후에는 꽤나 큰 금액이 된다. 또한 기본연봉은 이직 시 연봉을 책정할 기반이 되기도 한다. 성과급을 받을 때도 기반은 기본연봉이다.

특히 나중에 레버리지를 사용할 때, 만약 연봉의 2배까지 신용대출이 나온다고 가정하면, 내가 받을 수 있는 최대 레버리지의 금액은 상당한 차이를 보이게 된다. 따라서 10년 동안 꾸준히 쌓아 나가서 결과를 만들어 낼 생각으로 연봉 인상에 집중하는 것이 좋다. 본업을 소홀히 한 채 어설프게 투자에 나서다가는, 연봉도 잃고 수익도 잃는 결과를 초래할 가능성이 높다.

투자의 위닝 멘탈리티를 익힐 수 있다

일반적으로 투자도 회사일을 잘하는 사람이 잘하기 마련이다. 흔히 위닝 멘탈리티(winning mentality)라고 불리는 습성 때문이다. 어떠한 분야이든 작은 승리를 쌓아본 경험이 있는 사람은, 분야가 다르더라도 적응시간이 걸릴 뿐 일정 이상의 노력을 가하면 반드시 성과를 거두게 된다. 그렇기에 나 자신을 믿을 수 있는 성공의 히스토리를 쌓는 것이 무엇보다 중요하다. 그리고 사회 초년생일수록 성공의 히스토리는 본업에서 가장 쉽고 탄탄하게 쌓을 수 있다.

나의 투자 이야기를 알고 찾아오는 후배들에게 초년생일수록 투자보다는 본업에서 성과를 낼 것을 강조한다. 투자에서 조급함은 패배로 가는 첩경이다. 일단은 단단한 중심을 만들 것을 권한다. 그리고 그 중심은 바로 본업에서 나와야 함을 다시 한 번 강조하곤 한다.

투자에 심리적 안정감을 준다

투자는 항상 이기는 싸움이 될 수는 없다. 특히 부동산의 경우 시간이 필요한 경우가 많다. 투자라는 것은 잘될 때야 항상 좋은 성과를 이룰 것 같지만, 막상 그렇지 못할 때는 조급해지기 마련이다. 그럴 때 탄탄한 본업은 시간과 여유를 줄 수 있다.

부동산, 미국 주식, 비트코인처럼 꽤 오랫동안 우상향한 투자대상들이 많음에도 불구하고, 수익을 내는 사람들이 소수인 까닭은 바로 시간을 천천히 들일 만한 여유가 없기 때문이다. 그리고 대부분의 여유는 믿을 만한 구석에서 나온다. 투자가 생각만큼 잘 안 풀릴 때, 내가 믿을 구석이 따로 있는가? 딱히 그런 것이 없다면 상황과 상관없이 믿고 기댈 수 있는 탄탄한 본업이 있어야 한다. 완벽한 경제적 자유를 이루기 전까지 '투자는 거들 뿐'이다.

월급의 자산가치와 레버리지

마지막으로 하나 더 강조하고 싶은 것은 현재 내가 버는 월급의 가치를 '자산'가치로 다시 한 번 생각해 보라는 것이다.

많은 사람들이 경제적 자유를 갈망하며 '건물주'를 꿈꾸지만, 월급만큼의 돈을 벌 수 있는 건물의 금액을 계산해 보면 생각보다 쉽지 않다는 것을 알 수 있다.

예를 들어 월급이 세후 300만원이라면, 연수익률 5%(이것도 쉽지 않다)를 기준으로 할 때 대략 10억원 정도의 현금이 있어야만 벌어들일 수 있는 금액이다. 여기에 각종 세금, 건물 및 세입자 관리 등 추가 비용 및 노동을 감안하면, 10억원으로 실제로 벌어들이는 투자수익은 그보다 적을 수 있다. 월급이 300만원이라면 나의 현재 몸값은 적어도 10억원 이상이라고 봐도 무방하다는 소리이다.

레버리지의 최대 한도를 통해서도 월급의 가치를 재평가할 수 있다. 단순히 300만원의 월급이라고 생각하면 아무것도 아닌 것 같지만, 이것이 레버리지를 발생시킬 수 있는 '한도'라고 생각하면 이야기가 달라진다.

월급 300만원은 금리가 4%일 때 5억원의 주택담보대출 원리금을 상환할 수 있는 능력을 의미한다. "월급 전액을 어떻게 부채를 상환하는데 사용하느냐?"라고 할 수 있지만, 요즘 일반적인 맞벌이의 경우이면 이야기가 달라진다. 허리띠를 조금 졸라매어 한 사람의 월급을 생활비로 사용하고, 다른 사람의 월급을 주택담보대출 원리금 상환에 사용한다고 가정하면, 5억원의 레버리지를 일으킬 수 있는 한도가 된다. 현재(이 글을 쓰고 있는 2022년 3월 말 기준)는 규제지역의 LTV(주택담보대출 비율)가 50%밖에 되지 않지만, 이는 언제든지 변할 수 있다.

월급 300만원과 400만원은 100만원 차이지만, 레버리지의 차이는 더욱 커진다. 다음의 표와 같이 대략 1억6천만원의 원리금을 빌릴 수 있는 차이가 난다.

◉ 월급 세후 300만원, 금리 4% 시 상환능력

원금	이율	연이자	월이자
5억원	4%	2천만원	167만원
	30년 상환 시 1년 상환금액		월 상환금액
	1,667만원		139만원
	총액		306만원

📍 월급 세후 400만원, 금리 4% 시 상환능력

원금	이율	연이자	월이자
6억6천만원	4%	2,640만원	220만원
	30년 상환시 1년 상환 금액		월 상환금액
	2,200만원		183만원
	총액		403만원

이처럼 월급을 내 몸값, 그리고 내가 일으킬 수 있는 레버리지의 최대 한도로 다시 계산해 보면 결코 회사에서 벌어들이는 급여의 가치가 작지 않다는 것을 알 수 있다. 그렇기에 지금 당장 막막하다면, 무엇보다도 급여를 늘리는 데 최선을 다하라고 말해주고 싶다.

본업에서의 작은 성공 쌓기도 중요한 투자!

동반자와 함께 투자하기
배우자부터 내 편으로 만들자

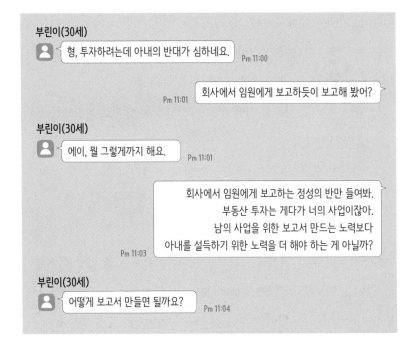

부린이(30세)
형, 투자하려는데 아내의 반대가 심하네요. Pm 11:00

Pm 11:01 회사에서 임원에게 보고하듯이 보고해 봤어?

부린이(30세)
에이, 뭘 그렇게까지 해요. Pm 11:01

회사에서 임원에게 보고하는 정성의 반만 들여봐.
부동산 투자는 게다가 너의 사업이잖아.
남의 사업을 위한 보고서 만드는 노력보다
아내를 설득하기 위한 노력을 더 해야 하는 게 아닐까?
Pm 11:03

부린이(30세)
어떻게 보고서 만들면 될까요? Pm 11:04

투자에 앞서 가장 중요한 것 중 하나가 바로 삶의 동반자와 의견을 일치시키는 일이다. 배우자에게 투자를 승인받는 과정에 대한 이야기를 해보겠다.

많은 사람들이 투자를 진행할 때 의외로 걸림돌(?)이 되는 것 중 하나가 배우자의 반대로 내부승인이 떨어지지 않는다는 것이다. 아무래도 적게는 수천만원에서 많게는 억 단위로 투자금이 들어가기 때문이다. 이런 측면에서 반대하는 배우자를 설득하기 위한 분석자료를 만드는 법을 공유하고자 한다.

"지금보다 떨어지지는 않을 거다"

나의 경우 보통 본격적인 투자에 앞서서 분석자료를 만들어 아내와 공유한다. 이때는 대체로 손품 및 기초적인 임장이 끝난 이후로, 나는 투자판단이 끝난 다음에 '정리하는 차원 + 돌다리도 두들겨 본다'는 의미에서 자료를 만드는데 그때의 포인트는 다음과 같다.

1. 해당 지역 및 상품을 아예 모르는 사람들을 상대로 세일즈를 한다고 생각한다.
2. "가격이 오를 거다"가 아니라 "지금보다 떨어지지는 않을 것이다"에 초점을 맞추어 준비한다.

투자에서 가장 중요한 포인트는 누구나 납득할 수 있을 만큼 객관적인 근거가 있어야 하고(근거에 입각한 투자), 오르는 것보다는 더 빠지지 않을 것이라는 확신이 있어야 하는 것(안전한 투자)이라고 생각한다.

공유할 분석자료 만드는 법——예제. 두산위브지웰시티2차를 통해 알아보기

간단하게 자료는 다음과 같은 내용으로 준비한다.

1. 지역공부
   - 인구/세대수
   - 연령별 인구 증감

－ 주요 일자리(통계청 자료)

　2. 입주물량

　　　－ 미분양

　　　－ 입주물량

　3. 입지분석(교통 및 직주근접*, 학군, 인프라, 아파트 상품성)

　4. 매매가, 전세가 분석

　5. 투자 시뮬레이션 비교분석(비슷한 지역과 비교분석)

* **직주근접**
직장과 주거지가 가까운
것을 말한다.

위와 같은 내용을 2019년에 투자했던 충북 청주 두산위브지웰시티 2차 아파트를 예로 들어 세부적으로 살펴보겠다. 이 양식을 동일하게 채워 나가는 것만 해도 투자를 위한 아주 기본적인 정보는 충분히 채울 수 있을 것이다. 더군다나 이 양식을 채우는 데에는 시간이 많이 걸리지도 않는다.

지역공부 항목은 이렇게 작성하라

지역공부의 기반은 다름 아닌 인구, 세대수, 연령별 인구 증감, 주요 일자리 통계이다. 과거에는 정보를 하나하나 통계청 사이트에서 찾아봐야 하는 경우가 많았지만, 요즘은 좋은 사이트가 워낙 많아 쉽게 접근할 수 있다. 나는 '부동산지인'(www.aptgin.com)이라는 사이트를 통해서 정보를 쉽게 찾곤 한다.

부동산 공부에서 인구와 세대수는 기본 중의 기본이다. 바로 수요를 결정하는 요인이기 때문이다. 당연히 인구가 많을수록 수요가 많다는 것이기 때문에 가격이 상승할 확률이 높고, 거래량이 받쳐 주기 때문에 거래가 용이할 수 있다. 따라서 인구의 절대적인 규모가 어느 정도 되는지 여부를 확인하는 것이 중요하다.

나는 인구와 세대수가 모두 증가하는 지역을 매우 선호한다. 수요가 늘어나는 지역이기 때문이다. 또한 주요하게 보는 것 중 하나는 연령별 인구 증감이다. 특히 30,40대가 늘어나는 지역은 매우 선호하는 지역이라고 볼 수 있다. 일반적으로 일자리가 늘어난다는 시그널이 될 수 있기 때문이다.

주요 일자리의 경우 매우 중요한 요소이다. 내가 당시 청주 두산위브지웰시티2차를 선택한 가장 큰 이유는 인근에 대한민국에서 가장 투자가 많이 들어가는 반도체와 자동차 배터리 관련 회사들이 포진해 있기 때문이었다. 이 두 가지만으로도 일자리 측면에서는 투자해야 할 이유가 차고 넘친다고 할 수 있었다.

특히 대기업의 경우 매년 공채로 신규인력을 채용하며, 기본적으로 타지에서 인구가 유입될 가능성이 높다. 또한 그 대기업의 산업이 반도체나 자동차 배터리와 같이 앞으로 신규투자가 많이 이루어질 수밖에 없는 경우는 더욱 좋다. 협력사들이 인근에 계속해서 유입될 가능성이 높기 때문이다.

입주물량과 미분양 추이를 분석하라

투자를 할 때 너무나도 중요한 요인이다. 과거에는 입주물량과 미분양이 빠지는 모습을 보고 투자에 들어가라고 했는데, 요즘은 트렌드가 조금 바뀐 느낌이다. 오히려 입주물량이 폭탄인 시기가 투자에 가장 적합할 수도 있다. 그 이유는 신규 아파트 선호 현상으로 새 아파트의 공급이 끝나면, 주변 지역의 매수가 급속도로 살아나는 현상을 보이기 때문이다.

미분양은 현 시점에서 전국적으로 대부분의 지역이 낮은 편이다. 하지만 관련 데이터를 항상 돌다리도 두들겨 본다는 마음으로 보아야 한다. 특히 지금처럼 미분양이 낮은 시점에서 갑자기 늘어나기 시작한다면, 하락장으로 가는 변곡점이 될 수도 있기 때문에 잘 살펴볼 필요가 있다. 나는 금리인상 등이 중요한 것이 아니라 미분양이 늘어나기 시작해야, 그때부터 비로소 시장에 문제가 생긴다고 생각한다.

입지분석은 이렇게 하라

입지분석이란 해당 부동산의 가치를 평가하는 것으로서 흔히 4대 입지 요소로는 교통, 교육, 환경, 인프라를 꼽는다. 따라서 부동산을 이해하기 위해서는 그 입지를 꼼꼼히 평가하는 것이 무엇보다 중요하다. 간단히 각각의 입지가 의미하는 바를 살펴보자.

교통: 가장 중요한 입지 요소이다. 삶에서 가장 큰 영향을 주는 직장과의 접근성을 결정짓는 요인으로 많은 사람들이 주택을 선택할 때 가장 크게 고려하는 요소이기도 하다. 일반적으로 철도교통, 특히 지하철의 접근성을 가장 가치 있게 평가한다.

교육: 교통만큼 중요한 입지 요소로 지역의 입학성적, 면학 분위기, 그리고 주요 학원가 형성 등의 요소를 의미한다.

환경: 최근 많이 각광받는 요인으로 한강과 하천, 또는 공원이나 산과 같이 삶의 질에 긍정적인 영향을 주는 요인들을 의미한다. 대표적인 예로 한강뷰 아파트들이 프리미엄을 받는 것을 볼 수 있다.

인프라: 삶에서 누릴 수 있는 인프라 전반을 의미하며 대표적으로 상업시설, 병원, 문화시설 등을 포함한다. 최근에는 대형몰(스타필드) 및 주요 백화점과의 접근성이 각광받기도 한다.

이 네 가지 요인에 대하여 직접 분석을 해보는 것이 중요하다. 어렵지 않다.

먼저 지도를 펼치고(네이버 지도 또는 카카오맵) 분석하고자 하는 아파트를 중심으로 1Km, 4Km 내외에 있는 입지요인을 모조리 확인해 보는 것이다. 1Km 내외는 도보권, 4Km 내외는 차량으로 쉽게 접근할 수 있는 거리의 기준으로, 그 아파트에 거주했을 때 누릴 수 있는 입지요인을 의미한다. 꼭 방문을 해보지 않더라도 입지요인을 지도로 꼼꼼히 살펴보는 것만으로도 지역에 대한 이해도를 매우 높일 수 있다.

매매가와 전세가 추이가 중요하다

매매가는 대체적인 시세를 머릿속에 넣고 주변 아파트와의 비교분석을 통해서 대략적으로 저평가 여부를 판단하는 데 의의를 둔다.

나는 투자라면 매매가보다는 전세가가 더 중요한 포인트라고 생각한다. 전세가는 어떤 가치평가도 이루어지지 않은 실수요 가치 그 자체를 나타내는 요인이기 때문이다. 따라서 전세가가 꾸준히 상승하는지를 살펴보는 것이 중요하다.

2019년 당시 두산위브지웰시티2차를 살펴보았을 때, 가장 주목했던 측면은 청주시 전체가 하락기였음에도 불구하고, 두산위브지웰시티2차의 전세가와 매매가는 크게 타격을 받지 않은 부분이었다. 한마디로 시장의 상황과 상관없이 실수요가 탄탄히 받쳐준다는 의미였다.

즉, 전세가의 추이는 투자에서 가장 중요한 실수요를 판가름할 수 있다. 따라서 지난 수년 동안 전세가가 우상향에서 상승하는 모습을 보여왔는지 반드시 확인해야 한다.

타지역과 비교하라

마지막으로는 동일지역이 아닌 타지역과 비교해 보아야 한다. 나는 청주와 일자리, 인구, 도시의 규모적인 측면에서 비슷한 성격을 가진 천안과 비교해 보았다. 그래서 천안지역의 대장이라고 할 수 있는 신불당의 가격 추이를 살펴보았다.

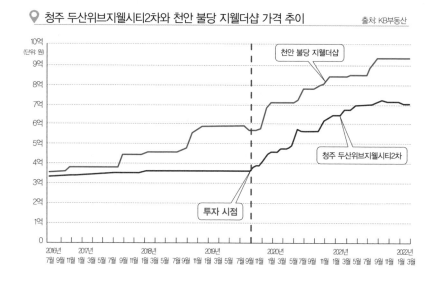

청주 두산위브지웰시티2차와 천안 불당 지웰더샵 가격 추이   출처: KB부동산

해당 투자 시점에 각 지역의 대장아파트 가격이 크게 벌어지고, 청주의 대장아파트인 두산위브지웰시티2차의 가격대는 2016년 7월 이후 그대로인 것을 볼 수 있다. 앞서 설명했던 '따로 또 같이'의 특성에 따라 나

는 두산위브지웰시티2차의 가격이 매우 저평가되어 있다고 생각했다.

아파트 분석 PPT 양식이 궁금하다면

이 정도의 내용을 대략적으로 정리하다 보면 투자를 해야 하는 이유, 투자 시 리스크로 판단되는 내용이 머릿속에 남게 된다. 그리고 대략 5분 정도면 왜 투자를 해야 하는지 설득할 수 있는 근거가 머릿속에 남게 된다. 그리고 이 자료를 근거로 배우자를 설득한다면 막연히 '투자하겠다'라고 이야기하는 것보다 훨씬 쉽게 설득할 수 있을 것이다.

이렇게 투자를 진행하면 성공했을 경우에는 확신이 생기고, 행여나 어려움을 겪는다고 해도 버틸 수 있는 힘이 생기게 된다. 어차피 부동산 투자는 기본적으로 시간의 세례를 받아 우상향하는 것을 전제로 한다. 그때 버티는 힘은 다름 아니라 내가 스스로 판단할 수 있는 노력을 얼마만큼 했는지 여부에 따라서 갈리게 된다.

실제로 내가 사용했던 PPT 자료를 다음의 블로그에 올려놓았다 (https://blog.naver.com/caesar84/221941969761). 내가 직접 제작한 자료로 어떠한 저작권도 없으니 자유롭게 써도 무방하다. 이 자료를 기반으로 배우자를 설득하는 자료를 만들다 보면, 어느덧 누구든 설득할 수 있는 기초가 마련될 것이라고 믿는다.

태도가 남는다

힘이 되는 기억

개인적으로 힘이 되는 기억이 있다. 바로 고등학교 3학년 때의 이야기이다. 당시 나는 반에서 절반 이하의 등수로 눈에 띄지 않는 학생이었다. 하지만 3학년이 되고는 대학을 가야 한다는 생각에 그동안과는 다른 모습으로 고3 시절을 불태웠다.

물론 준비기간이 매우 짧았기에 좋은 수능성적을 거두지 못했지만, 과감하게 상향 지원으로 원서를 쓰고 모두 불합격, 후회 없이 빠른 시간에 재수를 결정했다.

그런데 졸업식 전날, 담임선생님께 전화가 왔다.

"졸업식 때 옷을 깔끔하게 입고 와라."

열등생에 속했던 나로서는 의문이었다.

그런데 졸업식 날, 졸업생 대표로 '모범상'을 받았다. 아무도 예상하지 못했던 결과였다. 모범상을 받았던 나도, 그날 어리둥절해 했던 부모님도, 본인의 자녀가 받을 거라고 생각했던 우등생의 학부모님들 모두 의외라고 생각했다. 심지어 그로 인해 부모님은 "그렇게 안 봤는데 뒤로 로비를 하셨나 보네요"라는 비아냥까지 들어야 했다. 그럴 수밖에 없었다. 나는 고등학교 내내 1등은 고사하고 하위 그룹에 속하는 학생이었기 때문이다. 그렇다고 선생님들과 특별한 친분이 있었던 것도 아니었다.

졸업식이 끝나고 선생님께 여쭤 보았다.

"왜 모범상을 저에게 주셨나요?"

그러자 선생님이 말씀하셨다.

"네가 학생 중에 가장 열심히 한 걸로 보였다. 그 태도를 높이 산다. 올해 성적은 안 좋아 비록 재수를 하지만, 그 태도라면 분명 원하는 학교를 갈 수 있을 것이다."

그 말씀을 가슴에 품고 그때의 태도로 재수를 했고, 처음 원했던 것보다 훨씬 좋은 대학에 진학할 수 있었다. 그리고 어떤 일을 임할 때 '태도'가 먼저임을 항상 가슴속에 품고 시작할 수 있었다.

이 이야기는 투자에 관련된 이야기는 아니다. 하지만 평생 내가 믿고 있는 "태도는 결과가 된다"라는 신념의 기반이 되는 이야기이다.

처음 시작할 때의 투자에 대한 태도

지금은 분명 힘든 시기이다. 사회 초년생으로서 내집 마련도 현실적으로 쉽지 않아 보이고, 투자를 하기에도 만만치 않은 환경이다. 하지만 나는 그럴 때일수록 처음 시작할 때 가지는 투자에 대한 태도가 결국은 시간이 지난 뒤 결과의 차이를 가져올 것이라고 믿는다.

지금 당장 눈에 보이는 결과가 올 것이라고 생각하지 않았으면 한다. 그 대신 앞에서 제시한 가장 기본적인 투자공부법, 투자를 위한 마인드를 갖추는 것, 그리고 작더라도 투자를 시작해 보고 직접 사이클을 겪어 보는 것, 이것을 시작으로 오랜 시간 투자를 해 나갔으면 한다.

100세 시대이다. 100세를 살아야 하는데 누구나 60세 전후로 지금 다니는 회사에서 은퇴해야 하는데, 그에 반하여 남은 시간은 너무 길다. 그런 의미에서 부동산 투자를 지금 배워두면 당장 내집 마련은 쉽지 않을지 몰라도, 긴 세월 꾸준히 투자를 할 수 있을 것이며, 이로 인해 내집 마련의 꿈도 이룰 수 있을 것이다. 하지 않을 이유가 하나도 없지 않은가?

갓슬러

40대 초반 직장인. 2015년 말부터 아파트 투자를 시작하여 현재 서울 8층 건물과 강남 아파트 등 다주택을 소유하고 있다. '지금 당장' 실천하는 것을 가장 중요하게 생각하는 행동론자이다. 최근에는 종합부동산세 부담 없는 십여 채 이상의 부동산을 '지금 당장' 매입하기도 했다. 『박과장은 어떻게 5년 만에 120억을 만들었나』의 저자이며, 〈갓슬러의 경제적 자유〉 블로그를 운영 중이다.

3
Part

종합부동산세 시대의
부동산 투자

급행열차에 어떻게 올라탔는가
─ 갓슬러 비긴즈

이겨놓고 싸운다

뜬금없이 부동산 책에서 그것도 초장에 이순신 장군의 명언이 등장했다. 내가 존경하는 인물이기도 하고, 특히 부동산 투자에서 그의 전략을 따라할 만하여 감히 인용해 본다.

"선승후전(先勝後戰)." 이겨놓고 싸운다!

이길 수 있는 싸움만 한 것이며, 이길 수 없다면 이길 수 있을 때를 기다려서 싸운다는 것이다. 이런 그의 정신은 부동산 투자자인 우리에게도 상당히 중요하다. 종합부동산세(이하 '종부세') 시대의 선승후전은 과연 무엇인가?

2021년 말 나와 아내는 도합 6,500만원의 종부세 납세 고지서를 받았다. 2천만원이 조금 안 되는 재산세는 차치하더라도, 종부세가 이렇게 많이 나오니 많은 고민과 생각을 하게 되었다.

하지만 선승후전! 승리에 대한 확신이 있었다. 그리고 종부세 시대에 들어서서 나는 더 성장했고 자산은 더욱 다변화됐으며 순자산과 총자산은 더 늘어났다. 누군가에게 위기는 또 다른 누군가에겐 기회였고, 고민과 생각은 위기를 기회로 만들어 주었다.

월세를 30만원이나 올려달라고? 내 집을 사겠어!

초등학교 5학년에 올라갈 무렵 아버지가 사고로 돌아가셨다. 어머니는 자식 셋을 혼자서 키우셨는데 넉넉한 편은 아니었다. 그래도 자식 셋이 기죽지 말라고 한 달에 한 번 정도는 근처 갈비집에서 외식을 시켜주셨고, 원하는 학원이 있으면 학원비는 아끼지 않으셨던 기억이 있다. 나는 그런 사정을 알았던지 용돈을 자주 달라고 하진 않았다.

어머니는 긍정의 아이콘이었다. 타고난 성격이 그렇지만, 아이 셋을 홀로 키워야 한다는 사명감에 점점 더 긍정적으로 변할 수밖에 없었던 것인지도 모른다. 그런 어머니의 뒷바라지로 나는 자식 셋 중에 가장 먼저 대기업에 취직했다. 큰 도움은 아니었겠지만, 처음으로 어머니에게 명품가방을 사드리고 보너스를 드리기도 했다. 결혼은 형과 동생이 먼저 했는데 나도 일부 보탰다. 꼭 그런 요인 때문은 아니었지만, 직장생활 5년 동안 모은 돈은 7천만원 정도였다.

2012년 초, 아내와 함께 돈을 합쳐서 약 1억원을 가지고 신혼집을 찾아다녔다. 당시에도 서울 집값은 엄청나게 비싼 느낌이었다. 나는 1억원 정도 있으면 서울에 집 한 채는 마련할 수 있을 것으로 생각했지만, 턱없이 부족했고, 금액에 맞추기 위해 빌라도 많이 찾아다녔다. 결국 아내의 회사와 나의 회사까지의 동선을 고려하여 마포역 근처의 도화우성아파트에 1억2천만원을 대출받아 전세를 얻게 되었다.

2년의 계약기간이 끝나기 3개월 전, 집주인에게서 연락이 왔다. 요는 현재 전세가 2억1천만원인데, 여기에 30만원의 월세를 매월 추가로 더 받아야겠다는 것이었다. 전세자금 대출이자까지 납부하고 있는 상황이라 매월 30만원은 상당히 큰 부담이었다. 또한 은행에 대출이자를 내는 것은 기분이 나쁘지 않았지만, 희한하게도 집주인에게 매월 30만 원 월세를 주는 것은 뭔가 매우 기분이 상하는 그런 느낌이었다.

전세금을 올려주겠다, 월세를 좀 깎아달라고도 해봤지만, 집주인은 요지부동, 결국 우리는 재계약을 하고 2개월 동안 월세를 냈다. 그런데 이상하게도 기분이 너무 좋지 않았다. 돈도 없는데, 뭔가 빼앗기는 느낌이랄까.

전세살이 2년을 하는 동안 약 9천만원에 가까운 돈을 모았다. 아내와 내가 모두 대기업을 다니기도 했지만, 둘 다 절약이 몸에 배어 있어서 소비를 별로 하지 않았다. 자가용은 구입하지 않았고 대중교통을 이용했다. 또한 당시에 나는 연중 절반 이상을 해외출장을 다녔는데, 이때 모인 출장비도 꽤 많았고, 그러다 보니 한국에서 돈을 쓸 시간조차 별로 없었다.

첫 구매(옥수 현대아파트) 후 부동산에 눈뜨다

반전세 갱신을 하고 3개월이 되어갈 무렵, 월세 30만원을 입금하다가 내 집 한 채는 반드시 있어야 한다는 장모님의 말씀이 떠올랐다. 바로 이사갈 집을 알아보기 시작했다. 그리고 결국 2억4천만원 정도를 대출을 받아서 옥수역 근처에 있는 옥수 현대아파트를 4억3천만원에 매수했다.

옥수역 근처를 택한 것은 아내의 회사가 있는 광화문과 내 회사의 통근버스를 타러 가기에 3호선인 옥수역이 편리한 것이 주요인이었다. 물론 그 외에도 자가용이 없는 우리에게는 대중교통의 편리함이 매우 중요했는데, 옥수역에는 ITX(도시간급행열차)와 중앙선이 다녀서 멀리까지 이동이 편했고, 앞은 한강이고 뒤는 산이라 풍수지리상 좋다고 생각했다.

그렇게 자가를 매입하고 1년 2개월 정도가 지난 2015년 가을쯤, 분리수거를 하다가 나와 비슷한 시기에 이사를 온 옆집 사람이 말을 걸어왔다.

"혹시 여기 집 사서 오셨어요?"

인사를 하자마자 집을 사서 왔냐는 물음에 다소 의아했지만, 그렇다고 대답했다.

"잘하셨네요. 저는 3억5천만원을 주고 전세로 들어왔는데, 이제 재계약 시점이 되니 집주인이 5천만원을 올려달라고 하네요. 전세가 왜 이렇게 오르는지, 휴…. 저도 집을 사서 들어올 걸…. 대출을 안 받으려고 하다가 이렇게 되었네요."

그런 이야기를 듣는데 뭔가 머리가 깨이는 느낌이었다. 집주인은 4억3천만원짜리 집을 사서 3억5천만원에 전세를 줬으니, 즉 8천만원을 투자해서 1년이 조금 넘은 지금 5천만원의 임대료를 추가로 받는 것이었다. 더구나 매매가를 확인해 보니 대략 1억원이 오른 상태였다.

'우리집도 1년 조금 넘은 사이에 1억원이나 올랐구나.'

상계동 아파트 얼떨결에 구매, 효자 되다

며칠 후, 이 책의 공동 저자이자 친한 친구인 젠틀파파를 만났다. 젠틀파파는 훨씬 전부터 부동산에 관심을 갖고 투자하고 있었다. 우연의 일치였을까, 그날 갑자기 젠틀파파가 서울 노원구 하계동 아파트 이야기를 꺼냈다.

"나 이번에 하계동에 아파트 하나 살 거야."

"아파트? 너 돈 많아?"

"아니, 대출되잖아."

사실 당시 나는 회사에서 과장 특진을 하며 빛이 보이는 듯했으나, 오히려 일이 늘어나고 스트레스가 더욱더 많아진 터였다. 거기에 갑자기 허리디스크 판정까지 받으니 미래설계가 절실히 필요하다는 생각까지 들던 차였다.

젠틀파파의 이야기를 듣고, 다음날 바로 휴가를 내고 지하철을 타고 하계동으로 한 번 가보기로 했다. 그런데 종로에서 아내를 만나 식사를 하고 갔던 터라, 하계동이 아닌 상계동을 먼저 지나치게 되었다. 가는 도중에 인터넷을 찾아보니 상당히 많은 강남 부자들이 상계동에 투자했다는 기사가 있었다. 일단 상계동에서 내렸다. 그러고는 노원역 근처를 중심으로 동네를 걸어보았다. 딱히 뭘 알아서 보려고 했던 것은 아니었고, 날씨도 따뜻했고 동네구경도 할 겸해서였다.

동네가 번듯하고 평지이며 주변에 하천이 흐르고 있어서 뭔가 여유로움이 느껴졌다. 중계동 중심의 노원구는 학군이 좋다는 이야기를 진즉 들어서 알고 있었다. 주공아파트가 1988년에 지어져서 재건축 진단이 3년 남은 시점이었고, 지하철이 근거리에 있음에도 가격이 저렴하고 대단지였다. 상당히 많은 공인중개사무소가 눈에 띄었는데 매매가 활발한 느낌이었다. 또한 산이 있어서 공기가 상쾌했다.

상계동 주공아파트 몇 채를 본 후, 큰 고민 없이 월세가 끼어 있는 집을 매매하기로 했다. '다소 충동적인가?'라고 잠깐 생각했다가 현재 보증금 500만원에 월세 55만원을 받고 있는 아파트라 은행에서 돈을 빌려서 구매해도 큰 손해는 없겠다는 계산을 했다.

'보증금 500만원에 월세 55만원이니 1년이면 월세만 660만원(55만원×12개월)이 들어오고, 아파트 매매가는 1억9천만원으로 은행에서 3% 금리로 빌릴 경우 연 570만원(1억9천만원×3%)의 이자가 나간다. 결론적으로 매입과 동시에 연간 90만원의 수익(월세 660만원−이자 570만원)이 생기며, 공영주차장 등이 확정되는 시점까지 계속 보유하고 있으면 아파트 값은 더 오를 거야'라는 단순한 계산이었다.

부동산 투자에 대해서 거의 모르던 시절이었는데, 매매가와 지출 등을 계산하면서 정말 희한하다는 생각이 들었다. 아파트를 한 채 사면 대출이자를 내면서도 월세로 연간 90만원의 수익이 생긴다니, 정말 희한하지 않은가?

대출이 한계가 없다면, 내가 열 채를 계약하면 지출이 다 메워짐과 동시에 연간 90만원×10채, 즉 900만원의 수입이 생기다니, 집도 내 소유가 되고 별도로 돈도 생기고 세상에 이런 투자가 다 있는가? 정말 신기하다는 생각을 했다. 나는 그렇게 자가를 제외한 첫 번째 투자를 큰 생각 없이 진행했다.

단기간에 10여 채 살 수 있었던 이유

그때부터 부동산에 큰 관심을 가지면서 약 50여 권의 책을 반복해서 읽어나갔다. 부동산 정책에 관련된 것들을 포함하여 마인드셋, 부동산 차트 같은 기본적인 것들을 보면서 어떻게 투자할지에 대한 생각을 많이 했다.

그리고 2016년 한 해에만 10여 채의 아파트를 매입했다. 처음에는 앞에서 말한 상계 주공아파트를 신용대출 등을 일으켜서 샀지만, 나중에는 투자금이 많이 들어가는 월세 아파트보다는 투자금을 최소화해서 투자하는 갭투자에 눈을 뜨게 되었다.

즉, 1억9천만원으로 매입한 상계 주공아파트를 매도하고, 이 금액을 잘게 쪼개서 2천만~4천만원으로 전세를 끼고 여러 채를 사들이는 방식으로 바꾸어 나가면서 채수를 늘려 나갔다.

또한 기존에 보유하고 있던 옥수 현대아파트의 시세도 매년 약 1억원씩 상승했는데, 이에 따라서 대출을 추가로 일으켜서 투자금으로 활용했다.

아울러 기존에 넣고 있던 청약통장을 해지한 돈, 종신보험(사람이 죽으면 나오는 보험)을 해지한 돈을 가지고 아파트를 추가로 매입하기도 했다. 그렇게 나는 단기간에 10채가 넘는 아파트를 매입했다.

여러 책의 성공 스토리를 반복해서 읽으면서 다져진 굳건한 상승에 대한 믿음이 있었고, 실제 투자를 하면서 성공적인 결과를 맛봤기에, 내가 틀리지 않았다는 신념으로 지속 투자를 해나갈 수 있었던 것 같다.

아이들이 태어나면서 유모차를 밀고 다니기 쉬운 한강변의 평지 아파트로 이사를 가게 되었는데, 이 아파트의 시세가 크게 올랐다. 그 후 더 큰 부자들이 있는 온라인 카페에 가입하면서 강남에 투자하고 싶다는 열망을 품게 되었다.

강남 아파트 구매, 대출방법을 찾아내다

한 해에 10채를 투자할 때도 마찬가지였지만, 항상 고민을 하면 답은 찾게 되어 있었다. 비록 나는 현찰은 없었지만 대출방법을 찾아냈다.

당시에는 널리 알려져 있지 않던 임대사업자 대출이라는 것이 있었다. 전세 후순위로 받을 수 있는 대출이었는데, 이 대출을 활용하여 강남아파트를 세금까지 포함하여 약 20억원에 현찰 없이 매입했다.

> 전세금 11억원 + 한강변 자가 아파트 담보대출 4억5천만원 + 강남 물건지 아파트 후순위 대출 4억원 + 마이너스 통장 5천만원
> = 약 20억원(강남 아파트 가격)

현재 이 아파트는 임대사업자로 등록된 상태인데, 최장 10년 이후에 매도하면 장기보유특별공제 70%를 받을 수 있고, 만약 바로 매도한다고 해도 양도세를 일반세율로 적용받을 수 있다. 약 20억원에 매입한 강남의 이 아파트의 현재 시세는 약 34억원 수준이다.

서울 8층 건물 구매

이렇게 다주택으로 총자산은 크게 늘어나고 있는 상황이었으나, 대부분 임대사업자로 등록해 두고 팔지를 않으니 생활은 크게 달라진 것이 없었다. 마흔 살이 되면서 은퇴하려면 고정적으로 나오는 월세 흐름이 있어야겠다고 생각하고, 건물을 알아보게 되었다.

당시 온라인에서 서울 강서구에 위치한 매매가 37억원의 8층 건물을 발견했다. 보증금은 약 17억원, 대출금이 9억1천만원인 상태였고, 월세가 약 1천만원 나온다고 되어 있었다.

집에서 그리 멀지 않아서 주말에 방문했다. 건물주의 소개를 받아 8층짜리 건물의 옥상에 올라가서 옆 아파트들과 길거리의 사람들을 바

라보았다. 가슴이 두근거리는 게 세상을 다 가진 느낌이었다. '사고 싶다, 정말 사고 싶다.' 이런 생각이 들기 시작하자 이제 이 매물을 살 방법을 고민했다.

언젠가부터 이런 생각이 들었다. '과연 돈이 없는가? 돈이 없어서 못 사는가? 돈이 없는 게 아니라 마음이 없는 게 아닐까? 마음만 있으면 어떻게든지 만들어내게 된다는 것을 여러 번의 투자 끝에 알게 되었다.

건물에 근저당을 잡고 있는 은행에 전화를 걸어 주소를 알려주고, 건물을 매입할 사람인데 대출 상향이 되는지를 확인해 달라고 요청했다. 보통 건물에 낀 다른 사람의 대출금액을 알려면 허락이 필요했기에, 사전에 현 건물주에게 협조를 요청해 허락을 받은 상태였다. 그런데 웬걸, 추가로 약 1억5천만원의 대출을 더 해줄 수 있다는 확답을 받았다.

그리고 현재 건물주가 거주하는 8층 주인세대를 약 3억5천만원에 전세를 놓기로 마음먹었다. 그렇게 된다면 37억원의 건물을 현금 5억 9천만원으로 매입할 수 있었다.

> 매매가 37억원 − 보증금 17억원 − 대출금 10억6천만원(1억5천만원 상향) − 주인세대 전세 3억5천만원 = 5억 9천만원(37억원 건물 매수에 필요한 돈)

기존에 마흔에 들어서면서 은퇴를 해야겠다고 생각하며, 아파트를 몇 채 처분하여 약 4억원을 현찰로 준비하고 있었다. 그럼, 이제 추가로 필요한 돈은 1억9천만원이다(5억9천만원 − 4억원).

추가로 필요한 1억9천만원은 현 건물주에게 양해를 구하고 건물 매도 전에 월세 세입자 중 퇴거하는 방은 전세 세입자로 구해달라고 했다. 예를 들어 보증금 500만원, 월세 50만원에 살던 세입자가 나가고 신규로 8천만원 전세가 들어오면 일시적으로 7,500만원이 생긴다. 이런 식으로 월세를 전세로 바꾸면, 비록 월세는 못 받지만 지금 당장의 투자부담은 줄일 수 있다.

마지막으로 약 1억7천만원에 달하는 취득세를 납부해야 했는데, 취득세는 카드 납부가 가능하다. 나는 3개 카드사에서 각각 사전에 승인을 받아 세금을 납부했다. 카드 납부의 경우 6개월 동안 납부하는 사이에, 회사 보너스나 전세금 상향분이 나오면 그 돈으로 낼 수 있으니 초기부담이 줄어드는 장점이 있다.

그렇게 나는 37억원짜리 건물을 매입했고, 1년 반이 지난 지금 월세가 1,400만원 이상 나오고 있으며, 건물의 시세는 50억원이 넘었다.

레버리지와 장기투자,
두 마리 토끼를 잡자!

분명 언젠가는 부동산 시장에도 한파가 몰아칠 수 있다. 그래서 우리는 투자원칙을 세우고 지키는 것이 중요하다. 그래야 큰 탈 없이 오래갈 수 있다. 변화가 예정되어 있는 '정해진 미래'에서 인사이트를 발견하고, 그것을 투자에 접목한다면 믿음을 가지고 장기적인 투자가 가능할 것이다.

인구 감소에서 찾은 인사이트, 부동산 양극화

예컨대 인구가 감소한다는 이야기를 살펴보자. 누구나 인구가 감소한다는 것을 상식적으로 알고 있다. 그런 상식에서부터 우리의 인사이트를 뽑아보자.

인구가 감소하면 어떻게 될까? 당연히 인구는 적은데 인프라도 없고 즐길거리도 없는 곳에 살지는 않을 것이다. 근처에 걸어만 가도 백화점이 나오고, 아플 때는 언제든 방문할 수 있는 병원이 있고, 곁에 예쁜 카페 거리도 있는 곳에 살고 싶지 않은가? 사람의 욕구는 비슷해서 결국 인구가 적어질수록 그런 곳으로 더 몰리게 마련이다. 어중간한 지역은 사람이 더욱 줄어들고 더 황폐화될 것이다.

인구가 감소한다는 상식에서부터 시작했지만, 결론은 결국 그럴수록 우리는 사람들이 더 몰리는 가장 유망한 곳에 투자하고 이동해서 거주할 필요가 있다는 것이다. 양극화는 더욱더 심해질 것이다.

'인구 감소'에서부터 '양극화'라는 주제를 뽑아냈다.

그럼, 종부세를 많이 내고 있고, 앞으로 더욱 많이 낼 것 같은 나와 같은 다주택자는 어떤 포지션을 취해야 할까?

너무나 당연하게 선별 작업을 해서 좋은 곳은 수성(守城)하고, 덜 좋은 곳은 팔아서 현금을 보유해야 할 것이다. 보유세를 낮추기 위한 방법이기도 하다. 하지만 나는 현금 보유에서만 끝나지는 않는다. 그렇게 보유세를 낮추어 확보한 현금으로 세금 부담이 없는 물건에 재투자를 한다.

지금이 단기조정일 수 있다

단기조정은 반드시 오고, 어쩌면 지금이 그때일지 모른다. 미국발 테이퍼링(연방준비제도가 양적완화* 정책의 규모를 점진적으로 축소해 나가는 것)에서 시작된 금리인상 파동과 우크라이나 전쟁으로 인한 국제경제의 불확실성 등으로 연일 언론에서는 아파트 가격 하락을 써내려가고 있다. 2021년 영끌(영혼까지 끌어서 투자) 하는 모습에서, 이제는 영끌한 것을 두려워하고 실패했다는 글까지 심심찮게 볼 수 있다. 그래서 나는 어쩌면 그 단기조정이 지금일지 모른다고 생각한다. 공급과 수요 모두가 너무 꼬여 있어서 대세적 하락은 올 수 없다.

부동산 블로그나 카페를 보면 '급매, 급급매, 초급매'라는 단어를 쉽게 접할 수 있다. 갑자기 반년 만에 그렇게들 팔고 싶어졌나 보다. 그렇다면 바로 그런 때가 기회다. 모두가 팔아

* 양적완화
중앙은행이 극심한 경기 침체를 막기 위해 국채 매입 등으로 시중에 직접 돈을 푸는 것.

급매, 급급매, 초급매

아웅!

치우고 싶어 하는 그때, 그런데 팔리지 않는 그때! 우리는 그때 가격을 아주 쉽게 협상할 수 있다.

다만, 방법이 문제다. 자금은 어디서 마련할 것이며, 또한 어디에 투자할 것인가?

앞에서 말한 것처럼 나는 진즉 아파트들 중 일부를 팔아서 일부 자금을 마련해 두었다. 물론 팔아치우고 나서 6개월 만에 1억원이 오르는 것을 보면서 쓰라리기도 했지만, 그것은 받아들여야만 하는 성장통이라 생각한다.

보유세(특히 종부세)를 줄이면서 자산을 팔아서 만든 현금으로 다른 자산을 사들이는 것, 나는 그렇게 성장하고 있었고 변하기로 했다.

단기조정이 왔다면, 적어도 내가 생각하기에 그것이 단기조정이 맞다면, 이제는 그런 매물을 사야만 한다. 망설임 없이 내가 생각한 결정을 실행할 필요가 있다. 믿음이 있다면 두려움은 극복할 수 있다.

일부 자산을 팔아서 보유하게 된 현금이 많지는 않았다. 자산을 다 팔기에는 아깝고, 옥석을 가려서 그중 팔아버려야겠다는 물건들만 매도했기에 다소 크기가 작은 것들만 팔았다. "큰 놈이 뛸 때 훨씬 멀리 뛰고 높이 뛴다"는 것을 수년 간의 경험을 통해서 느껴왔기 때문이다. 최소한의 자금으로 총자산을 극대화하고, 결국 몇 년 후에는 엄청난 순자산을 만들어 줄 그런 투자처를 찾아야만 했다.

레버리지와 장기투자, 두 마리 토끼 잡는 법

레버리지는 그런 점에서 아주 강렬하고 매혹적이다. 물론 위험할 때도 있겠지만, 레버리지를 일으켜서 이자를 감당하며 버틸 수만 있다면 엄청난 부를 가져다준다는 것이 내겐 거의 진리에 가깝게 느껴진다. 그만큼 레버리지의 힘을 믿는다.

그럼, 레버리지를 일으킬 수 있는 것은 무엇이 있을까? 다주택자라서 대출이 나오지 않는다고? 그럼, 주택에서 찾을 것이 아니라 다른 형태의 레버리지를 생각해 보면 된다.

또 하나, 나는 장기투자는 항상 옳다는 믿음을 가지고 있다. 그것은 화폐가치 하락 때문이기도 하지만, 장기적으로 경제가 성장하면 모든 물건의 가격은 오를 수밖에 없기 때문이다. 예컨대 자장면 값이 500원에서 1천원, 2천원으로, 지금은 6천원 이상으로 오른 것과 같은 원리이다. 그에 반해 우리의 월급은 크게 오르지 않기에, 월급으로 얻은 근로소득을 가지고 실물자산에 투자해야 최소한 집값 상승, 인플레이션을 따라잡거나 앞지를 수 있다.

어찌 보면 레버리지와 장기투자는 상반되는 개념으로 생각할 수도 있다. 왜냐하면 대표적인 레버리지인 대출을 일으키면 이자가 발생하고, 이자가 발생하기 시작하면 장기투자가 어려울 수 있기 때문이다. 그 둘을 만족시킬 수 있는 물건을 찾는다면 최고의 투자처라고 할 수 있을 것이다.

레버리지를 활용하여 자산을 몇 배 더 크게 늘려서 그것으로 투자하되, 장기적으로 버틸 수 있는 투자, 나는 그런 투자처를 찾아야만 했고, 결국 찾아냈다.

실전투자 사례 ①
한 번의 사인으로 10억원을 벌다

급매와 초급매가 인터넷을 도배하고 있을 때, 나는 마음이 급해진다. 너무 싸서 매수해 쟁여두고 싶은 마음이 간절해진다. 물론 나도 다주택자이기 때문에 취득세를 중과세 받으면서까지 매수하기는 쉽지 않다. 그래서 취득세 중과가 없거나, 있더라도 실익이 있을 만한 매물을 찾게 된다.

서울 동작구 꼬마빌딩, 왜 이렇게 싸지?

평소처럼 인터넷을 보다가 매우 흥미로운 매물을 발견했다.

> **서울 동작구 건물 매매가 3억원, 보증금 총액으로 현금 없이 명의이전!**
>
> · 지층: 보증금 500만원 / 월세 40만원 – 상가
> · 1층: 보증금 2천만원 / 월세 180만원 – 상가
> · 2층: 보증금 1억500만원 / 월세 15만원 – 주거
> · 3층: 보증금 1억7천만원 – 주거
> · 옥탑: 창고(4평)
> · 지료: 235만원
> · 보증금: 총 3억원, 월세 235만원

우리가 보통 건물이라고 일컫는 것은 토지와 건물로 구성되어 있다. 일반적인 경우 토지주와 건물주가 동일하고, 건물주라고 하면 토지까지 소유한 경우를 일컫는다.

하지만 경매에 나오는 물건을 보면 건물이 세워져 있는 상태에서 토지만 경매에 나온다든지, 아니면 그 반대로 건물만 경매에 나오는 경우를 심심찮게 볼 수 있다.

이 매물은 건물의 소유권만 가진 건물주가 그 건물만 매도하겠다는 것이다. 참고로 앞의 예시에서 '지료'는 건물만을 소유한 건물주가 토지주인에게 토지 사용료로 주는 돈을 의미한다.

이 매물의 내용을 정리하자면, 3층짜리 건물을 보증금 3억원을 함께 넘기면서 무피로, 말 그대로 내 돈 하나 필요없이(물론 취득세는 내야 한다) 명의이전을 해주겠다는 것이다. 또한 월세를 계산해 보면 지층 월세 40만원, 1층 월세 180만원, 2층 월세 15만원 등 235만원이 되는데, 매월 월세를 받아서 지료로 토지주에게 납부하면 되는 형태다. 이런 게 있을 수가 있나?

이런 건물을 누가 사나?─다들 투자에 부정적이었지만

역시나 온라인에서 이 매물에 많은 사람들이 관심을 보였고, 높은 조회수를 기록했다. 지금 이 책을 보는 여러분은 어떻게 생각하는가? 말이 되는 매물인가? 토지주와 건물주가 다른 형태의 특수매물을 본다면 어떤 생각이 들까? 조금 안다는 사람들은 이런 식의 부정적인 댓글을 달았다.

"토지가 없다는 것은 대지지분은 안 넘긴다는 말인가요?"

"지상권인 듯."

"대지지분이 한 평도 없는 물건, 맹지도 아니고 뭔가요? 이런 건물을 누가 인수하나요? 토지주가 건물을 부수면 그만일 텐데."

"건물만 경매로 넘어가겠죠. 지료를 안 내면 바로 철거됩니다. 그것도 자기 돈을 내고 철거해야 하고요. 땅주인은 호시탐탐 철거하길 기대하겠죠."

"이런 경우도 있군요. 그럼 월세를 받아서 지료를 내면 남는 것이 하나도 없는 건가요?"

"지료를 내면 남는 게 없는데, 땅까지 남의 땅에⋯. 건물도 20년 넘었으면 이런 걸 누가?"

"위험하죠. 내 땅이 아닌데 올린 건물은 사는 게 아님."

결론적으로 이런 부정적인 댓글이 있었기에 나는 보석을 품을 수 있었다.

'보석' 같은 물건 발견하는 비결

모두가 걱정하고 두려워하고 비난하던 그 순간, 나는 좀더 파고 들어가 보기로 했다. 모두가 말만 할 때 조금 더 살펴보고, 긍정적으로 바라본 것이 보석을 발견할 수 있는 비결이 아니었을까 싶다.

우선 토지 등기부등본, 건물 등기부등본, 그리고 위반 건축물은 아닌지 살펴보기 위해 건축물대장, 토지대장을 모두 떼어 보았다. 요즘은 온라인이 아주 잘되어 있어서 휴대폰만으로도 앉은자리에서 5분이면 모두 조회할 수 있다.

우선 건축물대장, 토지대장에는 별다른 점이 보이지 않았고, 위반

건축물도 아니었다. 다만 토지등기부에는 현재 가압류가 걸려 있는 상태였다.

어떤 상태인지 정확하게 알고 싶었다. 바로 매도자 전화번호로 전화를 했고 궁금한 사항을 빠르게 물어봤다.

간단히 정리하자면, 건물은 짓고 나서 대금납부 문제로 인해 경매로 넘어갔고, 현재 건물주에게로 소유권이 이전된 지 약 15년이 지난 상태였다. 토지는 토지주가 사망하면서 전처와 후처의 아들들에게 상속되었으나, 최종 상속이 후처(두 번째 아내)에게 되면서 전처의 자식이 본인의 몫(유류분)이 있다고 가처분신청을 했고, 법원이 그것을 받아들인 상태였다.

복잡해 보이지만, 결국 사람 간의 문제이고, 또 다른 국면을 맞이하게 되겠다는 운명적인 생각이 들었다. 그것은 바로 토지의 현재 명의자인 후처가 아흔이 넘은 할머니라는 데 있었다. 차후 배다른 형제의 난이 시작될 것임을 예견할 수 있었다.

생각해 보자. 현재는 지료를 235만원 내고 있고, 토지주인 할머니도 그것을 아주 기쁘게 생각한다. 관리하지 않아도 되고 연금처럼 매월 들어오는 돈이기 때문이다. 그런데 이 땅이 상속되어 자식 5명에게 나누어진다면 어떤 일이 벌어질까? 235만원을 5명이 나누어 가진다면 월 47만원 정도다. 당신이라면 매월 47만원을 계속 받으려고 할까? 아니면 1억원을 제시하는 누군가에게 지분을 매도할까?

> 매월 47만원 vs 일시금 1억원

만약 그들이 이 거래를 받아들인다면, 5명에게 각 1억원씩을 제시하여 약 5억원으로 전체 토지를 매입할 수 있다. 물론 누군가는 거래를 받아들이지 않을 수도 있고, 더 달라고 할 수도 있다. 다만, 내가 이 물건을 매입하고자 결정한 것은 배다른 자식 간에 이미 사이가 좋지 않아서 서로 일치점을 찾기 어렵고, 그래서 본인의 지분만 가지고는 무언가를 할 수가 없다는 점 때문이었다.

현금 1천만원으로 동작구 건물 구매

이런 생각까지 미치자, 직접 가서 건물이 괜찮은지 바로 보고 와야겠다는 생각이 들었다. 건물이 정확히 어디에 위치해 있고, 입지는 어떤지, 배후 수요는 어떤지 확인할 필요가 있었다. 늦은 저녁 시간이었지만, 아이들을 모두 재우고 차를 몰고 집을 나섰다.

운전하는 내내 이런저런 생각들이 떠오르면서 다시 심장이 뛰는 느낌을 받았다. 이 심장은 내가 강남 아파트를 무피로 투자하고, 강서구의 8층 건물을 매입할 때 뛰던 그 심장이었다. 정말 오랜만에 느껴보는 설렘이었다.

차를 대충 근처 마트 앞에 세워두고 흥분되는 마음을 달래려고 아이스크림을 하나 샀다. 천천히 여기저기 동네를 살펴보며 그 매물지로 걸어갔다. 사거리 모퉁이에 큼지막하게 위치한 건물은 너무나 멋져 보였다. 누가 봐도 너무 좋은 자리라고 할 수밖에 없는 위치였다. 실평수는 그리 크지 않았지만, 입지가 너무 좋아서 반드시 건물과 토지를 모두 가지고 싶다는 생각이 강하게 들었다.

토지까지 소유하면 대략 15억원 이상의 시세는 가능할 것 같았다.

건물은 거의 공짜로 얻는 것이니, 차후 토지를 얼마에 얻어내느냐에 따라 오늘 나의 노력은 수억원 이상의 가치가 있을 것이었다.

2,3층은 주택으로 되어 있지만, 나중에 용도변경을 해서 지층부터 3층까지 프랜차이즈 커피숍으로 통으로 임대를 놓으면 좋겠다는 상상을 했다. 아니면 2,3층은 그대로 두고, 1층은 배스킨라빈스 무인점으로 운영해도 좋겠다는 생각이 들었다.

바로 Go! 원래는 무피라고 되어 있었으나, 매도자가 천만원은 꼭 받아야겠다고 해서 보증금 3억원을 안고 1천만원을 드리는 것으로 진행하기로 했다.

건물 매입 이후 토지까지 소유할 수 있는 방향으로 최선을 다할 것이다. 인간적으로 접근해야 하는 부분도 느껴졌고, 전략적으로, 법적으로 접근해야 하는 부분도 대략 느껴졌다. 디테일한 그림은 나 혼자가 아닌 법무상담 및 토지주와의 대화와 협의로 해결해 나갈 생각이다. 일단 등기부터. Just Do It!

이게 진짜 급매, 급급매가 맞을까?

최근 '급매', '초급매'라는 말을 달고 나오는 건물이나 상가가 많다. 아파트에서 갈아타거나, 또는 모아둔 돈으로 한 번 사보고는 싶은데, 이게 진짜 급매, 급급매가 맞는지 검증하고 싶은 사람들이 많을 것이다. 그래서 간략히 검증하는 쉬운 방법을 추가로 공유한다.

> 건물 월세 × 12개월 ÷ 이자율* + 보증금 = 건물(혹은 상가) 매매가
> * 이자율 : 강남 0.02 / 서울 0.04 / 지방광역시 0.06 / 그 외 기타 지방 0.08

예를 들어 월세가 500만원이고 보증금이 5억원인 서울 건물이라고 가정하고 계산해 보자.

> 월세 500만원 × 12개월 ÷ 서울 0.04 + 보증금 5억원 = 20억원

몇 년 전만 해도 위와 같은 공식으로 적정 수익률이나 매도가를 산출했으나, 최근에는 시세가 많이 올라서 이 정도 금액이면 충분히 급매라고 볼 수 있을 것이다.

최근 종부세에 대한 부담이 없으면서, 동시에 제대로만 고르면 대박날 수 있는 재건축 상가투자가 많은 주목을 받기 시작했다. 아파트가 아닌 척하며 숨어 있지만, 결국 아파트로 바뀌는 변신로봇과도 같은 대단히 매력적인 상품이다.

하지만 재건축 상가라고 해서 반드시 편입되어 아파트와 함께 재건축이 진행되는 것은 아니다. 상가는 지속 수익을 내야만 하는 물건인데, 재건축에 편입되면 몇 년 간 장사를 제대로 할 수 없기에 상가 주인들은 더 많은 이권을 요구하게 되고, 결국 조합과 분쟁이 생겨서 재건축에 편입되지 못하고 아파트만 재건축하는 경우도 종종 있다.

그러나 아파트가 재건축 시행을 위한 단계를 서서히 밟아가면, 그 단지에 속한 재건축 상가의 가격도 서서히 올라가기 시작한다. 나도 재건축 상가를 투자할 때는 반드시 재건축에 편입되어 새 아파트를 분양받겠다는 마음보다는, 어느 정도의 가격 상승을 기대하고 투자한다는 마음이 더 크다.

재건축 상가, 어떤 기준으로 투자하나?

재건축 관련 앱에서 재건축 투자 가능성을 보여주기도 하지만, 투자 가능성이 높은 매물은 당연히 가격이 높을 수밖에 없고 투자금도 많이 들어간다. 따라서 본인의 투자기준이 중요한데, 내가 생각한 투자기준은 아주 간단했다.

첫째, 상가와 아파트 지번의 동일 여부이다.

이것은 재건축을 진행하는 첫 단계이자 반드시 있어야만 하는 필수 조건이다. 실제 등기부등본을 떼어보면 아파트 지번에 '상가동'이라고 적혀 있는 것을 확인할 수 있다.

둘째, 상가 규모가 꽤 큰가 하는 점이다.

구분상가* 세대수가 전체 조합원 세대수의 10%를 넘으면, 상가를 제외하고 아파트만 재건축을 진행할 수는 없다고 한다(서초구 잠원동 재건축 시 대법 판례). 10%까지는 안 되더라도, 규모가 큰 상가라면 재건축 가능성이 좀더 있지 않을까 하는 생각에서 정한 원칙이다.

셋째, 함께 묶여 있는 아파트의 가격이 오르고 있느냐 하는 점이다.

상가는 거래가 많이 되지 않고 각각 형태가 다르기 때문에 시세 상승과 하락을 알기가 어렵지만, 아파트는 투자자들이 많이 들어오면서 가격 상승을 쉽게 느낄 수 있다. 즉, 거래가 잘 안 되는 상가의 재건축 가능성을 보기 위해서, 거래가 많아 시세 움직임을 볼 수 있는 아파트의 시세를 고려한다는 말이다.

넷째, 가격이 저렴한가 하는 점이다.

이것은 모든 다른 나의 투자에도 통용되는 것인데, 가격이 저렴해야 오래 보유하고 묵힐 수 있다. 결국 장기투자는 큰 수익을 불러오기 마련이다.

인천 연수구 재건축 아파트 단지내 상가 구매

그렇게 재건축 상가에 관심을 가지고 있던 중, 어느 날 자주 들어가는 부동산 카페 두세 군데를 검색해 봤다. 요즘은 정말 유난히도 '급매', '초급매'라는 단어를 내건 글 제목들이 많아졌다. 그래서 나는 수시로 몇 군데 온라인 카페에 들어가서 '급매', '초급매'라는 단어로 검색한다. 그러면 정말 보석 같은 매물을 찾는 경우가 있다.

아직 좋은 매물을 찾지 못했다면 더 자주 검색해 보라. 좋은 매물은 '급매'라고 써서 올리자마자 하루를 넘기지 않고 바로 글이 내려가기도 한다. 누군가 계약금을 이미 보냈기 때문이리라. 그렇게 들어가서 보고 있는데, 저렴한 재건축 상가 매물이 올라와 있는 것이 아닌가?

재건축 추진 중인 아파트의 단지내 상가 매도

· 월판선 개통 예정인 연수역 도보 5분 거리
· 정면에 보이는 1층 상가
· 임차인에게 8년 넘게 임대 중이라 저렴하게 세를 놓고 있음
· 보증금 400만원 / 월세 20만원
· 전용평수 7평 이상, 대지지분 6평
· 매도가 9천만원

해당 물건은 앞에서 말한 나의 투자기준 조건들을 대략 모두 만족했다. 상가가 아파트와 같은 지번을 쓰고 있고, 상가 규모가 꽤 컸으며, 최근 아파트 가격이 6개월 만에 약 2억원 가량(3억원→5억원) 상승했다. 투자금도 저렴했다. 상가도 대출을 받을 수 있다. 상가에서 5천만원을 5% 금리로 빌리면 이자가 월 20만8천원(5천만원×5%/12개월)인데, 현재 그

상가에서는 보증금 400만원에 월세 20만원을 받고 있고 8년간 임차했다고 한다.

앞으로도 그 임차인이 계속 임차한다고 가정하면 결국 5천만원을 빌린 이자를 임차인 월세로 납부가 가능하다. 따라서 투자금 9천만원에서 5천만원은 은행에서 빌려서 월세로 이자를 납부하면 되니, 이제 4천만원의 투자금만 있으면 되는데, 여기서 상가 주인과 통화 시 잘 협상해서 매매대금에서 300만원을 깎았다. 나의 협상 기술은 바로 이 말이었다.

"500만원만 깎아 주시면 지금 바로 계약금 보낼게요."

이 말은 생각보다 강력하다. 왜냐하면 나는 아직 매물을 직접 보지 않았고 매도자도 매물을 보여주지 않았기 때문이다. 어찌 보면 보여주고 계약 안하고 하는 그런 시간들을 서로 아껴줄 수 있는 '할인의 기술'이라고 할 수 있다.

보지도 않고 계약하는 것은 차후 다른 생각이나 문제를 불러올 수 있지만, 평소에 관심을 가지고 있었고, 확실한 투자철학이 있다면 보지 않고도 충분히 투자할 수 있다. 500만원을 불러서 300만원을 깎아주는 것으로 서로 기분 좋게 협상하고 그렇게 매수했다. 그리고 매도자는 추가로 몇 마디를 더 했는데 이런 말이었다.

"아, 그러면 내일 온다는 몇 분이 있었는데 안 오셔도 되겠네요."

그렇다. 올 필요 없다.

좋은 매물과 확실한 투자철학이 있다면 바로 질러라! 그래야 기회를 놓치지 않는다.

재건축 상가를 사는 이유를 다시 정리해 보자.

① 종부세를 안 내고, ② 재건축이 안 되더라도 아파트 시세 상승과 함께 가며, ③ 아파트 신축 분양, 또는 상가 신축 분양을 받을 가능성이 높고, ④ 재건축이 안 되거나 지연되더라도 상가로 대출이 가능하고, ⑤ 임차료를 받아서 대출이자를 납부하면 실제 투입되는 실투자자금은 소액이기 때문에 재건축 상가를 사봄직하다.

다원중개 앱 화면에서 재건축 사업성이 높은 아파트를 찾는 모습.

재건축 상가 어떻게 찾을 수 있을까?

10분 만에 재건축 상가를 찾아서 구매하는 방법을 공개한다.

1. 재건축이 될 만한 동네(대략 구 정도까지)를 생각하고 '다원중개' 앱에서 검색한다. 평소에 노후화된 동네에 대한 생각을 많이 해보면 좋다. 재건축 사업성 항목에서 배점이 높은 아파트를 찾는다.

2. 아파트나 해당 구를 찾았다면 다시 네이버에서 그 동네의 구와 상가를 입력하여 검색한다. 예를 들면 "동래구 상가", "강서구 상가" 식으로 검색하면 된다. 그러면 관심 있는 아파트 단지의 '단지내 상가'라는 것이 보일 것이다.

네이버 부동산 화면

3. 이제 관심 있는 단지를 클릭하여 세부정보를 살펴보면 된다.

    이 아파트 단지내 상가의 경우 1995년이 사용 승인일이니 이제 30년이 가까워 온다. 매매가가 1억원인데 임차인 보증금이 1천만원, 월세는 35만원이다.

    그럼, 투자금을 9천만원이라고 생각하고 4%로 은행에서 대출했다고 생각해 보자.

9천만원의 이자는 360만원(9천만원×0.04)이지만, 월세로 1년에 420만원(35만원×12개월)을 받고 있으니 이자를 충당하고도 남는 금액이다. 즉, 재건축이 되지 않아도 남는 장사이니 이자 걱정 없이 오래 보유할 수 있는 상가라고 볼 수 있다. 오래 가지고 있다가 재건축이 되어 신축 아파트를 분양받으면 좋고, 그러지 못해도 아파트 시세 상승과 함께 시세차익만 얻어도 이득일 것이다.

4. 마지막 가장 중요한 단계이다. 등기부등본을 확인하여 이 단지내 상가가 아파트와 같은 주소를 쓰는지 확인한다.

　　아파트와 같은 주소를 쓰고 있어야 재건축에 함께 편입될 가능성이라도 있기에 이 단계는 반드시 거쳐야 한다.

　　그리고 재건축위원회나 조합 등 설립에 대한 이야기가 있으면 좋고, 대지지분이 크면 좋다. 단, 어차피 소액으로 쉽게 투자할 것을 이야기한 것이므로 이런 요소들은 있으면 좋고, 없다면 할 수 없는 것으로 생각해도 될 듯하다.

실전투자 사례 ③
3,600만원으로 10억6천만원의
자산에 투자

전작 『박과장은 어떻게 120억을 만들었나』를 읽었다면 알겠지만, 나는 아파트를 중심으로 투자를 해왔다. 특히 서울과 아파트, 크게 이 둘의 상승을 주로 살펴보고 주장해 왔다. 이것은 지금도 마찬가지다.

　다주택자는 취득세와 종부세 등 보유세가 중과되어 추가 매입은 어려워졌으나, 서울 아파트 가격의 상승은 앞으로 더욱 가속화될 수밖에 없다. 또한 강남권의 상승은 더욱 거세지고 양극화 현상은 더욱 심해질 것이다.

지방 오피스텔 산 이유

서울, 그리고 아파트를 제창하던 내가 오피스텔을, 그것도 지방의 오피스텔을 딱 하루 고민 끝에 두 채나 투자했다. 과연 무엇을 믿고 투자한 것일까?

　자산을 크게 불려서 순자산을 더욱 키우는 중심에는 레버리지가 있다. 레버리지는 1억원을 단숨에 10억원의 자산으로 만들어 준다.

　여러분에게 지금 1억원이 있다면 이 돈으로 무엇을 할 것인가? 전세금을 내겠다는 사람도 있을 것이고, 자동차를 구입할 수도 있고, 담보대출을 활용하여 3억~4억원의 아파트를 살 수도 있을 것이다.

나라면 20억원의 돈을 금리 5% 이내로 빌려서 이 1억원을 이자로 지불하고, 20억원을 투자해서 더 큰 자산을 일굴 것이다. 1억원이 레버리지 효과로 순식간에 20억원이 되는 것이다. 20억원을 투자할 만한 안전한 투자처를 찾는다면 충분히 해볼 만한 베팅이라고 생각한다.

오피스텔은 그런 레버리지를 극대화한다는 개념을 가지고 투자했다. 물론 많은 투자자들이 지켜보고 있고, 좋은 투자처라는 말도 들었지만, 반면 공급물량이 지나치게 많은 점은 감안해야 했다. 하지만 내가 누군가? 공급물량이 많다고 포기할 것은 아니라고 생각했다. 공급은 언젠가는 줄어든다. 그 시기만 버텨내면 된다. 나는 이미 자산을 어느 정도 형성했기 때문에 남들보다는 훨씬 유리한 위치에서 공급물량과 대적할 수 있다. 그렇다면 준비는 되었다. 자, 도전해 보자!

3,600만원으로 오피스텔 두 채 구매

투자할 오피스텔의 분양가는 약 5억3천만원이었다. 계약 시 1천만원을 내고, 한 달 뒤에 분양가 10%의 나머지인 4,300만원을 내는 조건이었다(1천만원은 계약 시 냈으므로). 그리고 3년 뒤에 완공 예정이었다.

그런데 오피스텔은 또 재미있는 게 있다. 일반 임대사업자를 내면 건물분에 대한 부가세 10%를 환급해 준다. 결과적으로 초기에 계약금 5,300만원을 냈지만, 건물분에 대한 부가세로 총 3,500만원을 환급받으면 결국 1,800만원으로 약 5억3천만원의 오피스텔을 3년 간 보유할 수 있는 셈이다(오피스텔은 토지는 환급 대상이 아니고, 건물만 환급 대상이다. 위의 경우는 토지 1억8천만원, 건물 3억5천만원이어서 건물분의 10% 부가세인 3,500만원을 환급받게 된다).

단순하게만 계산하면 1,800만원으로 5억3천만원 자산에 투자할 수 있는 것이다. 그래서 아내와 함께 3,600만원으로 10억6천만원의 자산에 투자했다.

비규제지역이기 때문에 취득세 중과도 적용되지 않고, 전매도 가능하며, DSR(총부채원리금상환비율)도 피해갈 수 있고, 주택 수에도 포함되지 않는다는 큰 장점도 있었다.

물론 3년 후 완공되고 나서는 주택으로 활용할지, 오피스로 활용할지, 아니면 전매할지를 다시 생각해 봐야겠지만, 이 글을 쓰는 지금도 프리미엄이 붙어 올라가는 것이 보일 정도이니, 3년 뒤에는 더 큰 자산가치를 안겨줄 것으로 생각한다. 3,600만원으로 10억원의 레버리지를 일으킨다는 것은 상상만 해도 흥분되는 일이었다.

실전투자 사례 ④
이틀에 10채, 이천으로 간 까닭은?

투자를 할 때 돈이 아주 많다면 좋겠지만, 그렇지 않다고 가정할 때, 내가 중요하게 여기는 것은 바로 '생각'과 '그 생각을 담아낼 그릇'이다.

어떤 땅을 보고 멋진 건물이나 새로운 이상을 그려보는 사람이 있는 반면, 그냥 황무지라며 쓸모없다고 생각하는 사람도 있다. 둘의 미래는 분명히 엄청나게 다를 것이다. 같은 것을 보더라도 어떻게 보느냐에 따라서 미래는 엄청나게 달라질 수 있다.

부동산 법이 너무나도 많이 변했고 복잡하다. 심지어 부동산 양도세 상담을 안 한다는 세무사들이 있을 정도이다. 그래서 문제이기도 하지만, 그렇기에 누군가에게는 엄청난 기회가 될 수도 있다.

종부세 피할 투자 주택 찾기

어느 날 새벽 4시 무렵 갑자기 잠을 깼다. 다시 자려 해도 잠이 오지 않아서 인터넷을 보던 중, 종부세를 피할 수 있는 주택임대사업자가 아직 남아 있는지 살펴보게 되었다.

종부세를 내지 않는 주택을 장기보유 할 수 있는 것이 얼마나 큰 혜택인지는 실제로 경험해 본 사람이 가장 잘 알 것이다.

나는 2016년부터 매입한 물건지 모두를 임대사업자로 등록했다(자가는 제외). 때로는 자금흐름이 원활하지 않아 수백만원의 과태료를 내기도 했지만, 임대사업자로 등록한 덕에 종부세를 면제받고 재산세를 감면받으며 장기로 보유할 수 있었기에 자산을 크게 늘릴 수 있었다. 다수의 부동산을 장기로 오래 묵혀두면 가치는 상승하게 마련인데, 이제 그 길이 막힌 것처럼 느껴졌다.

그런데 그날 새벽, 많은 블로그를 들어가서 살펴보면서 일부 블로거들이 종부세와 관련해 오해가 있다는 것을 발견했다. 많은 블로거들이 주택임대사업자를 낼 수는 있지만 종부세 합산배제는 안 된다고 알고 있는 것 같았다. 이것은 블로거들의 이해력 부족이라기보다는, 법이 자주 바뀌다 보니 생긴 해프닝이라 할 수 있다.

나는 이 부분을 확실히 짚고 넘어갈 필요가 있다고 생각했다. 왜냐하면 만약 종부세를 면제받을 수 있는 주택이 있고, 그것을 구입할 수 있다면, 아직도 다주택자들이 투자할 수 있는 확실한 투자처가 있다고 판단했기 때문이다. 또한 종부세를 감면받으면서 장기로 묵힌다면 자산을 더 크게 불릴 수 있을 것이라고 판단했기 때문이다.

오전 9시가 되자마자 국세청에 전화를 걸었다. 국세를 논할 때 가장 확실한 것은 국세청에 전화하거나 국세청 사이트에 질의를 남겨서 답변을 받는 것이다. 역시나 국세청은 전화가 쉽게 연결되지 않았다. 10분을 기다리다가 혹시나 하는 마음에 지방 시청에 전화를 걸었다.

"이 지역이 비조정대상지역이 맞지요? 그럼, 빌라를 구입한다면 임대사업 등록을 할 수 있나요?"

"네. 빌라 임대사업 등록은 가능합니다."

"그럼, 임대사업으로 등록하면 종부세 합산배제는 되나요? 종부세를 안 낼 수 있나요?"

"아, 그 부분은 국세라 제가 정확히는 모르겠네요. 국세청에 문의를 하셔야 합니다. 번호는요…."

"아, 네. 번호는 제가 알고 있습니다. 감사합니다."

역시나 시청에서도 정확한 답변이 어려울 정도로 부동산 세법은 복잡했다. 바쁜 일을 좀 끝내고, 오후에 다시 전화를 걸었다. 약 20분 간의 지리한 기다림 끝에 국세청 담당자와 연결되었다. 그리고 이렇게 정리했다.

"비조정대상지역의 빌라는 2018년 9월 14일 이후 취득한 경우에도 장기임대주택의 요건을 갖추면 현재도 종부세 합산배제를 받을 수 있다."

그렇다면 비조정대상지역의 30년 가까이 된 구옥 빌라를 찾아보면 어떨까? 재개발로 환골탈태하기 전의 구옥 빌라를 여러 채 사서 장기임대사업으로 10년 묵힌다면, 그중에 몇 개는 새 아파트로 잭팟이 터지지 않을까? 갭마저 작다면, 적은 돈으로 여러 채의 구옥 빌라를 매수할 수 있지 않을까?

다시 심장이 뛰기 시작했다.

장차 아파트가 될 수 있는 번데기 모습을 한 구옥 빌라를 사서 종부세 합산배제를 받고, 공시가격 1억원 이하라서 취득세 중과에서도 배제되고, 재산세도 감면받아가며 10년을 기다린다면? 결국 나비가 되어 신축 아파트를 품에 안을 수 있지 않을까?

누군가는 SK하이닉스 주식 사는 동안, 난 이천 구옥을 샀다

나는 이렇게 결론을 내리고 네이버에서 지도를 폈다. 서울에서 경기로 내려오다 보니 익숙한 이름 '이천'이 있었다. 반도체로 뜨거운 '이천'을 검색해 보니 이천 SK하이닉스 공장에만 약 3만 명이 있고, 공장을 더 증설하고 있다는 기사들이 나왔다. 공장에 3만 명이면 그 가족들도 있을 것이고, 공장 증설을 위한 외부용역도 필요할 것이고, 협력사도 있을 텐데, 앞으로 10년을 본다면 미래가 더욱 밝지 않을까? 누군가는 SK하이닉스의 미래를 보면서 주식에 투자했겠지만, 나는 이천의 구옥을 샀다.

누군가
SK하이닉스 주식을
사는 동안
나는 이천 구옥을
샀다.

새벽에 일어나서 이런 생각을 한 바로 그날, 아침부터 손품을 팔아서 인터넷 세상에서 이천 구옥 빌라 매물, 즉 언젠가 재건축을 할 수도 있는 환골탈태할 만한 매물들을 골랐다. 그런데 희한하게도 전세가가 6천만원인데 매도가도 6천만원인 완전 무피 매물들이 몇 개 있었다. 왜 그런가 물어보니 매도자가 다주택자여서 세금이 많아서 처분하려고 내놓았단다.

그렇게 거의 무피인 매물들을 서너 개 받고, 거기에 수백만원, 많아봐야 2천만원이 안 넘는 매물들을 대략 찾았다. 이틀 만에 10채의 매물을 계약하기로 하고, 50만원부터 500만원까지 크기에 맞게 가계약금을 보냈다.

누군가는 내가 투기꾼이라고 생각할 수도 있겠지만, 과연 그럴까? 매도자에게는 다주택자의 오명을 벗겨주어 세금을 낮춰주니 좋고, 세입자에게는 10년 임대사업자가 매입해서 임대를 주는 것이니 멸실이 안 된다면 최소 10년 동안 안정적인 임차권이 보장되며, 나 같은 우량 임대인이 임대하니 퇴실 시 보증금이 밀릴 염려도 전혀 없지 않은가?

물론 나도 헐값에 사서 장기간 세금혜택을 받으며 재건축 잭팟을 기다리기만 하면 되니, 이런 걸 바로 누이 좋고 매부 좋고, 도랑 치고 가재 잡는 것이라 할 수 있겠다.

서울에서 나름 가깝고 비규제지역이며 아직은 개발이 덜 되어 매력적이었다. 그런데 희한한 것은 인프라가 별로 없고 황무지에 있는 신축 아파트가 수억원을 호가한다는 사실이었다. 이천 SK하이닉스 공장 근로자의 월급을 생각해 보라. 아파트 가격이 수억원이라는 것이 전혀 이상한 일이 아니다. 물론 그 앞에서 출퇴근하는 사람이 많지 않을 수도 있겠지만, 지역 상권에 영향을 미칠 것이라는 점은 누구나 직관적으로 알 수 있을 것이다.

나는 모든 가격은 그 가격을 형성하는 이유가 있다고 생각하기 때문에, 이른바 '저평가'라는 단어에 항상 의구심을 품는 편이다. 그런데 이번 이천 투자는 진짜 저평가 지역에 투자했다고 생각한다.

그렇게 나는 약 7천만원의 투자금으로 이천에 오래된 빌라를 10채 매입했다.

플러스피 매물도 찾았다

매물을 찾다보니 플러스피 매물도 발견하게 되었다. 플러스피란 전세가가 매매가보다 높은 매물이다. 매매가가 7,500만원인데 전세가는 9천만원인 매물도 있었다.

말이 안 되는 것 같지만, 가끔 이런 매물들을 발견할 때가 있다. 전세가는 실거주 가치를 의미하고, 매매가는 투자가치를 의미하는데, 실거주로는 괜찮지만 투자가치는 없는 매물들에서 가끔 이런 플러스피가 나온다.

나는 이 책을 위해 빌라 매물에 대한 내용을 써내려가는 와중에 플러스피 매물을 찾게 되었고, 현재 가계약금을 보낸 상태다.

빌라 투자를 할 때 이런 플러스피 물건까지 발견한다면, 투자금이 최소화되어 100채까지도 투자가 가능할 것 같다는 생각이 든다.

빌라 100채를 사서 무엇을 하겠느냐고 반문할 수도 있을 것이다. 하지만 한 번 생각해 보자. 비규제지역의 소액 빌라이니 한 채당 대략 평균 8천만원이라고 가정하면 총자산이 80억원(8천만원×100채)으로 불어난다.

80억 자산의 빌라가 있으면 무엇을 하겠는가?

전세계약 갱신을 2년에 한 번 하니, 매해 약 40억원(80억원의 절반)의 계약에 대해 갱신을 하게 된다. 전부 임대사업자로 등록하여 종부세 합산배제, 재산세 감면 혜택을 받으면 세금을 생각보다 엄청 줄일 수 있다. 그리고 매년 계약 갱신을 하는 보증금 40억원에 대해 5%를 올릴 수 있으므로, 해마다 2억원의 거의 무이자 자금을 운용할 수 있게 된다. '거의'라는 표현을 쓴 것은 보증금에 대해서도 세금을 내야 하기 때문이다. 몇 년 동안 전세가 하락만 없다면, 단순계산으로 10년 동안 20억원의 자본을 운용할 수 있는 셈이다(80억원/2년×5%×10년=20억원).

전세보증보험 가능 여부를 꼭 확인하자

보는 사람에 따라서는 너무 비약이 아니냐고 생각할 수 있겠지만, 과거에 아파트 임대사업이 가능할 때 이런 방식으로 자산을 크게 불린 투자자들이 있었다.

당연히 모두가 이렇게 투자하라는 것은 아니다. 본인의 자산과 그릇에 맞게 투자해야 한다. 반대로 말하면 전세가가 500만원씩만 떨어져도 100채면 5억원이 필요하기 때문이다.

이런 방식의 투자가 문제없으려면, 몇 가지 중요한 내용을 확인하고 그 절차를 꼭 밟아야 한다.

비규제지역의 빌라를 매입해야 하며, 매입한 후에는 종부세 합산배제를 위해서 반드시 임대사업자로 등록해야 한다. 임대사업자 신청은 웬만하면 승인을 받을 것이다. 앞으로 10년 동안 정부에 꼬박꼬박 신고하고, 계약 갱신 시 전세금을 5% 이하로 올리면서 안정적인 임대물량을 공급하겠다는 것이니, 좋은 임대사업자 양성을 위해 웬만하면 승인을 해줄 것이다.

단, 가장 중요한 것은 보증보험에 대한 부분을 확인해야 한다는 것이다. 임대사업을 하더라도 전세보증보험을 들지 못하면 3천만원 이하의 과태료를 내야 한다. 과태료가 비싸서 차라리 종부세를 내는 게 낫겠다는 생각이 들 정도이다. 따라서 빌라를 매입할 때 반드시 전세보증보험에 가입할 수 있는지를 살펴봐야 한다.

잘 팔리지도 않는 빌라를 갓슬러가 샀다고 무작정 매입했다가 낭패 보는 일은 절대로 있어서는 안 된다. 그러니 매입하기 전에 전세보증보험이 가능한 매물인지부터 확인하자.

지방 공시가격 1억원 이하 투자에 대한 생각

최근 많은 투자자들이 지방의 공시가격 1억원 이하 아파트에 투자하기 시작했다. 다주택에 대한 취득세가 2주택은 8%, 3주택 이상은 12%까지 올라가자, 이에 부담을 느끼고 취득세 중과가 없는 공시가격 1억원 이하의 매물을 찾아서 지방에서 투자하고 있는 것이다.

공시가격 함정에 조심하자

나도 지인을 통해서 매물을 소개받았다. 투자를 할까 잠시 생각했지만, 이런 매물에 대해서는 분명한 투자원칙이 있어야 했기에 하지 않았다. 내 원칙을 여기서 소개해 보려 한다. 다음의 매물을 살펴보자.

> · 매매가 1억5천만원
> · 전세가 1억6천만원
> · 이미 임차인은 공인중개사무소에서 구했음
> · 단, 리모델링은 해야 함. 약 900만원 예상
> · 공시가격 9,900만원(공시가격 1억원 이하 매물이라 취득세 1.1%)

전세가가 높다는 것은 실수요가 뒷받침된다는 것이다. 실수요는 결국 매매가를 밀어 올리게 되고 가격 상승이 일어날 가능성이 높다. 또한 취득세도 1.1%로 다주택자가 투자하기에 적합하며, 전세가가 매매가보다 오히려 높기에 취득세까지 감안해도 거의 돈이 안 들어가는 무피 투자이다.

매우 매력적으로 보이는 이 물건에 나는 왜 투자하지 않았을까?

그것은 바로 공시가격의 함정 때문이다. 이 매물을 소개받은 1월은 아직 2022년 공시가격이 발표되기 전이었다. 2021년 공시가격이 9,900만원이기 때문에 2022년 공시가격은 1억원 이상으로 오를 것으로 예상했다.(실제로 2022년 공시가격은 1억300만원으로 1억원을 넘겼다.)

물론 장기투자의 관점에서 몇 년 묵혀도 되겠지만, 그렇게 하고 싶은 매물은 아니었다. 우선 다주택자로 종부세가 3% 이상 나올 것이고, 그러면 매년 300만원 이상의 종부세를 더 내야 한다.

만약 공시가격이 아직 여력이 있는 8천만원, 또는 9천만원을 조금 넘었다면 매입했을 수도 있다. 2022년 하반기나 다음해에도 공시가격이 1억원을 넘지 않을 테니, 2022년에는 버티면서 가격 상승을 기다렸다가 2023년에 매도해도 될 테니 말이다. 하지만 공시가격이 9천만원 이상이면 의도치 않게 장기보유를 하게 될 수도 있다. 물론 매년 종부세를 수백만원 더 내면서도 장기보유를 할 만하다면 투자할 수도 있겠지만, 그런 매물 찾기는 흙 속 진주를 찾는 것과도 같다.

공시가격이 1억원이 넘으면 결국 투자자들은 사라지고, 실수요자에게만 매도가 가능하다. 그마저도 지방이라 쉽지 않을 수 있고, 매도가 안 되면 매년 종부세를 더 내면서 다주택자 꼬리를 붙이고 있어야 한다. 따라서 아무리 공시가격 1억원 이하라도 매수 시부터 매도를 고려해야만 한다. 앞으로 살 사람이 있을 만한 매물에 투자하는 것이 나의 또 다른 원칙 중 하나다.

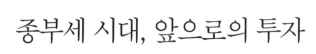

종부세 시대, 앞으로의 투자

앞에서 종부세 시대의 투자방법에 대해서 소개했다. 마치 엄청나게 많은 돈을 투자한 것 같지만, 실제 정리해 보면 투자금은 생각보다는 적게 들어갔다. 약 2억원으로 건물 1동, 재건축 상가 1채, 오피스텔 분양권 2채, 빌라 10채 등 총 14채에 투자한 것이다.

📍 종부세를 우회한 투자목록

구분	투자금	비고
건물 1동	3,500만원	건물 취득세만 납부하면 됨. 단, 주택분에 대해서는 취득세 중과
재건축 상가 1채	4,000만원	대출 5천만원 실행 예정, 대출이자는 상가 월세로 납부
오피스텔 2채	3,600만원	초기에 오피스텔 1채당 5,300만원의 계약금을 납부했지만, 부가세 환급으로 인해 실투자금은 1채당 1,800만원으로 총합 3,600만원 수준
빌라 10채	7,000만원	법무사 한 곳에 전부 위임해 등기비 절약. 또한 앞으로 있을 임대사업자 부기등기도 그 법무사에서 진행하기로 해 할인받음

기존 보유 아파트 중 많이 오르지 않은 두 채를 매도하고 양도세를 낸 다음 확보한 약 2억원으로, 종부세 시대를 버틸 수 있는 14채의 자산에 투자한 것은 매우 잘한 선택이라고 생각한다.

앞으로 어떤 투자를 할 것인가?

이미 투자를 많이 했다면 잠시 쉬면서 시간을 버는 것도 방법일 것이다. 끊임없이 사고파는 투자는 큰돈을 벌기 어렵다. 한 번 샀으면 장기로 묵혀두는 기술, 때로는 그것만큼 확실한 투자는 없다.

다만, 앞에서도 말했듯, 급매, 초급매가 난무하는 이 시기는 투자하기 너무 좋은 때이다. 10억원 오르고 1억원 내려서 급매라고 하는 게 아니라, 정말로 싼값에 살 수 있는 매물을 만날 확률이 그 어느 때보다 커졌다. 코로나와 오미크론이 장기화되고 있고, 상가들은 맥을 못 추고 있다. 누군가에게 위기가 왔다면, 또 다른 누군가에게는 기회가 온 셈이다.

어차피 나도 기존에 임대사업 기간이 만료된 아파트 중에서 지방의 일부 아파트는 처분하려고 생각하고 있었다. 임대사업자 자동말소로 인해 세금은 일반과세를 받을 수 있고, 만약 계속 보유한다면 종부세 부담은 여전하기에 올해도 한 채, 내년에도 한 채 더 팔 것이다.

물론 저가로 싸게 팔 생각은 없다. 팔리지 않는다면 보유하면서 다시 기회를 봐야 할 것 같다. 다만, 올해 팔려고 생각하는 것은 그 아파트의 세입자가 신축 입주로 인해 이사가 예정되어 있기 때문이다. 실거주자가 매수하여 바로 입주할 수 있는 좋은 조건이라서 매도하기 적절할 것으로 생각한다.

그 아파트를 매도하면 또 얼마의 현금이 생긴다. 이 돈으로는 지금 보유하고 있는 건물의 내실화를 가속화하거나, 혹은 종부세 부담이 없는 상가건물을 대출을 일으켜서 살 생각이다. 매매로 사기가 어렵다면 올해는 경매로 상가건물 한 채를 더 매입하고 싶다.

건물 내실화란 기존에 보유한 건물의 전세를 월세로 전환하는 작업을 말한다. 전세 보증금이 약 7천만원이라면 보증금 1천만원, 월세 40만원 수준으로 전환할 수 있다. 물론 기존 세입자가 퇴거의사를 밝힌 경우에 한해 신규 세입자를 받을 때 월세로 전환하려고 한다.

정리하자면, 지방 아파트를 매도하여 현금을 만들고, 그 돈으로 기존 건물의 전세를 월세로 바꾸어 현금흐름을 늘리거나, 또는 신규로 종부세 부담이 없는 건물을 매입하는 것이 앞으로 나의 투자방향이 될 것이다.

두드리면 열릴 것이다. 등기하고자 하면 등기하게 될 것이다. 간절한 바람은 반드시 이루어진다.

수익형 건물의 꽃, 원룸 건물

종부세가 많아지면서 1주택 선호 현상이 두드러지고 있다. 또한 종부세를 내지 않아도 되는 근린생활시설 건물에 대한 관심이 높아졌고, 상가주택이나 원룸 건물에 살면서 직접 관리하며 1주택을 유지하는 것 등에도 많은 이들이 관심을 보이고 있다. 최근 인터넷에 이런 매물들이 자주 보인다.

실투자금 8천만원, 초고수익형 신축 원룸 건물

· 대지 60평

· 호실 수: 26개 룸(전 세대 임대 완료, 공실 없음)

· 준공연도: 2020년 4월

· 실투자금: 8천만원

· 보증금: 23억3천만원

· 융자금: 7억원(승계 가능)

· 월세: 600만원

· 대출이자: 230만원

· 월 관리비: 70만원(공동전기, 수도, 케이블, 인터넷, 건물 청소)

· 월 순수입: 300만원

보증금 23억3천만원과 융자금 7억원을 합치면 30억3천만원이고, 여기에 실투자금이 8천만원이므로, 총 31억1천만원에 팔겠다는 것이다. 8천만원으로 대지 60평의 약 4,5층으로 추정되는 건물의 건물주가 될 수 있다는 것인데 여러분이라면 사겠는가? 어떤 것들을 고려해서 결정해야 할까?

신축 원룸은 3년 이상 임대한 것이 좋다

원룸을 짓고 난 초기에 융자를 받고 방들을 대부분 전세로 놓으면, 매도할 때 매수자의 투자자금이 최소화되어 좀더 수월하게 팔 수 있다. 다만, 이런 매물들은 가끔 사고가 일어난다.

사고유형 중 집주인이 전세금을 내주지 못한 것이 대부분이다. 예를 들어 2020년에 신축 원룸을 준공한 후 세입자를 전세가 최고가로 모두 맞추어 들인 후 2년 뒤에 팔았다면, 소액투자자인 매수자는 세입자들이 계약기간 종료로 한꺼번에 나가려고 하면 전세금을 내주지 못할 수도 있고, 결국 건물이 경매로 넘어가거나 집주인이 잠적하는 경우도 발생한다.

따라서 2년 이내에 지은 신축 원룸 건물보다 최소 3년 이상 된 것을 매수하는 것이 좋다. 임대차 계약기간이 보통 2년임을 감안하면, 2년 이내에 지은 신축 건물에서는 세입자들이 한꺼번에 퇴실하면서 문제가 생길 수 있기 때문이다. 건물 임대가 3년 이상이 되면 어떤 세입자는 이미 나갔을 것이고, 계속 장기로 머무는 세입자도 있을 것이며, 또 앞으로 있을 세입자 퇴거 시기도 분산되어 전세 보증금을 내주는 데 문제가 없다.

만약 소액으로 건물을 매입하더라도 차후에 전세를 월세로 바꿀 만한 자금여력이 있다면, 이런 원룸 건물만큼 수익률이 좋은 상품도 많지 않다. 또한 코로나 시대에도 누군가는 이렇게 머물 공간이 필요하기 때문에, 위치와 가격만 괜찮다면 원룸 건물 투자는 나쁘지 않다고 생각한다.

원룸 건물 매입 시 10가지 확인사항

돈을 주면 공실 및 입실을 포함하여 건물 내외부를 모두 관리해 주는 업체도 있다. 하지만 소액으로 사는 경우, 모든 것을 외부업체에 맡기면 수익률이 현저히 낮아지기 때문에 가능한 직접 운영해 보는 것을 권하고 싶다. 직접 운영하면서 건물을 잘 이해한 후 업체에 맡기면 비용을 더 효율적으로 아낄 수 있다. 원룸 건물을 매입할 때 반드시 확인해야 하는 10가지를 정리해 본다.

① **임대현황표 요청:** 세입자의 임차기간뿐만 아니라 월세 입금일자, 세입자의 성격이나 방 특성을 물어보고, 특이사항은 기재해 두면 차후에 도움이 된다. 또한 악성 세입자 혹은 월세 미납 세입자는 없는지 확인해야 한다. 매도자에게 실제 입금 납입내역을 캡처하여 공유해 달라고 요청하자.

② **전입세대 열람 확인:** 전입한 호수와 실제 계약서상의 세입자 이름이 동일한지 확인해야 한다. 위장 세입자가 있다면, 추후 대출 승계나 보증금을 내어줄 때 문제가 발생할 소지가 있다.

③ **월별 세부 지출내역 확인:** 중개수수료, 청소비, 쓰레기 처리비, 도배

비, 기타 잡비, 수리비 등 실제 월별 지출내역이 얼마인지를 알아야 정확한 수익을 계산할 수 있다. 또한 기존에 거래하던 세무사가 있는지, 세무처리는 어떻게 진행했는지도 설명을 들어야 한다.

④ **건물의 기본인 3대 안전관리자:** 소방안전관리자, 승강기관리자, 전기관리자는 기존에 누가 했으며, 어떤 과정과 절차를 밟고 운영했는지 확인해야 한다.

⑤ **건물 시설물 설명:** 각 방에서 인터폰으로 문을 열 수 있는지, CCTV는 폰으로 연결하여 외부에서 볼 수 있는지 등도 확인해야 한다. CCTV로 분리수거를 안 하는 악성 세입자를 확인하거나, 택배 분실 또는 건물 내 차량사고 등을 확인할 수 있어야 한다.

⑥ **각종 서식 및 연락처 요청:** 전월세 등 직거래 시 활용할 임차계약서, 매매계약서, 위임장, 영수증 서식 등을 기존 매도자에게 공유해 달라고 요청하자. 또한 기존에 거래한 공인중개사무소 리스트도 함께 달라고 하자.

⑦ **시설물에 대한 정보:** 보일러 교체 시기, 배관 수리한 부분, 건물 설계자와 시공사 연락처, 건물 도면 등도 미리 요청하자.

⑧ **쓰레기 처리 확인:** 쓰레기 처리도 비용이며, 분리수거를 안 하는 세입자들도 많기 때문에 어떤 업체 혹은 누가 처리할지 미리 고민해야 한다.

⑨ **건물 내 호실의 차이점 이해:** 어느 층, 어느 호수가 좋은지 등에 대해 매도자에게 브리핑을 듣는 게 좋다. 기존에 세입자가 살고 있다면 방을 확인하기 어려울 수 있으므로 어떤 방이 좋은지, 햇빛이 잘 드는지 등을 파악할 필요가 있다.

⑩ **세입자 고객 만족도 체크:** 계약을 하고 나면 많은 세입자를 상대해야 한다. 따라서 기존에 어떤 종류의 연락을 받았는지 확인해 놓으면 도움이 된다. 세입자들은 어떤 요구와 불만이 많았는가? 예를 들어 화장실 물이 안 내려간다, 형광등이 나갔다, 바퀴벌레가 나온다 등 어떤 연락이 많이 오며 어떤 식으로 응대했는지를 반드시 확인해야 한다. 또한 매수자가 직접 거주하지 않는 경우도 있으므로 원격으로 대응할 수 있는 방법 및 연락처도 문의해 보자.

원룸 공실 없애는 방법

원룸 건물을 살 때 가장 우려되는 부분 중 하나가 공실이다. 방이 하나 둘 비어가면 공실이 채워지지 않을 것 같은 불안감을 누구나 느낄 수 있다. 원룸 공실을 없애기 위한 몇 가지 노하우를 공개한다.

우선 원룸 건물을 살 때부터, 가능하다면 사기 전부터 세입자들의 이야기를 들어보는 것이 좋다. 어떤 문제점이 있고, 어떻게 해결해 주면 세입자들이 편하게 생활할 수 있는지를 파악하는 것이 중요하다. 문제점을 알아야 해결할 수 있지 않겠는가. 또한 세입자가 퇴거할 때마다 반드시 퇴거 사유를 물어보는 것이 좋다. 퇴거하는 경우 속마음을 더 쉽게 파악할 수 있기 때문이다.

나는 원룸 건물 인수 전에 퇴거하려는 사람들에게 문제점을 물어보고 나서야 쥐가 나오고, 정문 잠금장치가 없어서 불안했다는 소리를 들을 수 있었다. 그리고 이 두 가지를 건물 인수 후 해야 할 일 중 가장 중요한 일로 정해서 처리했다. 실제 이런 일들을 하기 전에 세입자들에게 공지했고, 처리 후에는 몇 분에게 감사인사를 듣기도 했다.

원룸 건물 인수 후 개선한 것들

① **쓰레기통 교체:** 원룸 관리에서 가장 중요한 부분 중 하나가 바로 쓰레기 처리이다. 건물을 인수하면서 가장 눈에 거슬린 부분이 고무 쓰레기통이었다. 쓰레기통 철제 틀과 몇 천원에 구입한 커피마대를 이용하여 분위기 있게 연출했다. 건물 분위기가 자연스레 바뀌었음은 두 말할 나위가 없다.

② **깔끔한 청소 및 쓰레기 처리:** 기존에는 건물주 할아버지가 가끔씩 마대자루로 청소하던 것을 청소업체를 이용해 깔끔하게 처리했다. 세입자뿐만 아니라 공인중개사분들도 건물이 깔끔해졌다고 좋은 이야기를 많이 해주셨다. 건물이 깔끔하면 공인중개사도 예비 세입자에게 좀더 자신있게 소개할 수 있기에 이런 것도 중요하다.

③ **건물 정문 시건:** 세입자와의 대화를 통해 정문 잠금장치가 반드시 필요함을 느꼈고, 근처 다른 원룸 건물과의 차별화 요소로도 작용했다. 정문에 잠금장치(데드볼트)를 설치하고 인터폰과 연결하여 안전을 강화했다.

④ **쥐 소탕:** 쥐덫, 쥐약, 쥐끈끈이를 설치해 쓰레기통 부근에서 총 7마리의 쥐를 소탕했다.

⑤ **옥밭(건물 옥상의 밭) 제거:** 옥밭으로 인해 벌레(특히 바퀴벌레)가 발생한다는 이야기를 듣고, 매입 시 매입조건으로 매도자에게 옥밭을 제거해 달라고 했다. 실제로 옥밭에 갔을 때 직접 바퀴벌레를 목격했는데, 옥밭을 제거하고는 나온다는 이야기를 들은 적이 없다.

⑥ **비상계단 정리:** 건물에는 일반계단과 화재 시 이용할 수 있는 비상계단이 있다. 그런데 비상계단은 사용하지 않다 보니 일부 세입자들

이 물품을 버리거나 보관하는 경우가 많았다. 사전에 비상계단 청소를 공지하고 폐기물은 전부 폐기하여 깔끔하게 정리했다. 그 후로는 청소업체를 활용하여 일반계단과 비상계단 모두 매주 청소하고 있다.

⑦ **CCTV 12대 폰과 연동:** 건물 CCTV를 폰과 연동하여 원격으로도 수시로 건물 내부의 이상 상태를 확인하고 있으며, 신규 세입자에게도 CCTV 설치 여부 및 촬영에 대한 사항을 공지하고 있다.

⑧ **담장 도색:** 건물 옆에 담장이 있는데, 오래되어 금이 가고 색깔이 노후화되어 어두침침했다. 옆 건물주의 담장이었는데, 우리 건물의 분위기를 어둡게 만드는 듯했다. 그래서 옆 건물주의 허락을 받아 산토리니 느낌이 나도록 무광블루 색깔의 페인트로 칠했다. 비록 원룸에 살더라도 산토리니를 여행하는 느낌으로 살았으면 하는 마음에서 이 색을 골랐다. 30만원을 주고 네이버 카페 '인기통'에서 전문가를 불러 시공했다.

⑨ **화단 관리:** 방치되어 있던 화단을 정리하고, 어머니의 협찬을 받아 새로 나무를 심었다.

⑩ **40여 공인중개사무소에 수시 문자 발송:** 공인중개사무소에 한눈에 알아볼 수 있도록 입주 가능한 세부내용을 수시로 공유하고 있다.

안녕하세요. XXX입니다.

입주 가능한 방 공유 드립니다.

    406호 즉시 입주 가능

    506호 2/25

    608호 3/15

    707호 3/28

    보증금 500 / 월세 55(예시)

    보증금 1000 / 월세 50(예시)

    보증금 2000 / 월세 40(예시)

감사합니다.

원룸 건물 운영에 들어가는 돈

월세에서 비용을 빼야 실제 내 손에 들어오는 수익을 계산할 수 있다. 실제 발생하는 비용은 다음과 같다. 부가가치세(VAT)를 포함한 금액이다.

① **건물청소**_16.5만원: 주 1회 계단과 복도 청소를 포함한 가격이다. 격주로 일반계단과 비상계단을 청소한다. 만약 주인세대에 살면서 직접 청소하면 절약할 수 있다. 다만, 나는 건물의 주인세대를 올전세로 전세를 주어 투자자금을 최소화했다.

② **도배**_16.5만원: 도배사에게 요청하며 원룸 1개에 부가세 포함 약 16만5천원이 든다. 원룸이 대략 50개이면 1년에 재계약이 필요한 방이 30개 정도 될 것이다. 이 중에서 대략 절반인 15개 방은 퇴실하고 나머지는 재계약을 하는 것 같다. 새로 세입자가 들어오는 15개 방 중에서 3~5개는 기존 도배를 활용해도 되고, 그 외는 도배를 새로 해줘야 하는 경우가 많았다. 따라서 월에 1회 정도 도배비가 발

생하는 듯하다. 물론 시즌마다 지역마다 다르므로 사전에 매도자에게 꼼꼼히 물어봐야 한다.

③ **월 평균 중개수수료**_50만원: 15개 방의 중개수수료로 대략 한 달에 50만원 정도 발생한다. 다만, 주택은 중개수수료가 저렴하고, 근린생활시설 등의 건물은 다소 비싸게 책정된다. 중개수수료를 저렴하게 해주는 곳도 많으니 사전에 눈치껏 조율이 필요하다.

④ **엘리베이터 관리비**_11만원: 엘리베이터가 설치된 건물은 반드시 관리업체를 두어야 한다. 유지보수를 포함한 전체 금액으로 계약하는 방법, 또는 관리 위주로 계약하고 비용이 발생할 때 지불하는 방법 등이 있다. 시설에 큰 하자가 없다면 후자로 계약하는 것이 다소 유리하다.

⑤ **전기시설안전 관리비**_11만원: 각 원룸이나 공용 부분의 시설안전을 위한 업체를 선임해야 한다. 단, 이 비용은 시설안전을 위한 비용이며, 유지보수 등이 발생했을 때는 추가비용을 지불해야 한다.

⑥ **소방시설 관리비**_10만원: 건물 내에 설치된 소방시설을 점검하고 문제가 없는지 확인하는 업체이다. 의무적으로 업체를 두고 관리해야 하는데, 건물주 본인이 소방안전관리자 자격증을 소지하고 관리해도 좋다.

⑦ **건물화재보험**_8만원: 건물화재보험은 의무보험으로 평당 가격을 산정하여 산출한다. 엘리베이터가 있는 건물은 반드시 건물 승강기 보험에도 가입해야 하며, 연 1회 납부하고 3만원 수준이다.

⑧ **수도요금**_23만원: 수도요금은 개별로 납부하거나 월 관리비에 포함하여 건물주가 납부하는 방식으로 운영할 수 있다. 원룸 48개와 1개

전세세대의 경우 대략 월 23만원 정도가 발생한다.

⑨ **TV, 인터넷 공급_45만~60만원:** 나는 TV와 인터넷 비용을 관리비에 포함하여 약 50개 방에 공급하고 있는데, 통신사에 약 45만원을 내고 있다. 매입 시 전 건물주가 몇 년 사용했는지, 계약기간이 종료되면 추가로 프로모션 선물을 받을 수 있는지 등을 알아보면 도움이 된다. 월에 45만원씩만 계산해도 1년에 대략 540만원이며, 보통 3년 약정임을 감안하면 약 1,600만원에 달하는 계약이므로, 통신사에서는 우량고객으로 생각하고 상품권 등 프로모션을 진행하기도 한다.

⑩ **공용전기_5만원 이하:** 건물내 CCTV, 복도 센서등, 엘리베이터 등 공용 부분에서 발생하는 공용전기비용이다.

⑪ **세무비_11만원:** 임대업으로 건물에서 발생하는 연간수입이 7,500만원 이상이면 복식부기 의무자로서 세무사를 선임해 복식부기를 해야 한다.

⑫ **건물 관련 대출이자:** 건물은 보통 대출을 받아 매입하는 경우가 많다. 매입자금이 부족해서이기도 하지만, 대출이자는 차후에 비용처리가 가능하기 때문이다.

⑬ **각종 기타 수리비_10만~20만원:** LED 등 교체, 파손으로 인한 화장실 수납대 교체 등 매월 기타 수리비가 일부 발생한다. 물론 이 중에서 몇 가지는 건물주가 직접 하면 비용을 줄일 수 있는 것들도 많다. 건물청소를 직접 하거나 직거래(직방, 피터팬의 좋은방 구하기)를 통하여 중개수수료를 줄일 수도 있다. 실력을 키워서 도배를 직접 할 수 있다면 도배비도 연간 200만원 가까이 절약할 수 있다. 각 방에서 발생하는 소소한 문제(안전기 고장, 도어 고장, 화장실 수납대 교체)는

건물주가 할 수 있도록 실력을 키우는 것이 좋다.

이 외에 매해 종합소득세와 재산세를 납부해야 한다. 주택으로 등록된 건물이 아니라면 공시가격 80억원 이하는 종부세가 부과되지 않는다. 건물에 주택이 포함되어 있거나 건물 자체가 주택으로 등록되어 있다면, 본인이 소유하고 있는 다른 주택과 함께 합산되어 종부세에 산정되니 유의해야 한다.

원룸 건물주가 되려는 사람들을 위해서 특약사항 및 입주문자를 공유한다.

[특약사항]

1. 현 시설물 상태에서 임대차한다.
2. 관리비 ○만원(수도, 인터넷, 케이블, 공동전기 포함 / 가스, 전기요금 별도)은 월차임에 포함되어 있고, 월차임과 함께 선불로 지불한다.
3. 임차인은 전입신고 및 확정일자를 받을 수 있다.
4. 퇴실 시 퇴실청소비 ○만원은 임차인이 부담한다.
5. 주차 시 주차비는 ○만원으로 한다.
6. 애완동물 사육 및 호실 내 흡연은 금지하며, 퇴거 시 애완동물 사육 또는 흡연으로 인한 오염(천장을 포함한 도배와 장판 등)은 임차인이 배상한다.
7. 임차인의 귀책사유로 기간 만료 전에 계약이 해지되었을 경우, 임차인이 중개수수료를 부담한다.
8. 퇴거 2개월 전부터 임차인은 임대인이 신규 세입자를 구하는 것에 적극적으로 협조한다.
9. 임대인, 임차인은 개인정보 활용에 동의하기로 한다.
10. 기타 사항은 민법 임대차보호법 및 부동산 임대차 계약 일반 관례에 따르기로 한다.

[입주문자]

안녕하세요. ○○건물주입니다

입주를 환영합니다. 몇 가지 말씀을 드립니다.

1. 전기 02-XXXX-XXXX, 가스 1588-5788로 전화해서 본인 명의로 변경하고 사용하는 것이 좋습니다.
2. 계약서상 이름과 전입 이름은 원칙적으로 동일해야 하나, 만약 다를 경우 알려주기 바랍니다.
3. 사전에 안내드린 바와 같이 엘리베이터에 부착되어 있는 차량만 주차가 가능합니다.
4. 계단뿐 아니라 비상계단에 개인물품 보관 또는 버리는 행위를 금합니다.
5. 호실 및 건물 내에서는 금연입니다.
6. 일반 쓰레기는 일반 쓰레기 종량제 봉투에 담고, 음식물 쓰레기는 음식물 쓰레기 종량제 봉투에 담아 버려야 합니다. 재활용 쓰레기는 각 마대봉투에 넣으면 되지만, 부피가 큰 쓰레기나 이불, 침대, 가방 등은 주민센터를 통해 스티커 발부 후 버려야 합니다.
7. CCTV는 각 층마다 배치되어 있고, 주차장에는 총 3대가 24시간 돌아갑니다.
8. 정문 비밀번호는 ○○○○○○입니다. 택배기사나 배달기사분들에게 알려주어도 됩니다.

원룸 건물주

부동산 자산가로 가는 마인드셋

큰돈을 벌려면 어떻게 해야 할까? 더 큰 부자들 앞에서는 부족하지만, 그 마음만은 이해해가는 과정이라 공유해 본다.

큰돈을 벌려면 큰돈을 굴려야 한다

매월 500만원의 수입이 있다고 가정해 보자. 이것저것 떼고 남은 돈이 250만원이라고 하자. 이 돈으로 저축을 할 수도 있고, 주식에 투자할 수도 있고, 또 무엇을 할 수 있을까?

월 250만원이면 1년에 3천만원이고, 이는 7억원을 4% 금리로 빌릴 수 있는 돈이다(7억원×4%=2,800만원). 즉, 한 달에 250만원을 저축하지 않고, 어떤 방법으로든 대출을 일으킬 수 있다면 7억원을 어딘가에 쓸 수 있다. 매월 250만원을 모아 7억원을 만들려면 약 20년 이상이 걸린다(7억원/250만원=280개월). 그렇게 7억원을 만들지 말고, 단기간에 250만원을 이자로 납부하여 7억원을 만들자. 그리고 만들어낸 큰돈으로 투자를 하자.

생각을 바꾸자

이번엔 여러분이 회사를 운영한다고 생각해 보자. 회사를 온전히 내 돈으로만 운영할 수 있을까? 그렇게 운영하면 규모를 빠르게 키우는 데 어려움이 있을 것이다. 주식회사도 주주들이 투자한 돈으로 운영하고 은행에서 각종 투자를 받기도 한다.

이제 다시 여러분이 7억원을 빌린 상황으로 돌아가 보자. 은행으로부터 7억원의 투자금을 유치했고, 그 투자에 대한 '배당'으로 은행에 이자를 지급한다. 그렇게 생각하면 상황이 더 명확히 보일 것이다. 내가 빌린 차입금에 대한 이자는 두려워하며 상환해야만 하는 돈이 아니라, 기쁘게 투자를 받아서 주주들에게 지급하는 배당금일 뿐이다.

소비적 지출에서 투자적 지출로 전환하자

부동산 투자나 그림 투자처럼 언젠가 가격이 오를 것을 기대하고 하는 지출은 '투자적 지출', 그 외에 지출하고 나면 가치가 떨어지는 것들을 '소비적 지출'이라고 하자. 돈이 없는 때, 최소한의 종잣돈을 모을 때에는 투자적 지출인지, 소비적 지출인지를 따져서 선택적으로 지출하면 큰 도움이 된다. 물론 우리가 돈을 버는 이유는 행복하게 즐기며 살아가기 위해서이기 때문에 소비적 지출도 중요하다. 다만, 지금 당장 돈이 모이지 않고 미래가 불안하다면 투자적 지출을 늘릴 필요가 있다.

혼란은 돈을 벌어준다

누군가에게 위기는 누군가에겐 기회로 작용한다. 다주택자로서 종부세를 낮추기 위해서 급매로 내놓은 매물을 누군가는 매입하고, 일시적 1가구 2주택 세제혜택을 받기 위해 내놓은 초급매에 누군가는 기뻐한다.

나는 지금 어떤 포지션을 취하고 있는가? 모두가 위기라고 생각하는 그 순간, 여러분도 위기라고 생각하고 있지는 않은가? 남들이 위기일 때 나는 기회여야만 남들과 다르게 돈을 벌 수 있다. 모두가 혼란스럽고 위기일 때, 그때가 바로 실력을 보여줄 때다.

생각은 짧고 강하게, 행동은 재빠르게

여러 번 고민한다고 결론이 달라지지 않는다. 시간이 해주는 일은 나의 마음을 확인해 주는 것일 뿐이다. 즉, 내가 처음부터 투자를 하고 싶지 않았다면 계속 부정적인 것들만 보일 것이며, 내가 처음부터 투자를 하고 싶었다면 계속 긍정적인 것들만 보일 것이다. 따라서 오래 고민할 필요 없다. 결론은 이미 내 마음속에 정해져 있다.

인생이 긴 것 같지만, 정말 짧다. 고민만 하기엔 인생이 너무 아깝다. 세상을 바꾸고 인류를 살리는 등의 대단한 일을 하는 것도 아니다. 그냥 부동산 투자 한 번 해보는 것이다.

스스로를 믿고, 긍정적으로 Just Do It!

배부른기린

40대 초반 직장인. 20대 신입사원 시절, 첫 투자로 서울 재개발 투자를 선택했다. 이후 경매, 공매, 아파트 전세/월세 투자, 지식산업센터 등 다양한 투자를 이어가고 있으며, 이를 바탕으로 파이프라인을 늘려가고 있다. 직장에서는 재테크를 잘 모르는 과장으로 지내고 있지만, 실제 투자와 사업에 관심이 많고, 그에 대한 생각들을 블로그 〈파이프라인 공사 중〉에 기록하고 있다.

4
Part

나의 부동산 투자
테크트리

39세, 원룸에서 자산 90억까지

30~39세, 10년 간의 자산성적표

2021년 12월의 어느 날, 얼마 남지 않은 30대의 성장을 기록하고 싶어 자산현황 엑셀 파일을 손보기 시작했다. 오래 걸리지 않았다. 매해 연도별로 자산현황을 업데이트해 왔기 때문이다. 한 시간 후 30세부터 39세까지의 자산성적표가 완성됐다. 총자산은 90억원, 부채를 제외한 순자산은 40억원이었다.

📍 **나의 자산현황표**

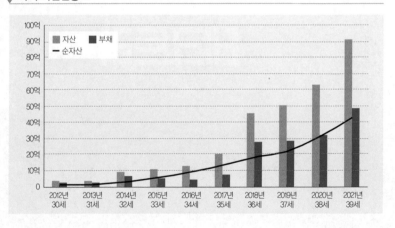

현금흐름표도 정리했다. 30대 초중반까지는 근로소득에만 의지했다. 투자도 시세차익형 투자에 집중했기에 현금흐름은 좋지 않았다. 30대

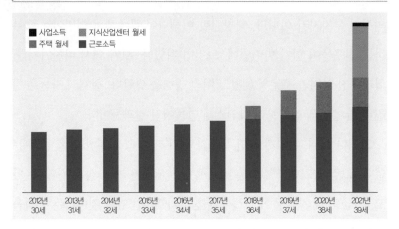

범례: ■ 사업소득 ■ 지식산업센터 월세 ■ 주택 월세 ■ 근로소득

| 2012년 30세 | 2013년 31세 | 2014년 32세 | 2015년 33세 | 2016년 34세 | 2017년 35세 | 2018년 36세 | 2019년 37세 | 2020년 38세 | 2021년 39세 |

중반에 들어서면서 현금흐름형 투자를 하기 시작했고, 지금은 월급만큼의 월세를 받고 있다.

숫자만 보면 화려해 보이지만, 결과를 만들어 가는 과정은 쉽지 않았다. 출근 전 새벽 6시에 임장을 하고, 낙찰받은 물건의 명도를 위해 밤 9시에 세입자를 만나서 협상을 하기도 했다. 수감 중인 세입자를 상대하느라 한 달 넘는 시간을 대화해야 했으며, 연차를 낸 하루에 잔금 4건을 2시간 간격으로 치르기도 했다. 회사에서의 야근은 기본이었다.

숫자 이면의 스토리에 주목하자

지난 10년 간 이렇게 살아왔지만 힘들다는 생각은 해본 적이 없다. 그러면서 깨달은 것이 있다. 이러한 과정이 없었다면 지금의 나는 존재하지 않는다는 것이다. 앞선 여러 과정에서 배운 것들이 경험이 되고 지식이 되어 투자 DNA가 만들어졌다. 그것을 바탕으로 이제는 어엿한 투자자로 살아가고 있다.

나의 글에 화려한 투자 기술 따위는 없다. 실제로 나는 현란하고 창의적인 투자자가 아니다. 학창시절 이해력이 부족해서 엉덩이로 승부하는 친구들이 있기 마련인데, 그것이 나였다. 투자 역시 마찬가지다. 화려하진 않지만 꾸준히 해왔고 여러 경험을 쌓았다. 현재의 자산은 천천히 한 걸음씩 걷다보니 자연스레 만들어진 결과물이다.

그러다 보니 '이렇게 하면 부자가 된다'라는 속 시원한 답을 줄 수는 없다. 그럼에도 내가 걸어온 길이 누군가에게는 가고 싶은 길일 수 있고, 지금의 내 생각들이 그들에게 참고가 될 수 있을 것이라는 생각을 해본다. 작게나마 도움이 되기를 바라는 마음으로 지금까지의 성과와 내가 추구하는 전략, 미래의 목표를 이 글에 담았다. 공감을 이끌어 내지 못할 수도 있지만, 다름을 이해해 주기를 바란다. 부족한 글이지만, 어느 누군가에겐 새로운 시작이기를 바라며 조심스레 나의 이야기를 시작해 본다.

처음부터 재개발 투자를 선택한 이유

대학 졸업 후 바로 취업을 했다. 집에서 출퇴근이 힘들었기에 회사와 가까운 곳에 보증금 6천만원짜리 원룸을 얻었다. 야근이 일상이 되었지만, 첫 직장생활이다 보니 월급을 모아가는 것에 재미를 느끼며 지냈다.

월급을 모으며 앞으로 어떻게 저축해야 할지 고민했다. 당시 유행하던 주식, 부동산 등의 재테크 책들을 여러 권 읽었다. 딱히 이유는 없었지만 주식보다는 부동산 투자에 더 매력을 느꼈다. 특히 재개발 투자에 관심이 갔다.

"어차피 오래 다닐 회사, 연금 들었다 생각하고 재개발에 투자하자."

회사를 1, 2년 다닐 생각은 없었다. 최소 10년은 다닐 생각이었기에 길게 가져갈 수 있는 투자를 하기로 마음먹었다. 연금처럼 말이다. 그런 투자로는 재개발 투자가 맞겠다는 생각이 들었다. 내 주변환경도 그러했다. 재개발로 변화하는 과정을 가까이서 지켜보았기 때문이다.

20대 후반, 증산2구역 재개발 빌라 투자로 하우스푸어

학창시절을 현재의 가재울 뉴타운, 즉 서울 서대문구에서 보냈다. 지금은 아파트촌이지만 당시는 단독, 다가구 밀집지역으로 꼬불꼬불한 골목이 정감 있는 동네였다. 그런 동네가 뉴타운으로 점차 새로워지는 것을 목격했다. 추억이 사라진다는 아쉬움과 거대한 자본의 힘을 동시에 느꼈다. 재개발은 그렇게 자연스레 내 머릿속에 자리잡았다.

동네 주변에 재개발 구역이 또 하나 있었다. 수색, 증산 뉴타운이었다. 이곳 역시 학창시절에 놀던 동네였기에 친근했다. 가장 잘 아는 지역이면서 입지가 좋아 보이는 증산2구역에 투자하기로 마음먹었다. 이 구역은 몇 달 전 조합 설립 인가를 받았고 그 이유로 가격이 급등하고 있었다. 생각했던 금액보다 훨씬 많은 돈이 필요했다. 사고 싶어도 못 사는 상황이었다.

'돈이 없어서 못 사는 거야'라고 합리화하는 시점에 가능하다고 말해주는 사람을 만났다. (지금 생각하면 매우 공격적인) 공인중개사무소 소장님이었다. 내 자금에 맞춰서 매수할 수 있는 방법을 알려주셨다. 전세와 후순위 대출, 그리고 신용대출까지 활용하는 풀 레버리지였다. 가능한 방법과 상황까지 왔지만, 과연 내가 감당할 수 있을까 하는 두려움 때문에 며칠을 고민했다. 하지만 이내 마음을 다잡고 매수를 하기로 했다. 다음날 계약서를 쓰고 도장을 찍었다. 20대 후반에 재개발 구역에 내 명의의 19평 빌라를 소유하게 된 것이다.

그렇게 상투를 잡았다! 언론에서 말하는 하우스푸어가 바로 나였다. 원금과 이자를 상환하는 것이 유일한 저축이자 투자였다. 다른 투자와 저축을 할 여력이 없었다. 그래도 곧 부자가 될 수 있을 것이라는 희망이 있었다.

하지만 싸늘하게 식은 시장 분위기와 함께 매매가가 계속 떨어지기 시작했다. 한두 번 공인중개사무소를 방문해서 분위기를 봤지만 좋지 않은 소식만 들려왔다. 사업이 지연되고 비대위(비상대책위원회)와 싸우는 답답한 상황이 이어졌다. 자연스레 관심을 거두게 되었다.

지나고서야 알게 되었지만, 2008~2009년 서울 재개발은 이미 거품이 가득한 시장이었다. 매수 후 가격이 1억원이 넘게 빠졌다. 그렇지만 당시 그렇게 괴롭거나 힘들지는 않았다. 그냥 아무 생각이 없었다. 투자는 원래 그런 것인 줄 알았다. 원룸에서의 출퇴근, 그리고 야근하는 생활이 이어졌다.

전세난에 경매로 성동구 신혼 아파트 낙찰

어느덧 결혼을 할 시기가 되어 맞벌이 출퇴근이 가능한 지역으로 신혼집을 알아보기 시작했다. 후보는 사당, 양재, 마포 등이었다. 이곳저곳 다녔지만 이상하게 전세 물건이 없었다.

2013~2014년에 시작된 서울 전세난의 여파였다. 몇 년 동안 가격 조정이 지속되다 보니, 사람들이 매수를 두려워하고 전세를 선호했다.

전세가가 높아지며 전세 물건을 찾기가 힘든 상황이었다.

　이상하게 매매도 없었다! 전세난에 집을 사는 사람들이 점점 생기기 시작할 때였다. 하지만 당시에는 이유를 알 수가 없었다. 그저 전세 물건이 나오기만을 기다릴 뿐이었다.

그러던 어느 날이었다. 공인중개사무소에 전세가 있는지 물어보기 위해 전화를 했더니, 소장님이 새로운 제안을 하셨다.

　"경매로 나온 아파트가 있는데 관심 있으세요?"

　성동구에 내가 원하던 평수의 아파트가 경매로 나온 것이다. 잠깐 고민하다가 사양하고 전세를 더 찾아 달라는 요청과 함께 통화를 마무리했다. 하지만 업무를 보는 중에도 계속 생각이 났다. '경매가 무섭지만 좋은 기회가 되지 않을까?'라는 생각으로 경매에 대해 알아보기 시작했다. 그리고 다음날 다시 소장님에게 전화를 했다.

　"경매는 어떻게 하는 거예요?"

　그렇게 경매를 해보기로 마음먹고 소장님과 함께 입찰을 준비했다. 직접 거주할 목적이기에 입찰가를 시세 수준인 4억1천만원으로 작성했고, 결과적으로 낙찰을 받았다. LTV(주택담보대출비율) 70% 수준으로 대출을 받아 잔금을 치렀다. 명도도 수월하게 마무리됐고 컨설팅 명목의 비용을 소장님에게 드렸다. 그렇게 나는 2014년 서울의 전세난을 뚫고 성동구에 신혼집을 마련했다. 운이 좋게도 매입 후 가격이 지속적으로 상승했다. 지금은 매입가의 3배가 넘는 14억원 수준으로 거래되고 있다. 정말이지 행운이었다.

5천만원으로 당산 20평대 2년차 아파트 구매

그렇게 다시 일상으로 돌아온 어느 날, 문득 신혼집 아파트 가격을 봤더니 1억원이 넘게 올라 있었다. 재개발 빌라 역시 반등해서 매수한 가격 수준으로 다시 거래되고 있었다. 신기하고 기뻤다. 저축보다는 부동산 투자가 낫다는 것을 다시금 깨달았다.

"그러면 더 사면 되지 않을까?"

그렇게 투자생활이 시작되었다.

당시는 투자를 하러 지방을 간다는 생각조차 못했다. 경기도도 멀게 느껴졌다. 게다가 서울이 고향이다 보니 뭘 해도 서울에서 해야 한다는 이상한 고집이 있었다. 수도권에서 2,3채를 사는 것보다 한 채를 사더라도 서울에서 사기로 했다. 그렇게 2017년 3번째 아파트를 매수했다. 2,5호선 더블 역세권에 위치한 당산계룡리슈빌이라는 아파트로 2년차 신축이었다. 매수가는 4억6,500만원, 전세를 끼고 매입하니 투자금은 5천만원 수준이었다. 5년이 지난 지금 9억원대로 거래되고 있다.

지역 및 투자상품 다변화

세 번째 투자 이후 본격적인 부동산 공부를 병행했다. 공부를 하면서 수도권과 지방에 대한 고정관념을 내려놓게 되었다. 생각을 바꾸니 투자할 수 있는 물건들이 많아졌다.

예전에는 돈이 있어도 어떤 것을 사야 할지 몰라서 투자를 못했다면, 이때부터는 물건은 많지만 돈이 없어서 투자를 못하는 상황이 벌어졌다. 자연스레 다주택자의 길을 가기로 마음먹었다.

서울 옥수동의 아파트를 추가로 매수하고 수원, 수지, 인천, 의정부

등 수도권 지역 아파트들도 매수했다. 같은 시기 지방투자도 시작했다. 천안, 아산 지역 아파트들이었다. 매입방법 또한 경매와 공매, 준공공임대, 신탁 등으로 다변화되었다. 현금흐름을 확보하고자 상가 입찰에 매진하기도 했고, 지식산업센터 투자를 위해 퇴근 후 공인중개사무소로 매일같이 출근하기도 했다. 본격적으로 투자를 시작한 이후 지금까지 매년 5건 이상을 매수하고 있다.

부동산은 매수한 이후에는 잊고 살아도 된다는 막연한 믿음이 있다. 지금은 시장의 흐름을 어느 정도 볼 수 있고 그것을 바탕으로 투자하고 있지만, 예전에는 그렇지 않았다. 그저 사두면 좋을 것 같다는 단순한 생각으로 하나둘씩 사서 모았고, 실제로 잊고 살았다. 그렇게 부동산과 함께 나이를 먹어갔다.

그러는 사이 신입사원 때 샀던 빌라는 어느덧 준공을 앞둔 아파트가 되었다. 나와 함께 나이를 먹은 지 13년째다. 신혼집으로 샀던 아파트도 나와 함께 8년을 보냈다. 그 사이 철부지였던 청년은 가장이 되었고, 30세 1억원 초반이었던 자산은 이제 총자산 90억원, 순자산 40억원이 되었다(2021년 연말 기준). 40배 정도의 성장을 이룬 것이다. 단지 부동산과 함께 시간을 보냈을 뿐인데, 자산들은 나의 시간보다 더 큰 숫자를 만들어 냈다. 걸어온 길이 틀리지는 않았구나 싶다.

고과를 안 주셨지만
감사합니다

지금은 투자를 생활화하고 있지만, 처음부터 그랬던 것은 아니다. 누구나 그럴 테지만 입사 초기에는 회사에서의 성공을 꿈꿨다. 하지만 인연이 닿지 않았다. 고과 면담에서 실망을 맛보았기 때문이다.

직장인이라면 누구나 하는 고과 면담은 각 부서장과 한해 성과에 대해 이야기를 듣는 자리이다. 연봉과 관련되기에 민감한 자리이기도 하다. 하지만 직원들 사이에서는 '고과 통보'로 통한다. 이미 정해진 고과를 받아들여야 하는 시간일 뿐이라는 것이다. 나 역시 그랬다. 통보이다 보니 부장님과의 면담시간은 보통 5분 안짝이면 충분했다.

하지만 입사 3년차 때는 달랐다. 30분 넘게 날을 세우며 부장님과 이야기를 했다. 상위 고과를 기대했지만 기본 고과를 받았기 때문이었다. 화를 억누르며 조목조목 따졌다. 10년 조금 넘는 회사생활 동안 고과 면담 때 날을 세운 것은 그때가 처음이자 마지막이었다.

어느 조직에나 남에게 피해를 주는 사람들이 있기 마련이지만, 당시 우리 부서는 유난히 그런 직원들이 많았다. 몰래 누워 자는 직원, 하극상하는 직원, 낮에 놀고 밤에 일하는 직원 등. 그러다 보니 말 잘 듣고 토 안다는 직원에게 일이 몰리게 되었다. 그렇게 몇 년 동안 업무들이 조금씩 넘어왔고, 그해에는 목에 찰 정도였다.

하지만 괜찮았다. 조기진급이 목표였기에 업무가 많은 것이 도리어 기회라고 생각했다. 하지만 기대와는 달리 기본 고과를 통보받은 것이다. 부장님과의 설전이 30분 가까이 이어졌지만 이미 결과는 정해져 있었다. 부장님은 고과 돌려먹기의 관행을 따르는 분이었다. 그해에도 본인이 생각해 둔 차례의 사람이 고과를 가져갔다.

상실감과 함께 최소한 회사에서는 열심히 일하는 것과 성과가 비례하지 않는다는 것을 깨달았다. 이후 진급과 고과에 대한 욕심 없이 동료들에게 피해를 주지 않을 수준으로 일을 했다. 고과 면담은 2분 안에 끝냈다. 3년 뒤 내 차례라 생각하던 해가 되자 역시나 좋은 고과를 받게 되었고, 그 고과를 레버리지로 이듬해 다른 부서로 옮기게 되었다.

투자를 본격적으로 시작한 것도 이때 즈음이다. 앞선 투자자의 글을 찾아 읽고 강의를 듣고 공인중개사무소에 들어가서 물어보며 배웠다. 그리고 자산을 모으기 시작했다. 그렇게 나의 삶은 변화하기 시작했다. 지금 생각해 보면 그때 고과를 받지 못한 것이 오히려 잘된 일이라는 생각이 든다. 가정이지만, 좋은 고과를 받아 회사에 매진했다면 지금과 같은 자산을 만들지 못했을 것이다.

나는 쓰라린 경험을 통해서 회사에서의 성공이라는 목표를 버린 케이스이다. 반면 요즘 후배들은 몇 년 동안 치솟은 주식, 부동산, 코인 등으로 자연스레 깨달은 것 같다. 월급이 전부가 아니라는 것을 말이다. 물론 준비되지 않은 상태에서 치솟은 자산가격으로 인해 소외감을 느끼는 이들도 있을 것이다. 하지만 시장은 언제나 존재하며 사이클은 순환한다. 꾸준한 관심과 함께 자신에게 맞는 투자상품을 만나길 바란다.

회사를 레버리지 하자

나는 직장인 투자자다. 보유한 자산에서 월급 수준의 월세를 받고 있으며, 시세차익형 자산들은 매년 연봉보다 많은 상승분을 만들어 내고 있다. 직장인으로만 머물렀다면 이런 자산을 만들 수 있었을까?

아파트 가격이 10억원이라는 것이 이제 어색하지가 않다. 월급을 모아 집을 사기 힘든 세상이 되었지만, 역설적으로 모든 것의 시작은 월급을 모으는 것에서부터 시작한다. 나 역시 월급을 모아 종잣돈을 만들었고 이를 바탕으로 자산을 매입해 갔다. 또한 부동산을 사기 위해 일으킨 대출의 이자도 회사에서 받은 월급으로 상환하고 있다. 떨어지는 노동의 가치를 인정하고, 노동으로 만들어 낸 돈을 좀더 가치 있는 곳으로 치환하는 것, 직장인은 이러한 작업을 반복해야 한다. 회사는 그러한 작업을 할 수 있게 도와주고 있다. 아니 정확히 말하면 내가 회사를 그렇게 이용할 수 있다. 두 가지 레버리지 방법으로 말이다.

– 직접 레버리지: 직장인 신용대출
– 간접 레버리지: 담보대출 한도 및 우대금리, 명함 값 등

직접 레버리지—회사의 신용을 레버리지 하라

직장인 신용대출을 '직접 레버리지'라고 표현했다. 은행에서는 담보도

없이 신용만으로 내 계좌에 현금을 넣어준다. 정확히는 나의 신용이 아니라 회사의 신용일 테지만 말이다. 나는 수년 전 1억원이 넘는 신용대출을 받아서 이미 자산에 묶어 두었다. 매입한 자산의 증가폭은 원금을 메우고도 남을 수준이다. 월급으로 수년, 또는 10년을 모아서 살 수 있는 자산을 신용대출로 바로 산 것이다. 10년의 시간을 절약한 셈이다. 그런 점에서 신용대출 활용은 직장인이 꼭 해야 할 레버리지 중 하나이다.

간접 레버리지─회사로 인한 금융 레버리지 십분 활용

부동산을 매입하다 보면 필연적으로 대출을 활용하게 된다. 보통 매입하는 물건을 담보로 대출을 일으키며, 대출한도와 금리는 전년 소득과 재직증명에 따라 차이가 발생한다. 좋은 직장, 높은 연봉일수록 대출한도는 높게, 대출금리는 낮게 받을 수 있다.

최근 지식산업센터를 개인과 법인 명의로 각각 매입했다. 법인의 경우 80%까지 대출이 가능했지만, 개인의 경우 90%까지 대출이 가능했다. 회사에서의 전년소득과 재직만으로도 우대를 받을 수 있었다. 이러한 대출을 활용하면 자산가격의 10%만 있어도 매입이 가능하다. 이처럼 회사가 주는 혜택이 상당하다. 직장인 투자자들은 몸이 묶여 있는 단점이 있는 반면, 금융 레버리지 면에서는 장점이 있으니 십분 활용해야 한다.

직급이 올라갈수록 업무의 양이 많아진다. 회사에 쏟는 시간이 점점 많아질 수밖에 없다. 현재의 내가 그렇다. 10년차를 넘어가면서 회사에서 나를 찾는 일이 많아졌다. 앞으로 더욱 그럴 것으로 보인다.

그런 점에서 지금까지 투자를 해둔 것이 참 다행이라는 생각이 든다. 회사에 묶여 있어도 내가 매입한 자산들이 계속 일을 하고 있기 때문이다. 부동산은 시간을 먹고사는 친구들이기 때문에 오래 묵힐수록 크게 돌아온다. 그러한 분신들을 많이 만들어야 한다. 당신이 외벌이라면 필히 더 노력해야 한다.

회사와 공존하는 법을 찾아라

• 여기서 파이어(FIRE)는 Financial Independence, Retire Early, 즉 경제적 자립, 조기퇴직을 말한다.

직장인들은 회사와 공존하는 방법을 찾아야 한다. 무작정 파이어*, 퇴사를 외치면 안 된다. 파이어를 삶의 방식 중 하나라는 생각으로 바라봐야 한다. 사람마다 다를 수 있으니 내 상황에 대입하고 객관화해서 생각해 보기를 권한다.

나 역시 한때는 이른 퇴사를 꿈꿨던 적이 있었다. 하지만 이내 회사와의 공존을 선택했다. 회사를 벗어나려 노력했지만, 지금의 나를 만든 것도 회사임을 부정할 수 없다. 회사에서 많은 것을 배웠으며, 배운 도구와 지식들을 사회생활을 하는 데 활용하고 있다. 달콤한 월급의 마약은 두말할 필요가 없다.

오랜 기간 회사 내에서 나의 삶을 스케치해 왔다. 앞으로는 색을 입혀야 할 것인데, 회사 내에서 해보려 한다. 빨리 퇴사를 해야 한다는 목표는 없다. 최대한 회사에서 색을 칠해가며 그림을 완성할 것이다. 회사라는 안전한 울타리 안에서 다양한 시도를 하며 지내는 것도 좋은 선택이 아닐까? 선택은 당신의 몫이다.

벌어지는 자산격차

예전부터 아버지께서 해주셨던 말씀이 있다. 나이를 먹을수록 친구들 사이의 자산격차가 커진다는 이야기다. 그 격차를 느끼게 되는 때가 나이 쉰 정도라 하셨다. 최근 아버지를 만난 자리에서 비슷한 주제의 대화가 나왔고 똑같은 말씀을 하셨다. 고개를 끄덕이며 공감을 표했다. 도리어 쉰이 아니라 마흔에도 그 차이가 보이는 것 같다고 말씀드렸다.

　실제로 이미 친구들 간에 자산 차이가 상당하다. 그러다 보니 모임이 조금 불편하다. 돈 얘기를 하는 것도 불편하고 공감의 교집합 영역도 적어진다. 언젠가 동창모임 친구가 전세 1억원 정도의 빌라에 사는데 그 또한 대출이 크게 포함되어 있다는 이야기를 듣고 안타까움이 들기도 했다. 투자를 권해도 바쁘다는 핑계로 하지 않던 친구였다.

시간의 복리 마법

20대 후반에 회사에서 만난 A는 주식에 관심이 많았다. A가 추천해 준 종목에서 수익을 보기도 했다. 덕분에 나도 주식공부를 시작하게 되었다. 하지만 주식은 나와 인연이 되지 못했다. 돈이 어느 정도 모이면 부동산을 매수하는 데 사용했기 때문이다. 반면 A는 10년 넘는 기간 동안 주식투자를 해오면서 시장에서 살아남았다. 그 기간 어느 정도의 자산 증식도 이루었다. 아무것도 모르고 놀기 바빴던 20대 후반의 우리는 어느덧 억대의 주식과, 억대의 부동산을 투자하고 있는 규모로 성장했다.

10년 동안 자기만의 가치를 찾아 살아간 이들도 있을 것이다. 돈보다 가치 있다고 생각하는 무엇인가를 찾아갔을 수도 있다. 돈이 누구에게나 절대가치가 될 수는 없기 때문이다. 문제는 본인의 가치를 찾지도 않고 허망하게 10년을 보낸 사람들이 많다는 것이다. 아직도 게임이나 술만 찾는 이들이 너무나 많다.

무서운 것은 앞으로 10년, 차이가 더욱 벌어질 것이라는 점이다. 복리 효과 때문이다. A의 주식투자 자금은 10년 전 3천만원에서 지금은 5억원으로 커졌고 앞으로 더욱 커질 것이다. 나 또한 그렇다. 부동산 자산으로 융통할 수 있는 자금의 규모가 그들이 신용대출을 받아 투자할 수준의 규모보다 크다. 10년 동안 몸에 체득된 투자 DNA는 덤이다. 돈의 복리보다 무서운 것은 지식과 경험의 복리이다. 이러한 소프트웨어 복리는 돈으로도 배울 수 없는 것들이다. 내가 무너져도 다시 일어날 수 있는 자신감의 원천이 된다.

안타깝지만 현실이다. 남들이 뛰면 나도 뛰어야 한다. 뛰는 것은 상놈들이나 한다는 생각으로 양반 노릇 하고 있을 때가 아니다. 우리가 사는 사회가 자본주의 사회라는 것을 잊으면 안 된다. 투자를 시작해서 꾸준하게, 끈을 놓지 않고, 공부하며, 살아남아 복리의 마법을 누리기를 바란다.

부동산 공부 테크트리 ①
시작은 작은 것부터

나는 평생 올빼미형 인간이었다. 밤 12시에 퇴근해도 새벽 2~3시까지 놀다가 잠들곤 했다. 하지만 아이가 태어나며 패턴이 바뀌었다. 아이만 일찍 재우고 일어나고 싶었지만 잠을 이길 수 없었다. 반강제적으로 아침형 인간이 되기로 했다. 일찍 잠자리에 드니 아침 일찍 일어나는 것이 어렵지 않았다. 그렇게 아침 시간을 내 것으로 만들기 시작했다. 나의 하루를 나열해 본다.

- 오전 5시 ~ 6시 40분 : 관심 지역/물건 검색, 자산 운영 점검, 독서 등
- 오전 7시 ~ 8시 30분 : 출근길 투자 관련 유튜브 시청
- 오전 9시 ~ 오후 6시 : 업무 외 시간 경제뉴스와 투자 관련 블로그 구독
- 오후 6시 ~ 7시 30분 : 퇴근길 투자 관련 온라인 강의 혹은 유튜브 시청

하루종일 부동산 관련 정보를 밀어넣고 있다. 이렇게 생활한 지 6년이 넘었다. 나에겐 평범한 하루의 일상일 뿐이다. 남들이 뉴스, 게임, 넷플릭스를 시청하는 것처럼 투자 관련 정보를 보는 것이다. 처음에는 1시간 정도 할애했지만, 하나둘 내 물건들이 늘어남에 따라 공부시간이 늘어났다. 2주택, 3주택, 그 이상이 되면 공부할 것이 점점 많아지기 때

문에 당연한 결과이다.

그것이 선순환이 되어 새로운 아이디어가 나오고, 새로운 투자처를 발굴하기도 한다. 양극화이다. 투자의 기술과 능력이 높아지면 그를 바탕으로 비슷한 수준의 사람들을 만나게 된다. 그들로부터 새로운 투자 아이디어를 얻게 된다. 서로 윈윈(win-win) 관계가 된다. 그렇게 투자세계에서 계속 앞서가게 된다. 이쯤 되면 시장을 리딩할 수도 있다. 내 앞에 수많은 앞선 이들이 있다. 그들에 비하면 부족하지만, 처음 시작하는 이들보다는 앞서 걷고 있기에 감히 투자의 시작에 대해 조언해볼까 한다.

동기부여가 가장 중요하다

동기부여가 가장 우선이라고 생각한다. 이러한 투자세상이 실재한다는 것을 믿고, 성공한 사람들의 살아 있는 글을 보고 자극을 받아야 한다. 의지가 약해질 때쯤에는 새로운 글을 읽고 내 길이 잘못되지 않았다는 것을 확인해야 한다. 두 가지 동기부여 방법을 추천한다.

첫째, 오프라인 서점을 가는 것이다. 부동산 관련 책들을 다독하라. 속독으로 핵심만 읽으면 된다. 그중에 마음에 드는 한두 권을 구입하라.

둘째, 투자 카페와 블로그 등에서 실제 투자기를 찾아보는 것이다. 생생한 투자기로 간접경험을 할 수 있기에 좋은 동기부여가 된다.

본격적인 공부와 투자

동기부여가 어느 정도 되고 이러한 세상의 존재를 확인했다면, 이제 본격적인 투자공부를 하면 된다. 투자로 유명한 블로거들을 이웃으로 추가해서 그들의 인사이트를 흡수하라.

초기에는 투자 관련 블로거들을 거르지 말고 모두 추가해야 한다. 양은 질을 압도할 것이다. 나중에 나만의 인사이트가 생기면 그때 나와 맞지 않는 블로거의 글은 거르면 된다. 처음에는 많이 읽고 배우기를 권한다.

부동산 강의를 듣는 것도 시간을 절약할 수 있기에 좋은 방법이다. 다만, 양질의 강의를 선택해야 한다. 주변 투자 지인에게 물어볼 수도 있고 블로그 비밀 댓글로 물어보는 방법도 있다. 가격이 부담된다면 하루짜리 특강 위주로 듣는 것도 좋은 방법이다.

이 정도 단계까지 왔다면 실제 투자를 하는 것이 화룡점정이 될 것이다. '동기부여→공부→투자'에 이르는 사이클을 완성한다면 이후 투자는 훨씬 수월해진다. 투자한 물건에 관심을 가지게 될 것이고, 부동산 시장과 규제, 정치, 세금에 대한 관심도 높아질 것이다. 그렇게 시장참여자로 공부를 하게 되면, 그 공부는 당신을 투자자로 거듭나게 만들어 줄 것이다.

5

부동산 공부 테크트리 ②
부자가 되고 싶다면 부자를 만나라

공부와 투자를 하다 보면 인적 네트워크가 생긴다. 온라인 카페에서 만날 수도 있고, 같은 강의를 들은 사람들과 인연을 만들 수도 있다. 같이 공부하며 궁금한 점은 토론과 스터디를 통해 답을 찾을 수도 있다. 하지만 만약 이런 경험만으로는 부족하다면, 그리고 투자를 실행해야 하는데 검증을 받고 싶다면, 또는 경험이 많은 누군가에게 조언을 받고 싶다면 그런 사람들을 찾아야 한다.

"부자가 되려면 부자를 만나라."

"가장 많이 만나는 다섯 사람이 당신의 인생을 결정한다."

"되고 싶은 모습의 사람들과 어울려라."

이런 말들에 십분 공감한다. 내 주변에 없다면 다른 곳에서 찾아야 한다.

앞선 투자자와의 인연은 블로그로 시작된다

나는 '경험 많은 누군가'를 만나는 방법으로 블로그와 유튜브를 추천한다. 크리에이터들을 만남의 대상으로 삼으라는 것이다. 블로그나 유튜브에는 자신의 투자 경험을 공유하는 이들이 많다(그들이 모두 고수라는 것은 아니다. 진짜를 구별하는 것은 본인의 몫이다). 그중 나와 방향성이 비숫하고 배우고 싶은 이들에게 조심스레 만남을 청해보자.

나는 블로그로 만난 인연을 통해 배운 투자 마인드와 인사이트가 혼자 고민했을 때의 그것보다 훨씬 크다. 신기하게도 그분들은 내가 고민하고 있는 것들에 대해 이미 고민했고, 심지어 답도 알고 있었다. 덕분에 질문에 대한 답을 쉽게 얻을 수 있었다. 그분들과 대화를 하다 보면 지식과 경험의 차이가 크다 보니 받기만 하게 된다. 언젠가 대화 중에 너무 얻어만 가서 죄송하다는 말을 했다.

"어차피 알게 될 건데요, 뭘."

자신의 지식을 내어주는 데 거리낌이 없었다. 감사할 따름이다. 나는 이러한 인연들을 통해 시간을 절약할 수 있었다. 실제로 많은 부분을 투자에 적용했고, 이들로부터 받은 투자 힌트로 인한 자산의 증가도 무시할 수 없는 수준이다. 투자의 세계에서 살아남은 사람, 앞서가는 투자자들을 만나 대화할 수 있다는 것은 큰 복이다. 이러한 인연은 블로그로 시작됐다.

당신이 블로그를 하지 않는다고 해도 상관없다. 자주 방문하는 블로거의 글에 댓글을 달면서 소통을 시작하면 된다. 블로그를 운영하는 입장에서 자주 방문하고 댓글을 달아주는 이웃은 특별하게 느끼게 되고 항상 고마운 마음을 갖게 된다. 자주 댓글을 달며 친해졌다면 어느 시점에 만남을 요청해 보자. 받아들여질 가능성이 크다.

직접 블로그나 유튜브를 운영해 보라

그럼에도 여러분이 직접 블로그나 유튜브를 운영하기를 바란다. 자신을 드러내는 것이 필요하기 때문이다. 자신이 운영하는 블로그나 유튜브가 있다면 그것이 내 명함이 된다. 서로 이웃으로 팬이 되기도 하고, 이미 서로에 대해 어느 정도 알기 때문에 만남까지 가는 것도 비교적 쉽다.

나는 2년 전 블로그를 시작했다. 그전에도 해볼까 생각은 있었지만 주저하며 미뤄 왔다. 그러다가 블로그 마케팅에 대한 책을 읽고 무작정 시작했다. 마케팅 책이다 보니 방문자 수를 늘리는 다양한 방법에 대해 언급되어 있었다. 책에서 알려준 대로 키워드 중심의 글을 포스팅했다. 하지만 재미를 느끼지 못했다. 방문자 수는 늘었지만 즐겁지 않았다. 잘 모르는 주제로 글을 쓰는 것도 어려웠다.

이후 내가 하고 싶은 이야기를 쓰기로 마음먹고, 나의 투자사례와 방법들을 기록해 나가기 시작했다. 개인적으로 정리하고 있던 자산현황도 포스팅했다. 투자 관련 글을 쓰다 보니 투자에 관심 있는 이웃들이 조금씩 늘어나기 시작했고, 관심사가 비슷한 이들이 모이니 공감과 응원을 받을 수 있었다. 활동하는 카페나 마케팅이 없기에 블로그의 성장속도는 느렸지만, 투자기록기, 성장기로 활용함에도 불구하고 지금은 4천여 명이 구독하고 있다. 앞으로도 꾸준히 포스팅하며 나의 투자기와 생각들을 공유할 계획이다. 그렇게 하다 보면 또 새롭게 파생되는 무엇인가를 만나게 되리라 믿는다. 지금의 내가 출간을 위해 원고를 쓰고 있는 것처럼 말이다.

나의 자산 테크트리 ①
시세차익 자산에서 현금흐름 자산으로

6

투자 초기엔 시세차익형 자산으로

투자의 첫 단계에서 고민은 어떤 종목을 어떻게 투자할 것인가이다. 하지만 모든 첫 경험은 어설플 수밖에 없다. 나 역시 그랬다.

신입사원 때 대출과 전세 보증금을 활용한 풀 레버리지로 증산2구역 빌라를 매수했다. 큰돈이 묶였기 때문에 몇 년 동안 추가 투자를 하지 못했고 이자만 내며 버텼다. 설상가상으로 시장 분위기가 싸늘해지자 매매가는 몇 년 동안 계속 떨어졌다.

그럼에도 지금 와서 잘했다고 생각하는 것은 시세차익형 투자였다는 것이다. 부침이 있었지만 우상향했고, 지금은 준공을 앞두고 있다. 완공 후 전세를 놓으면 8억~9억원 수준의 목돈을 받을 것이고, 그 돈은 또 다른 투자의 종잣돈이 될 것이다. 그렇게 만들어진 종잣돈도 역시 시세차익형 투자자산에 묻어둘 생각이다.

나는 투자 초기에 이러한 시세차익형 투자를 주로 했다. 내가 가용할 수 있는 돈으로 살 수 있는 가장 비싼 아파트를 매수했다. 그러다 보니 많지는 않지만 서울, 수도권의 아파트를 중심으로 포트폴리오가 구성되었다. 이들 아파트를 단기간에 매도할 생각은 없다. 오래 가져갈수록 가치가 더해질 것이기 때문이다. 자주 매수, 매도할 정도로 부지런하지도 않다. 수익실현은 전세 상승분을 받는 것으로 대신할 것이다.

2단계는 현금흐름형 자산으로

전세 상승분과 보유현금을 합쳐 현금흐름형 자산을 매입하여 서서히 자산의 체질을 개선한다. 그것이 나의 투자 테크트리다. 내가 가고자 하는 방향을 도식화하면 다음과 같다.

📍 나의 투자 테크트리

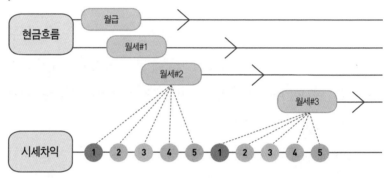

직장인 투자자로서 근로소득이 큰 버팀목임을 부정할 수 없다. 그러기에 가장 기본이 되는 현금흐름은 월급이다. 앞으로도 직장이라는 방파제 속에서 파이프라인 공사를 진행할 것이다.

자산이 나를 위해 일하게 하라

나는 월급과 함께 11개의 파이프에서 월세를 받고 있다. 작게는 30만 원에서 많게는 200만원까지의 월세를 받는 파이프들이며, 앞으로도 조금씩 늘려갈 예정이다. 중간중간 시세차익형 투자도 병행할 생각이지만, 큰 틀에서 나의 테크트리는 앞의 그림처럼 될 것이다.

이 전략은 시세차익형 투자가 선행되어야 한다. 전세 상승분의 크기가 같은 기간 동안 월급과 월세를 모은 것보다 크기 때문이다. 이러한 시세차익형 물건이 많을수록 받는 금액이 많아지며 자산을 더욱 크게 늘려갈 수 있게 된다. 4단계로 정리해 본다.

> **나의 투자 테크트리**
>
> 1. 안정적인 급여소득과
> 2. 자산에서 창출되는 소득으로
> 3. 현금흐름이 나오는 자산을 매입한다.
> 4. 1~3단계를 반복한다.

가고자 하는 방향을 그려보니 『부자 아빠 가난한 아빠』의 기요사키가 말한 내용과 닮아 있다. 자산이 나를 위해 일하게 하는 것이다. 시세차익형 물건들이 열심히 일해서 수익을 만들면, 그 수익으로 다시 현금흐름형 자산을 사는 것이다. 이것을 반복하면 경제적 자유에 가까워질 것이다.

나와는 달리, 시세차익형 투자를 더 오래 지속하다가 한 번에 건물 투자로 넘어가는 경우도 있다. 정답은 없고 개인의 성향 차이다. 나는 남들보다 일찍 현금흐름을 만들고 싶었을 뿐이다. 중요한 것은 투자 초기에는 시세차익형 투자를 해야 한다는 것이다. 시세차익형 자산이 있다면 현금흐름은 나중에 쉽게 전환할 수 있기 때문이다.

나의 자산 테크트리 ②
파이프라인 늘리기

앞에서 말했듯, 나는 시세차익형 자산에서 나오는 수익을 바탕으로 현금흐름 파이프라인을 늘리는 작업을 하고 있다. 첫 결실은 2018~2019년에 세팅한 지방 아파트 월세다. 2년에 걸쳐 총 7개의 파이프를 연결했다. 당시 세팅한 월세는 대출이자를 제하고 총 140~150만원 수준이었다.

'지방 아파트 월세 + 지식산업센터'로 파이프라인 다각화

지방 아파트 월세 세팅 이후에 파이프라인의 다각화를 위해 상가투자를 공부하기 시작했다. 상가는 개별성이 강하기 때문에 지역의 임대료와 매매가에 대한 공부를 꼭 해야 한다. 투자 난이도가 높은 편이기에 아파트 투자에 비해 경쟁이 적다. 하지만 쉽지 않았다. 경매로 매입하는 것을 목표로 했지만 패찰의 연속이었다.

반면 상가와 동일한 시기에 매입을 검토했던 지식산업센터의 파이프 추가는 성공적이었다. 총 4개의 지식산업센터 파이프가 추가되었다. 그렇게 나의 파이프라인 1차 공사는 마무리가 되었다.

1차 공사의 기준점은 월급 수준의 추가소득을 만드는 것이었다. 나는 2021년 말 기준 정확히 월급만큼의 부수입을 만들 수 있었다.

📍 나의 현금흐름

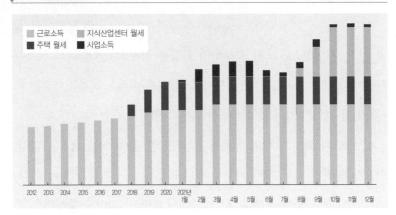

📍 나의 월 소득 구성(2021년 12월 기준)

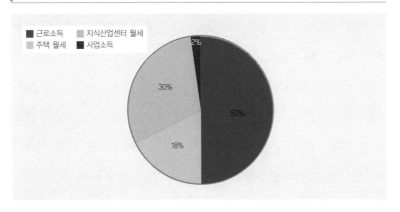

월 1천만원 부수입 목표

돌아보면 뿌듯하기도 하지만 아직 부족함을 느낀다. 생활의 팍팍함은 여전하기 때문에 그럴 것이다. 또한 나의 목표는 월 부수입 1천만원이다. 목표가 미달인 상태이기 때문에 아직 배가 고프다.

목표인 월 1천만원의 부수입을 만들려면 어떻게 해야 할까? 나의 전문인 부동산 투자를 하면 가능성이 있을 것이다. 구체적으로 수익형 부동산을 공부하고 투자하면 만들 수는 있겠지만, 나는 사업영역을 통해 파이프를 늘리고 싶다.

현재 나는 근로소득자(Employee)와 투자자(Investor)의 영역에서 살고 있고, 사업(Business)을 공부하며 확장을 꿈꾸고 있다. 나의 목표는 사업가 영역의 파이프를 더 튼튼하게 만드는 것이다. 최종적으로는 투자자(I)와 사업가(B)의 영역에서 살아가고 싶다.

한 영역의 최고가 되면 좋겠지만, 굳이 한 곳에 머물 필요는 없다. 최고가 되려면 인풋 대비 아웃풋이 나오지 않는 구간을 거쳐야 한다. 나는 인내력이 좋지 못하다. 각 영역에서 80점만 되어도 좋겠다는 생각이다. 한 분야의 1등을 하는 것보다 여러 분야에서 10등 내의 성과를 추구한다. 그것이 내 성격에도 맞다. 그렇게 투자자와 사업가의 영역에서 적당한 성과를 내고자 한다.

돌이켜보면 투자를 습득한 기간은 나름 단순했다. 근로소득(E)을 유지한 채 투자만 배우면 되었으니 말이다. 하지만 앞으로 2, 3년은 근로자, 투자자, 사업가의 총 세 가지 영역에서 동시에 살아야 한다. 시간이 부족할 것이며 어려운 상황이 벌어질 수도 있을 것이다.

하지만 당시에는 없던 여유가 있다. 세팅된 자산들이 이를 만들어 줄 것이다. 다만, 우려되는 부분은 여유와 간절함 사이에서 줄타기를 해야 한다는 것이다. 간절함이 없다면 성공하기 힘들고 성공하더라도 시간이 오래 걸릴 것이다. 그만큼 간절함은 중요하고 잘 관리해야 한다. 내가 가야 할 방향과 주의해야 할 것들을 알고 있다. 아는 대로 실행만 하면 된다. 이른 시일 내에 성과를 볼 수 있기를 희망한다.

시세차익형 투자사례
경매+전세 레버리지 투자

대표적인 시세차익형 투자는 전세 레버리지 투자이다. 흔히 '갭투자'라고 하지만 나는 이 말을 선호하지 않는다. 수요, 공급의 균형이 무너진 상태에서 전세가율이 높은 지역이 투자대상이며, 그런 곳에 전세 레버리지로 매수하고 잊고 지내면 되는 투자이다. 초보자들이 가장 먼저 접하는 쉽고 보편적인 투자방법이다.

앞으로 상승 사이클이 오는 지역의 물건을 경매를 통해 시세보다 싸게 매입해 보자. 두 번의 상승 구간을 기대할 수 있다. 첫 번째는 시세 대비 싸게 낙찰 받을 때 갖는 안전마진, 두 번째는 낙찰 이후 기대되는 상승 사이클이 그것이다. 그러려면 먼저 지역의 입주물량과 시장 사이클에 대해 이해해야 한다. 하지만 낙찰을 받기가 쉽지 않다는 것, 평일에 입찰해야 한다는 점은 직장인에게는 부담이다. 그럼에도 배워두면 좋은 도구가 된다.

용인 수지 대형 아파트 경매 + 전세 레버리지 투자

2018년 10월 경매물건을 검색하던 중 용인 수지의 대형 평수 물건을 발견했다. 당시 강남, 그리고 판교, 분당 등의 경기 핵심지는 이미 크게 상승했지만, 아직 수지의 대형 평수까지 상승세가 닿지 않은 상황이었다. 시세는 6억3천만원에서 6억5천만원으로 형성되어 있었다. 근저당보다 먼저 전입한 임차인이 있어서 투자 난이도가 있는 특수물건으로 분류된다. 관심을 가지고 분석을 시작했다. 1차에서 유찰되고, 2차 입찰일은 10월 4일이었다. 2차에서 승부가 날 것으로 판단했다.

📍 용인 수지 대형 아파트 입찰기일

구분	입찰기일	최저매각가격	결과
1차	2018-08-24	594,000,000원	유찰
2차	2018-10-04	415,800,000원	

선순위 임차인은 소유주의 아버지로, 근저당보다 4년 정도 빨리 전입이 되어 있었다. 현황조사 시 보증금 4억원에 임차하고 있다고 진술했다. 등기부를 보고 시간 순으로 정리해 보았다.

📍 용인 수지 대형 아파트 경매 임차인 현황

임차인현황						·말소기준권리: 2014.08.19·배당요구종기: 2017.05.08	
임차인	점유부분	전입/확정/배당	보증금/차임	대항력	배당예상금액	기타	
최□	주거용 전부	전입일자: 2010.08.05 확정일자: 미상 배당요구: 없음	보400,000,000원	있음	전액매수인인수		
기타사항	☞채무자겸유자의 부친이며 전입세대주의 진술에 의하면 채무자겸소유자는 현재 미국에 거주하며, 본인의 가족이 거주하고 있다고 함. ☞임차인으로 등재된 □□□의 진술에 의하면 소유자가 자녀이지만 보증금 4억에 임차하여 거주하고 있다고 함.						

권리
분석
정리

2010년 6월 소유권 이전
2010년 8월 임차인 전입
2011년 5월 근저당 설정 (말소)
2011년 10월 근저당 설정 (말소)
2013년 6월 근저당 설정 (말소)
2014년 8월 근저당 설정

위장 임차인 있는 경매물건 낙찰

임차인이 있음에도 각각 다른 은행에서 여러 번의 근저당이 실행되었다. 모든 은행이 임차인이 있음에도 대출을 해주었을 것 같지는 않았기에, 4억원의 보증금은 허위일 가능성이 높다고 판단했다. 물론 부모자식 간의 임대차가 있을 수 있지만 현실적으로는 거의 이루어지지 않는다. 은행에 확인을 해보았다.

> 안녕하세요. 경매 ××건으로 문의드립니다. 임차인 전입 이후 근저당이 설정되었던데요. 무상거주확인서가 제출되었나요?
>
> 자세히는 말씀드리지 못합니다.
> 다만 대출은 정당한 절차에 따라 실행되었습니다.
>
> 아, 네, 알겠습니다. 혹시 저와 같은 문의전화가 많았나요?
>
> 많이는 아니고 몇 분 있었습니다.
>
> 네, 답변 감사합니다.

정보는 얻지 못했지만 다행이었다. 확실한 정보가 나온다면 경쟁만 치열해질 뿐이다. 모두들 동일한 조건으로 베팅해야 한다. 분석은 계속되었다. 등기부를 다시 꼼꼼히 보던 중 근저당 시 경매 물건과 공동담보로 되어 있는 법인을 발견했다. 소유주가 대표로 있는 법인이었다. 법인등기부를 확인해 보았지만 이미 폐업신고 된 회사로 특별한 내용은 찾을 수 없었다.

정보를 좀더 찾아보기 위해 기업정보를 검색했다. 전자공시시스템

사이트(dart.fss.or.kr)를 이용했지만 쓸 만한 정보는 나오지 않았다. 마지막으로 NICE평가정보 사이트(www.niceinfo.co.kr)에서 그 법인을 찾아 유료로 리포트를 받았다. 법인 주주현황을 보니 회사의 지분 10%를 임차인이 보유한 것으로 되어 있었다.

📍 소유주가 대표로 있는 법인 주주현황

■ 주요주주   (단위: 주, %)

주주명	소유주식수	지분율	대주주와의관계
최██	62400	39.00	대표이사
	33600	21.00	타인
	32000	20.00	타인
최██	16000	10.00	친족
	16000	10.00	친족

소유주와 임차인은 가족 관계이며 경제적 일체를 이루고 있다는 것을 확인했다. 혹시 모를 소송에서 증거자료가 될 것이다. 유료로 리포트를 구매한 보람이 있었다.

이제 현장이다. 퇴근 후 바로 관리사무소를 방문해 미납 관리비가 없다는 것을 확인했다. 물건지로 가서 임차인인 할아버지를 만나서 대화했지만 큰 소득이 없었다. 곁눈질로 본 집은 깨끗하고 좋아 보였다. 돌아와서 시세를 조사해 보니 동일 평형 시세가 6억3천만~6억5천만 원으로 형성되어 있었다.

분석은 어느 정도 끝났다. 위장 임차인임을 확신하고 입찰을 하기로 했다. 다음날 법원에서 4명의 경쟁자를 뚫고 낙찰을 받았다. 2위와 입찰가액의 차이가 커서 속이 쓰렸지만 당시에는 기쁘기만 했다.

📍 용인 수지 대형 아파트 2회차 낙찰 성공!

		오늘: 1	누적: 209	평균(2주) : 0
구분	입찰기일		최저매각가격	결과
1차	2018-08-24		594,000,000원	유찰
2차	**2018-10-04**		**415,800,000원**	
낙찰 551,252,500원 (92.8%)				
(입찰4명, 낙찰 김○○ / 차순위금액 482,500,000원)				

위장 임차인과 명도 실마리

이제 본격적인 게임이 시작되었다. 잔금납부를 위해 대출을 알아보기 시작했지만 쉽지 않았다. 은행은 선순위 임차인을 굉장히 민감하게 보기에, 20여 곳을 알아봤음에도 대출을 해주겠다는 곳은 겨우 한 곳뿐이었다. 법무비용 협상은 생각도 하지 못했으며 대출을 해준 것만으로도 고마울 뿐이었다.

잔금납부와 동시에 법원에 인도명령[•]을 신청했다. 그리고 임차인과 대화를 시도했다. 하지만 연락처 입수부터 쉽지 않았다. 관리사무소는 개인정보라 알려주지 않았다. 고민 끝에 이전 소유주를 만나보기로 했다. 등기부에 나온 이전 소유주를 만나서 중요한 정보와 임차인 연락처를 알아냈다.

이후 임차인과의 협상이 시작되었다. 협상은 임차인의 대리인과 진행했으며, 제3자 화법을 위해 나 역시 경매회사 직원 신분으로 접근했다.

입찰 전 그 단지의 실거래가를 전수조사 하며 임차인이 주장하는 보증금 4억원에 대한 기록이 없음을 알고 있었다. 그렇기 때문에 어떤 계약서를 내밀지 궁금했다.

• **인도명령**
법원이 채무자나 소유자, 또는 세입자에게 부동산을 매수인에게 인도하라고 하는 명령. 경매 낙찰자나 매수인이 대금을 낸 뒤 6개월 이내 신청할 수 있다.

> 안녕하세요. ××자산관리 ××× 팀장입니다. 이번에 낙찰받은 ××× 씨를 대신해서 업무를 진행하게 되었습니다. 현황상 4억원에 임대계약을 하셨다고 신고하셨는데 맞으신가요?

> 네. 정당한 임대차 계약을 맺고 있습니다. 대항력이 있기 때문에 전세금을 주셔야 이사를 나갈 수 있습니다.

> 계약서도 없이 전세금을 지급할 수는 없습니다. 계약서를 보내 주시면 검토해 보고 지급 결정을 하도록 하겠습니다.

> 그럼, 문자로 보내드릴게요.

다음날 어설픈 계약서를 받았다. 양식도 낯설고 임대인과 임차인의 필체도 동일했다. 무엇보다 잔금기간이 3년, 계약기간이 96개월이라는 점이 의심스러웠다. 자금 이체내역에 끼워 맞춘 날짜로 계약서를 작성한 듯 보였다. 위장 임차인이라는 확신이 들어서 바로 강한 어조의 내용증명을 발송했다. 잘 풀리는 듯했다.

그러나 예상치 못하게도 인도명령 신청은 법원에 의해 기각되었다. 부모자식 간의 임대계약도 계약으로 볼 수 있다는 것이 기각의 사유였다. 법원에 가서 인도명령에 대한 임차인의 답변서를 확인했다. 답변서가 제출된 지 하루 만에 인도명령이 기각된 것이다. 심문절차도 없었다.

머릿속이 복잡해지기 시작했다. 보증금 4억원을 인수한다면 시세 6억3천만원의 아파트를 9억5천만원에 사는 꼴이 된다. 좋지 않은 생각은 하지 않기로 하고 내가 할 수 있는 방안을 고민했다.

다음의 세 가지 방법이 있었다.

1. 인도명령 재신청

2. 명도소송[*]

3. 임차인과의 협상

나는 세 가지 방법 모두 동시에 진행했다. 인도명령 재신청과 명도소송 어느 방향으로 갈지 고민하는 사이, 임차인과의 협상에 진전이 있었다. 임차인이 4천만원을 주면 이사를 가겠다는 의사를 전달해 왔다. 협상을 다시 시작한다는 마음으로 내용증명을 보냈다.

> (중략) 인도명령이 기각되었습니다. 명도소송을 시작할 것입니다. 부당이득 반환소송을 병행할 것입니다. 최종시한까지 이사날짜를 확정하여 연락 주십시오. 최종시한까지 합의 시 이사비 500만원을 지급하겠습니다.

다음날 대리인을 통해 이사를 가겠다는 내용의 문자를 받았다. 요구하는 이사비는 4천만원에서 1천만원으로 내려갔다. 여러 차례 협상과정에서 임차인은 피로감을 느끼고 있었기에 더 이상 버티지 않을 것 같았다. 이제 대화의 주제는 이사비용으로 넘어갔다.

주거니 받거니 협상 끝에 이사비는 800만원으로 결정했고 이사날짜도 확정했다. 며칠 뒤 대리인과 카페에서 만나 이사 확약서를 작성하는 것으로 서류상의 작업을 마무리했다.

용인 수지 대형 아파트 경매 평가

이삿날에 임차인 할아버지를 만났다. 인사를 드리고 그간 죄송했던 일, 아쉬웠던 일들에 대해 이야기를 나눴다. 할아버지께서는 이삿짐이 나가는 동안 관리비까지 직접 정산하셨고, 할머니께서는 아래층 친구분과 함께 웃으며 이야기를 하셨다.

이상하게 분위기가 좋았다. 어쩌다 보니 나도 대화에 참여하게 되어 할머니 옆에 앉아 30분 동안 할머니의 가족과 인생 이야기를 듣게 되었다. 할아버지께서는 중간중간 빗자루질을 하셨다. 그러는 사이 이삿짐은 빠져나갔고 얼마 후 마무리되었다. 이야기를 듣는 동안 친해진 할머니를 포옹해 드리며 할아버지께도 마지막 인사를 드렸다.

"자네 사람은 좋은데 직업을 잘못 골랐어."(끝까지 내 신분은 경매회사 직원이었다.)

"죄송해요. 회사가 정해놓은 절차대로 하느라 그랬습니다. 제가 생각해도 회사의 내용증명이 너무하긴 했죠. 이해 좀 해주세요."

"어쩔 수 없다지만 사람끼리 하는 일인데 유하게 해야지. 자네 성격대로 하면 더 좋겠구만."

"네, 말씀 감사합니다. 어디로 가세요?"

"응. 광교."

"좋은 데로 가시네요. 건강하십시오."

이사 가는 분위기가 밝은 이유가 있었다. 수지 대형 평수는 부자들이 많다고 들었는데 그런 것 같았다. 그렇게 인사를 드리고 헤어지기 직전, 할아버지께서 편지를 건네주셨다.

"자네가 낙찰받고 얼마 안 되어 편지를 보냈는데 반송됐더군. 받아

경매에서 낙찰되어 축하합니다.
다투미 아니라 잘되있는 사람인데 만나서
인사 겸 집도 보실겸 만나서 좋은 방향으로
대화합시다
（연락처）

으로 연락바람.

가게.”

　괜히 죄송한 마음이 들었다. 좀더 유하게 대했으면 좋지 않았을까 하
는 생각이 들었다. 경매가 딱딱한 것만은 아님을 알게 해준 투자사례다.
이 물건은 시세 대비 6천만원 정도 싸게 낙찰받았다. 상태가 좋아 수리
없이 전세를 맞추었고 2년 뒤 매도해 8천만원의 수익을 거두었다.

현금흐름형 투자사례
지식산업센터 월세투자

현금흐름형 투자는 월세와 같은 현금흐름을 발생시키는 모든 투자를 말한다. 100% 본인 돈으로 매입할 수도 있지만, 대출 비중이 높을수록 내 돈이 적게 들어가기 때문에 수익률이 높다. 반대로 대출이 적다면 내 돈은 많이 묶이지만, 이자비용이 적기 때문에 받는 월세가 많을 수 있다.

대표적인 상품은 상가다. 상가는 아파트처럼 가격이 정해진 것이 아니라, 월세를 역산해서 매매가가 책정되는 상품이다. 예를 들어보자.

A상가는 현재 보증금 2천만원에 월세가 200만원이다. 그 지역의 상가 수익률이 5% 수준이라고 가정하면 매매가는 5억원 정도이다.

그러던 중 정부기관과 회사 등이 이전해서 수요가 감소했다고 해보자. 임차인들은 장사가 안 되어 버티지 못하고 나가게 되며 자연스레 임대료도 낮아질 것이다.

만약 A상가의 월세가 180만원으로 낮아졌다면 매매가는 4억5,200만원이 된다. 임대료는 단지 20만원이 낮아졌지만 매매가는 4,800만원이 떨어진 것이다. 강남 건물주들이 공실임에도 불구하고 높은 임대료를 고수하는 이유가 바로 이것 때문이다. 떨어지는 임대료보다 그것과 연동해서 낮아지는 매매가 하락이 무서운 것이다. 그렇기에 렌트프리

📍 월세의 변화에 따른 매매가 추이

보증금	월세	수익률	매매가
2천만원	180만원	5%	4억5,200만원
2천만원	200만원	5%	5억원
2천만원	220만원	5%	5억4,800만원

(일정기간 무상 임대) 명목으로 임대료를 보전해 주는 것이다.

반대로 임대료가 오르는 경우도 있다. 상가 앞에 지하철 출구가 생기거나, 재개발 아파트 정문이 상가 앞으로 오는 경우 임대료는 올라간다. 임대료를 220만원으로 올리면 매매가는 4,800만원이 오르는 효과가 있다. 이처럼 수익형 부동산에서 임대료는 매우 중요한 요소이므로 앞으로의 방향을 예측해 보려는 노력이 필요하다. 이것이 어렵기에 상가투자는 경쟁이 적고 기회가 있는 것이다.

지식산업센터는 매매가 변동폭 크다

최근 수익형 부동산 중 하나인 지식산업센터에 투자했다. 지식산업센터는 예전에 '아파트형 공장'이라고 불리던 상품으로 제조업, 지식산업, 정보통신업 등을 할 수 있도록 한 건물에 10~200평의 다양한 호실을 갖춰 놓은 건물이다.

스타트업들이 주로 입주해 있으며, 규모가 큰 회사는 한 층을 전부 임차 혹은 자가로 사용한다. 입주 회사들은 공용 회의실, 카페 등 편의시설을 이용할 수 있고 우편물, 택배, 화물과 같은 인프라 역시 사용할 수 있다. 회사를 운영하는 데 매우 매력적인 장소이다. 나 역시 사업을 하게 되면 지식산업센터로 들어가고 싶다는 생각이 들 정도로 인프라는 빠지지 않는 수준이다.

서울에서는 문정, 성수, 구로, 가산 등이 대표적인 지역이며, 수도권에는 광명, 안양, 평촌, 광교, 수지, 수원, 동탄 등에 분포되어 있다.

다른 수익형 부동산과 마찬가지로 서울의 지식산업센터 역시 수익률이 낮다. 달리 말하면 매매가가 높다. 반면 수도권의 지식산업센터는 서울권보다는 좋은 수익률을 가지고 있다.

한 가지 주목할 점은 지식산업센터는 시세가 오른다는 점이다. 임대료로 역산해서 가격이 매겨지는 여느 수익형 부동산과 달리, 지식산업센터는 임대료의 변동폭은 작은 반면 매매가의 변동폭이 큰 편이다. 수익률을 높이려고 수도권에서 벗어난 곳의 물건을 샀다가 크게 오르지 않는 매매가에 실망할 수 있으니 주의해야 한다.

적당한 수익률이란 없다. 개인마다 기대하는 수준이 다르기 때문이다. 누군가에겐 수익률이 필요 없을 수 있고(서울권 투자자), 누군가에겐 현금흐름이 더욱 중요할 수도 있다. 나는 전자와 후자의 중간 정도로 어느 정도의 현금흐름과 시세차익을 얻고 싶었다. 그런 이유로 나는 서울을 벗어난 곳, 그렇다고 너무 멀지 않은 곳으로 갔다.

평촌 지식산업센터 급매 투자

그렇게 투자한 지역 중 한 곳이 평촌이다. 지하철이 있는 지역이고 나름 안정된 수요가 있다. 전통적으로 제조업이 몰려 있는 곳이기도 하다. 하이필드, 에이스하이테크시티 등 신축 지식산업센터가 여럿 들어

왔고, 터줏대감인 금강펜테리움, 오비즈타워 등의 구축도 임차인들의 선호도가 높았다. 내가 투자했을 당시 자기자본 수익률은 4% 초반 수준으로 이 정도면 됐다는 판단으로 매입에 나서기로 했다.

이제 매물 잡기 전쟁이 시작됐다. 물건을 사고 싶어도 못 사는 상황이기 때문이었다. 가격이 오르니 팔려는 사람은 없고 사려는 사람은 많았다. 이미 대기자들도 많은 듯했다.

이럴 때일수록 공인중개사무소 소장님들과 친해져야 한다. 그것을 알고 있기에 공인중개사무소로 퇴근하는 나날이 계속됐다. 물건이 없어도 인사하고, 안부 묻고, 수다를 떨며 시간을 보냈다. 그렇게 소장님들과의 친분을 쌓아가던 어느 날, 회사에서 전화를 받았다.

"사장님, 물건 나왔어요. 평당 ×××에요."

"너무 싼데요? 문제없는 건가요?"

"걱정 마세요. 괜찮아요."

"할게요."

답을 하는 데 1분도 걸리지 않았다. 나올 수 없는 가격에 물건이 나왔기 때문이다. 매매가로 보면 시세보다 5천만원 이상 낮은 급매였다. 심지어 인테리어도 손댈 것이 없었다. 물건이 귀하다는 것을 알고 있었기에 바로 하겠다고 답한 것이다.

급매의 사연은 이렇다. 대표의 사무실 이전 지시에 따라 직원이 매각 가능한 가격을 공인중개사무소 소장님에게 물었고, 소장님은 빨리 거래되는 가격으로 답을 주셨다. 직원은 소장님이 알려준 가격을 보고했고, 대표는 별말 없이 그 가격으로 매도를 지시했다. 지방에 거주하는 대표가 시세를 잘 알지 못했던 것이다. 운이 겹쳤다. 소장님도 축하

평촌 지식산업센터의 내부 모습. 시세보다 5천만원 이상 싼 급매로 매입했다.

해주셨다.

"케이크 쿠폰을 자주 보내주시면서 물건 달라고 한 분이 계셨어요. 꼭 드린다고 했는데 어쩌다 보니 사장님께 먼저 연락드리게 됐네요. 이건 사장님 복이에요."

감사한 마음에 계약하는 날, 소장님을 만나 중개수수료에 추가로 별도의 성의를 표했다. 기분 좋은 거래의 기억이다.

평촌 지식산업센터 급매 투자 평가

매입가 5억6천만원에 회사의 신용에 기대어 90% 대출을 받았다. 이후 보증금 2천만원, 월세 200만원으로 임대계약을 맺었다. 기타비용 포함하여 투자금은 6,680만원이며 투자수익률은 14.8%로 세팅했다. 거기서 끝이 아니다. 수익률보다 더 큰 수익이 있다. 매매가가 크게 올라서 현재 시세는 7억5천만원이다. 보수적으로 접근해도 7억원이다. 불과 1년도 되지 않아 1억4천만원이 넘는 차익을 본 것이다.

📍 평촌 지식산업센터 투자수익률

매매가	5억6천만원	7억5천만원 (2022년 2월 현재)
대출	5억400만원	매매가의 90%, 금리 2.8%
보증금/월세	보증금 2천만원	월세 200만원
취등록세	2,576만원	4.6%
중개수수료	504만원	0.9%
실투자금	6,680만원	
수익률	14.8%(레버리지 기준)	

주거용 부동산과 수익형 부동산을 막론하고, 최근 시장 분위기는 몇 개월 단위로 바뀌고 있다. 규제 원인이 가장 크고, 최근에는 금리도 이슈가 되고 있다. 특히나 금리는 수익형 부동산 투자에서는 민감할 수밖에 없는 요소이다. 지식산업센터 또한 영향을 받고 있다.

하지만 시장과 투자는 돌고 돌 것이다. 현금흐름형 투자의 원리와 원칙, 그리고 여러 가지 상품을 공부해 두기를 권한다. 흐름이 왔을 때 누구보다 빨리 결정할 수 있는 힘이 될 것이다.

하루라도 빨리 투자의 세계에 발을 들이길

나는 투자와 돈에 관심이 많다. 그렇기 때문에 이 험난한 투자 바닥에서 살아가고 있는 것이다. 혹자는 너무 돈, 돈 거린다고 할 수도 있겠다. 인정한다. 부모님으로부터 듣는 잔소리도 정확히 그것이다.

부모님께서는 나를 2주택자 정도로 알고 계신다. 내가 이야기를 하지 않기 때문이다. 그럼에도 아들 걱정을 많이 하신다. 대출이 많아서 생활이 어려울까 걱정, 세금이 많이 나오지 않을까 걱정이시다. 대출이 많으면 안 된다는 생각으로 평생을 살아오신 분들이다. 거짓말 없이 말 잘 듣는 아들이었지만 2주택자라는 선의의 거짓말은 평생 하게 되지 않을까 싶다.

인생을 살아가며 소홀히 하면 안 되는 가치들이 있다. 돈이라는 가치가 그것이다. 사람마다 추구하는 가치관이 다를 수 있다. 그럼에도 모든 세대, 특히나 30,40대는 돈이라는 가치를 외면하면 안 된다. 그것이 바탕이 되어야 내가 추구하는 가치를 실현할 수 있다. 가장 중요한 가족과 건강도 마찬가지다. 그렇다면 어떻게 하면 경제적 가치를 실현할 수 있을까?

시간이라는 최고의 파트너를 내 편으로

『부자 아빠 가난한 아빠』의 저자 로버트 기요사키는 이를 단순화해서 설명한다. 부자가 되려면 투자자나 사업가가 되면 된다고 말이다. 여러분이 만약 20,30대 직장인이라서 사업이 부담스럽다면 방법은 한 가지뿐이다. 투자자가 되면 된다. 주식이든 부동산이든 자신에게 맞는 것을 골라서 하루라도 빨리 투자의 세계에 발을 들이기를 바란다. 시간이라는 최고의 파트너가 여러분을 부의 추월차선으로 이끌 것이다.

모든 것은 관심으로부터 시작된다

같은 기간 동안 누구나 나와 같은 자산을 만들 수 있다는 말은 하지 않겠다. 상승장을 만난 운이 크기 때문이다. 실력보다도 운의 영역이 컸다. 하지만 그 운도 미리 관심을 가지고 꾸준히 준비한 이들에게 더 크게 돌아오는 법이다.

모든 것은 관심으로부터 시작된다. 나의 투자도 그랬다. 관심을 가지고 조금씩 관심의 영역을 늘려가면서 꾸준히 실행하는 것, 그것이 정답이다. 나의 글이 정답을 찾는 데 미약하게나마 도움이 되기를 바라며, 새로운 세상으로 나아가는 여러분을 진심으로 응원한다.

집사드림(Dream)

40대 중반 직장인으로 인생의 귀인을 만나 부동산 투자에 입문했고, 이제는 은퇴를 준비하며 새로운 시작을 꿈꾸고 있다. 2010년 수원의 첫 아파트 구매를 시작으로 부자들의 노하우를 본인의 투자와 접목시켜 지금은 용산 상가, 과천 아파트 등 약 10채의 부동산을 보유 중이다. 도시정비 사업의 패턴과 타이밍을 연구하는 투자자이자, 인생이라는 바둑판에서 완생을 지향하는 아직은 미생.

5
Part

도시정비 사업 투자로
드림카를 사기까지

4,000일, 중고 아반떼에서
신형 포르쉐까지의 시간

대략 11년 걸린 것 같다. 신혼여행을 다녀와서 인사를 드리러 갔을 때, 부모님이 중고 아반떼 차 키를 쥐어 주셨다. 아마도 8천만원짜리 19평 전셋집에서 시작하는 모습에 마음이 편치 않으셨던 것 같다. 그로부터 4,000일이 되던 날, 스스로에게 의미 있는 셀프 선물을 했다. 나의 드림카였던 검은색 포르쉐 카이엔이었다. 물론 대기기간이 길어 출고까지는 열 달이 더 걸렸고, 기다리다 지쳐서 감흥이 반감되긴 했지만….

부자들의 루틴과 노하우를 따라가라

돌아보면 나의 성장과정은 빛나지는 않았던 것 같다. 자영업을 하시던 아버지의 사업이 잘되어가나 싶었는데, 초등학교 저학년 때부터 어려워지기 시작했고, 비슷한 시기에 우리 가족이 살던 집은 셋째 이모부의 연대보증으로 인해 급하게 팔아야만 했다(그 집은 시간이 지나고 2016년 고덕 래미안힐스테이트로 재건축되었다). 그 이후로도 부모님은 서울 안에서 몇 번의 이사를 하셨지만, 부동산에 무관심하셔서 의미 있는 시세차익을 거두지는 못하셨다. 그동안 나는 평범하게 컴퓨터 전공으로 대학에 진학했으나 흥미를 붙이지 못해 중퇴의 기로에 서기도 했다. 우여곡절 끝에 얻은 공대 졸업장으로 IT 분야 대기업에 입사했고, 거기서 일생의 멘토를 만나 투자에 눈을 뜨는 계기가 되었다.

대기업은 여러 장단점이 있지만, 나에게 주었던 가장 큰 혜택은 안정적인 월급과 더불어 회사 시스템에서 검증해 준 다양한 사람들과의 만남이었다. 고학력의 성실한 인재 집단에는 업무뿐만 아니라 재테크 방면에도 탁월한 인사이트를 가진 사람들이 꽤 많았다. 회사라는 울타리 덕분에 이런 사람들과 인연을 갖는 기회를 제공받은 셈이다.

경험상 자본을 모으기 위해서는 돈이 많이 모이는 곳을 찾아가거나, 돈을 많이 모아본 사람에게 배우는 것이 가장 빠른 길이다. 즉, 부자들의 루틴과 노하우를 먼저 학습한 후 노력하면 부를 더욱 빠르게 축적할 수 있다. 행복하게도 이 책에서 얼마간의 지면이 나에게 주어졌고, 내가 투자하면서 깨달은 부자들의 몇 가지 노하우를 기록으로 남겨보려 한다.

회사에서 만난 부동산 투자 멘토

"친구 따라 강남 간다." 자기의 의지보다 타인에게 이끌려서 그 행동을 따라 하는 동조현상을 뜻한다. 참고로 이 속담에서 강남은 중국 양쯔강 이남을 뜻하지만, 오늘날의 강남 3구를 대입해도 전혀 어색하지 않다. 만약 친구의 추천으로 아무 생각 없이 친구 따라 강남에 집을 샀다면 이보다 고마운 일이 어디 있겠는가? 반대로 친구 따라 강남에서 경기도 외곽으로 이사를 갔다면 속이 무척 상할지도 모른다. 이와 같이 어떤 특별한 사람과의 만남은 인생을 송두리째 변화시키기도 한다. 나 역시 그랬다.

아무것도 모르던 대리 1년 차에 미국 시카고로 일주일 출장을 가게 되었다. 다른 부서지만 과장님 두 분과 동행하는 출장이다 보니 막내(?)

로서 마음도 편하고 일정도 여유로운 이른바 꿀출장이었다. 현지에서 고객과의 미팅이나 전시회를 참관하고, 그날의 보고서를 작성해서 부서에 보내주면 공식적인 출장일정은 끝이었다. 일과 이후에는 보통 선배님들과 같이 맥주를 곁들인 저녁식사로 하루를 마감했다.

특히 그중 한 분은 친한 회사 친구 김군의 부서 선배여서 인사하고 지냈는데, 동생처럼 편하게 대해 주셔서 나도 잘 따랐던 것 같다. 선배님은 저녁자리에서 회사 업무뿐만 아니라 투자 관련해서도 많은 조언을 해주셨는데, 당시에는 세부적인 내용까지는 잘 이해하지 못했지만, 회사일 말고 재테크에도 적극적인 관심을 가져야겠다는 마인드를 갖게 되었다. 좋은 기억이 가득한 이 꿀출장이 곧 내 인생을 바꾸게 된 계기가 되었다.

출장을 다녀온 지 오래되지 않은 어느 날, 점심을 먹으러 식당으로 가는 길에 선배님을 마주쳐 반갑게 인사를 했더니 잠시 와보라는 손짓을 하셨다.

"지금 밥 먹을 때가 아니야. 좀 아까 2시간 전에 김군이 휴가를 내고 지금 아파트 계약하러 뛰어갔어. 너도 빨리 가보는 게 좋아. 김군이랑 통화해 보고 거기 가서 설명이라도 듣고 와."

그 길로 점심을 거르고 돌아와 김군에게 전화를 했다. 김군은 지금 계약서를 쓰기 위해 매도자를 기다리고 있다며 본인이 있는 공인중개사무소로 오라고 했다. '믿음부동산'. 지금도 뇌리에서 잊혀지지 않는 공인중개사무소 이름이다. 평소에 매우 우유부단한 성격이지만 그날만큼은 좀 달랐던 것 같다. 바로 부서에 오후 반차를 내고 김군이 있는 곳으로 달려갔다. 선배님에 대한 믿음을 한가득 안고서 말이다.

수원 신축 24평 아파트 무피 투자

도착해서 소장님의 간단한 브리핑을 받아보니 공무원연금관리공단 보유분이었던 아파트 2개동 288개 호실에 대한 전체 매각 건이었다. 공무원 임대용 주택으로 보유했던 물량을 신축 후 1년 동안 방치했다가 감사원 지적으로 민간에 매각결정이 내려진 것이었다. 발 빠른 소문으로 물건들이 이미 실시간으로 빠지고 있었기에, 조금 늦게 도착한 내가 고를 수 있는 호실은 몇 개 없었다.

로열층이 아닌 관계로 조금 고민하고 있을 때, 선배님에게 전화가 왔다. 이런 기회가 흔치 않으니 본인을 믿고 한 번 도전해 보라고 하셨다. 더욱이 김군은 이미 계약서에 도장을 찍고 있으니 묘한 경쟁심리와 더불어, 혹시나 잘못되더라도 김군과 함께 해결할 수 있다고 마음먹으니 한결 수월하게 결정할 수 있었다. 이렇게 내 생애 최초 아파트 등기를 10분 만에 결정하게 되었다.

사실상 24평 신축 아파트를 분양가 그대로 프리미엄 없이 계약한 것과 마찬가지였다. 3일 만에 저층을 포함한 288개 호실이 모두 계약이 완료되었고, 출렁되던 그 단지의 시세는 금방 제자리를 찾아 복귀했다. 대출을 1억5천만원 끼고 2억5천만원에 매수한 집은 잔금도 치르기 전에 앉아서 3천만원을 벌게 되었다.

계약날 이후 선배님은 나의 영원한 은사이자 인생의 멘토가 되어 주셨고, 나의 첫 아파트는 4년 동안의 안정적인 거주와 첫째아이의 출산, 회사에서의 승진 등 우리 가족에게 많은 선물을 안겨 주었으며, 시간이 지나서 또 다른 투자의 담보로서 그 역할을 톡톡히 했다.

아파트 거래를 한 번 경험해 보니, 그다음에는 자신감이 붙어 좀더 공격적인 다음 투자를 진행할 수 있게 되었다. 두 번째 투자는 분당 정자동의 아파트였다.

분당 정자동 느티마을 아파트 투자

여전히 부린이였던 나에게 역시나 멘토 형님이 연락을 주셨다. 날씨도 좋으니 겸사겸사 김군과 함께 칼퇴근하고 자장면을 얻어먹으러 오라는 것이었다. 서울 촌놈이라 경기도 지리를 잘 모르던 나에게 분당이란 곳은 미금역에 있는 서울대병원에 한두 차례 가본 것이 전부였다.

　김군과 함께 내 차를 타고 후다닥 도착한 정자동 공인중개사무소에는 이미 자장면 곱빼기 두 개가 배달되어 있었다. 조금 늦게 도착한 탓에 면은 불어 있었지만 공짜 자장면이라는 생각에서인지, 또 한 번의 투자에 대한 설렘 때문인지 너무나 맛있게 먹었던 기억이 난다. 공인중개사무소 사장님과 초면임에도 불구하고 말이다.

　김군과 나에게는 만찬이었던 소박한 저녁식사가 끝난 후 마음씨 좋아 보이는 여사장님은 관심 아파트인 느티마을 공무원 아파트의 브리핑을 해주셨다. 1994년 입주한 이 단지는 2015년 당시 리모델링을 위한 조합이 막 설립되었음에도 아직 시세 분출을 못하고 오히려 호가가 떨어지고 있었다. 서울 세곡동과 경기 남부 입주물량 때문이었다. 이를 알아챈 멘토 형님은 지인들과 급매를 사들이고 있었고, 김군과 나를 잊지 않고 불러주신 것이다.

　비록 많이 낡고 녹물이 나오며 주차공간이 부족하고 볼품없는 주황색 외관의 남루한 아파트였지만, 내가 보기에도 그 모든 단점을 뛰어넘는 좋은 입지였다. 전국 상위권 학군과 탄천의 좋은 환경, 신분당선 초

역세권의 25평 아파트는 전세가율이 80%에 육박하고 있었다. 김군과 나는 그날 저녁 4개의 물건을 둘러보았고, 그중에 저렴하면서 깨끗한 1개 호실씩을 골라 가계약금을 쓰고 귀가했다. 그날 김군, 멘토 형님과 함께 늦게까지 소주를 마시며 느꼈던 환호가 잊혀지지 않는다. 며칠 후 4억3천만원에 계약서를 쓰고 3억3천만원에 전세를 놓으면서 잔금을 완료했다.

판교 아파트로 갈아타다

이 분당 아파트는 전세 만기가 도래하기 전에 6억원대 중반이 되었다. 나는 2억원의 수익을 실현하고, 추가로 투자금을 조금 더해 판교 34평 아파트로 갈아타기로 마음먹었다. 때마침 판교 봇들마을의 전세가율이 높아져 투자금이 줄어드는 시기였기 때문이다.

정자동 아파트를 매물로 내놓기 전에 아무런 기대 없이 당시 세입자인 신혼부부에게 매수의사를 물어보았다. 이미 2억원이 넘게 오른 아파트를 사지 않을 것이라는 내 예측과 달리, 한 시간 남짓 지난 후 가격을 조금만 조정해 주면 매수하겠다는 전화가 왔다.

나 역시 판교 아파트로 빠르게 갈아타기 위해 그날 바로 계약하는 조건으로 6억3천만원에 팔겠다고 흔쾌히 답했고, 퇴근길에 행복한 마음으로 판교 아파트의 가계약금을 보내면서 느티마을 4단지를 떠나보냈다. 그날만큼은 잠깐이나마 나 자신이 그렇게 대견할 수가 없었다. 그제야 비로소 부동산 투자의 재미에 눈을 떴던 것 같다.

세입자이자 매수자였던 그 신혼부부는 2년 세를 사는 동안 집값이 올라 2억원이라는 수업료를 냈지만, 더 이상 실기하지 않고 매수했던 그

분당 정자동 아파트는 지금은 13억원 정도에 거래되고 있으며, 포스코 건설을 시공사로 리모델링이 예정되어 있다.

집은 2022년 현재 13억원에 거래되고 있다. 아무도 그렇게 생각하지 않을지 모르지만, 그들이 그 집을 매수하기로 마음먹었던 의사결정 과정 중에는 틀림없이 집주인이었던 내가 동기부여의 역할을 했을 것이다.

안타깝게도 매도 후 5년이 지난 아직까지도 리모델링은 시작되지 않았지만, 포스코 건설을 시공사로 선정했고, 멀지 않은 장래에 '더샵 하이스트'라는 이름의 신축 아파트가 되기 위해 이주를 진행할 것이다. 궁금하여 해당 호실의 등기부등본을 확인해 보니 여전히 그 신혼부부가 소유 중이었다. 리모델링 완공까지 지켜간다면 성공적인 투자가 될 것이다.

과천 주공아파트 재건축 투자

나의 가장 성공적인 투자이자 도시정비 사업에 입문하게 된 것은 과천 주공아파트가 계기가 되었다. 과천은 인구가 7만 명이 조금 넘는 작은 규모지만, 2000년도 초반에는 강남과 더불어 최고의 부촌 중 하나였다. 그런데 영원한 것은 없다고 했던가? 2013년부터 주요 정부부처가 세종시와 지방으로 강제 이전되는 악재를 맞았고, 이로 인해 과천 아파트들은 매수자가 없어 매우 저평가 국면에 있었다.

멘토 형님을 비롯한 우리는 곧 재건축을 통해 도시가 신축화될 것을 인지하고, 몇몇 단지를 비교해가며 매수 타이밍을 재고 있었다. 단지 분석을 위해 해당 조합사무실을 수시로 방문하며 사업진행 현황과 실제 투입되는 자금 등을 알아보던 중 주공 7단지가 곧 관리처분에 가까워졌음을 알게 되었다.

당시 이미 수원 광교 신도시 핵심지의 아파트와 분당 정자동 느티마을 아파트 등 2주택자였던 나는 때마침 대출규제가 완화된 터라 겁 없이 풀 레버리지 대출을 감행했다. 전세 보증금 1억5천만원에 추가로 주택담보대출을 3억1천만원 받았고, 맞벌이의 은총을 입어 아내와 나의 신용대출을 합쳐서 2억2천만원을 더 대출받았다. 1983년 준공된 5층짜리 16평 재건축 아파트를 6억5천만원에 매수하면서 5억3천만원의 대출을 받은 것이다.

다시 생각해 봐도 30대 후반의 한창 나이에 무모한 결정이었다(지금 40대 중반에 똑같은 상황이 주어진다면 아마 포기했을 것이다). 대출 5억3천만원 중에서 담보대출은 1년 거치 상품이었고, 신용대출은 이자만 상환하면 되었음에도 불구하고, 매월 160만원에 가까운 이자를 내야 했기에 아내의 월급은 고스란히 은행으로 들어갔다. 하지만 소비를 마음껏 못하는 쪼들린 삶이 있었기에 지금의 우리 부부가 있게 되었고, 몇 년 간 올라준 전세금 덕분에 많은 대출을 갚을 수 있었다.

과천에서 재건축의 달콤함을 맛본 이후, 나는 도시정비 사업에 대해 더 많은 공부를 하게 되었고, 인천과 경기도 수원 등의 도시정비 사업에 투자를 경험했고, 이제 곧 서울 메이저 재건축 단지로의 투자를 준비 중이다. 다음 나의 행선지는 대치동 또는 목동이 될 것이다.

나의 살던 고향은 '신축' 피는 산골?

강북 길음 뉴타운의 추억

유년기 시절을 서울 강북의 길음동에서 보냈다. 부모님 모두 일을 하셨고 동네 유치원에서 가장 가까운 단독주택에 살았다. 마당도 넓고 잔디밭이 있는 고풍스러운 2층집이었다. 행복한 유년기를 보냈던 그 집이 우리 가족이 이사한 후 이명박 전 대통령이 서울시장으로 재임하던 시절에 길음 뉴타운으로 지정되어 2007년 래미안 이름을 달고 재개발이 완료되었다는 사실은, 30세가 넘고 나서야 알게 되었다. 부모님은 대지지분 깡패였던 그 넓은 단독주택을 당시 유행을 따라 아파트로 이사가기 위해 파셨던 것이다.

재개발이 완료된 강북 길음 뉴타운 래미안 6단지 아파트

강동구 고덕동, 명일동 재건축의 아쉬움

초등학교 시절은 강동구 고덕동에 살았고, 그후 중고등학교 시절은 그 옆 동네인 명일동 아파트에서 살았다. 이곳들은 지금 각각 고덕 래미안힐스테이트와 명일동 래미안솔베뉴 아파트로 거듭났다. 위세당당한 강남 재건축에 비교할 깜은 안 되지만 계속 가지고 있었다면 작지 않은 시세차익을 볼 수 있었을 것이다.

하지만 부모님은 잘 버티고 버티다가 조합 설립을 1,2년 앞두고 다른 집으로 이사를 하셨다. 재건축이 될 것이라는 풍문에 아파트 가격이 조금 오르자 매도하신 것이다. 만약 그 집들을 팔지 않고 전세를 주었다면 나는 아주 풍요로운 성장기를 보냈겠지만, 또 한편으로는 배고픈 30대 시절이 있었기에 현재의 자산을 일구게 되는 계기가 되었음을 믿어 의심치 않는다.

재건축된 강동구 고덕 래미안힐스테이트와 명일동 래미안솔베뉴 아파트

J의 부모님, 고덕아파트 + 올림픽선수촌 + 타워팰리스 + 판교 + 하남

부모님은 당시 이웃이었던 지인들과 아직까지도 좋은 관계를 유지하고 있는데, 특히 한 가족은 부모님 연배도 비슷하고 자녀들 나이도 비슷해

가족 모두가 친했다. 나보다 한 살 동생이었던 J와는 어린 시절 아파트 근처 잔디밭에서 같이 잠자리를 잡고 놀았던 기억이 아직도 생생하다.

J의 부모님은 1988년 서울올림픽이 끝난 시점에 고덕 아파트를 전세를 주고 올림픽선수촌 아파트를 분양받아서 이사를 갔다. 몇 년 후에는 타워팰리스 대형과 판교 미분양분을 과감하게 취득했다. 그리고 취미생활로 하남시 땅을 조금 사서 주말농장으로 배추, 고구마 등을 재배했는데, 그 땅은 오래 지나지 않아 제3기 교산 신도시로 편입되었고, 2021년 토지보상이 되어 적지 않은 현금을 받게 되었다.

현재까지도 그때 분양받은 올림픽선수촌 아파트에서 거주하는데, 이곳은 그야말로 양질의 교육, 쾌적한 환경, 9호선 급행까지 아쉬울 게 없는 요지이다. 여기서 두 자녀 모두 결혼하여 분가까지 시켰으니 한 번의 투자로 모든 게 술술 풀린 셈이다. 이 아파트는 가까운 미래에 재건축을 통해 또 한 번의 신축 아파트를 바라보고 있다.

J의 부모님, 아니 J의 가족은 누가 봐도 부자가 되었다. 초등학교 시절엔 두 가족이 같은 출발선상에 있었다. 아니, 자영업자인 우리 아버지가 샐러리맨이셨던 J의 아버지보다 더 앞서 있었을 수도 있다(앞에서 말했지만, 나는 연대보증 사건이 터지기 전까지는 풍족한 유년기를 보냈다).

그런데 J 가족이 부자가 되었던 건 운이 좋아서였을까? 그 궁금증이 풀린 건 그리 오래되지 않았다. 몇 년 전 아버지 칠순잔치에 오신 J 부모님께 자연스럽게 인사를 드리게 되었는데, 그때 나는 이미 부동산 투자를 시작했던 터라 궁금한 것이 너무 많았다.

부자 아빠, J의 아버지에게 배운 것

짧은 대화에 아쉬움이 컸기에, 별도의 약속을 잡고 며칠 후 J의 아버지를 직장으로 찾아뵈었다. 정년이 훌쩍 지난 나이셨지만 능력을 인정받아 여전히 호텔에서 고문직으로 재임 중이셨다.

혈기왕성한 청년이 사회 초년생으로 호텔에서 일하는 것은 참으로 인내하기 어려웠다고 한다. 그럼에도 불구하고 몇 년 버티다 보니 승진을 했고 VIP 고객들을 전담하게 되었는데, 1980~90년도 당시 호텔 VIP들은 사회적으로 성공한 분들이 대다수였다. 고객들 중 몇몇은 J 아버지의 성실 근면함을 높이 평가했고, 자연스럽게 비밀유지가 필요한 친분이 형성되었다. 이를 통해 고급정보와 투자 마인드를 접할 수 있는 계기가 되었고, 단 몇 번의 투자가 좋은 결과로 이어지게 된 것은 당연했다.

그렇다면 그곳에서 근무했던 모든 VIP 담당 호텔리어들이 부자가 되었을까? 현실은 대부분의 직원들이 이른바 '회장님의 갑질'에 못 버티고 퇴사했다고 한다.

J 아버지는 자신의 장점을 크게 두 가지로 말씀하셨는데, 첫 번째는 라포(rapport: 상호 간의 신뢰) 형성, 두 번째로는 지체하지 않는 빠른 결단력이 그것이다.

직업 특성상 고객들의 사적대화 또는 통화내용을 들을 수밖에 없는 상황을 자주 마주하게 되었는데, 이 경우 의식적으로 거리를 두고, 응대가 완료된 시점에 항상 본인의 명함을 뒤집어 드렸다고 한다. 그 뒷면에는 "귀하의 프라이버시를 위해 대화가 들리지 않는 거리를 유지하였으니 양해 바랍니다"라고 자필로 써두셨다고 한다.

부자들의 루틴과 노하우를 따라가라

2022년 지금의 감염병 시국에는 당연한 매너라고 생각할 수 있으나, 30여 년 전에 이런 배려 있는 행동을 하는 이들이 얼마나 있었을까? 그 문구가 인상에 남았던 고객들이라면 그 명함을 뒤집어 담당 호텔리어의 이름을 되뇌어 볼 것이고, 호텔 재방문 시 자연스럽게 이름을 알리는 계기가 되었을 것이다. 서로의 이름을 알게 된 고객들과 친밀도가 올라가는 것은 당연한 것이다. 이런 라포를 바탕으로 일반인들은 접할 수 없는 양질의 정보들을 얻게 되셨으나, 처음에는 그 정보를 어떻게 가공하여 투자해야 하는지 모른 채 본업에 충실하셨다고 한다. 아마 직업윤리에 반하는 행동이라고 생각하셨을지도 모르겠다.

그러던 중 기회는 자연스럽게 찾아왔다. 한 건설사에 임원으로 재직 중인 단골고객이 자신과 함께 올림픽선수촌 아파트를 분양받아 이웃으로 지내자는 제의를 했고, 확신을 갖고 바로 실행에 옮겼던 것이 부자로 가는 계단의 첫걸음을 딛게 된 것이다. 이후 매수한 부동산을 매도하지 않고 꾸준히 자산을 잘 지켜오신 것이다.

지금까지 조금 길게 J 아버지의 이야기를 해보았다. 이 만남 이후 나는 부자들은 틀림없이 자신만의 성공 스토리와 노하우가 있을 것이라 확신했다. 그리고 더욱 많은 부자들을 만나서 관찰하고 따라 배우고 싶었다. 이를 위해 나는 무엇을 해야 하나 고민했다. 이제 그 이야기를 해보겠다.

부자들의 '비단 주머니'를 찾았구나!

내가 언론사 기자나 작가도 아닌데, 무턱대고 부자를 찾아다니거나 소개를 받는다고 그들이 나를 만나줄 리 만무했다.

앞에서 내가 입이 마르고 닳도록 칭송했던 멘토 형님은 당시 차장으로 재직 중에 이미 경제적 자유를 이루고는 과감하게 퇴사를 하셨다. 애초에 회사에 오래 몸담고 있을 분이 아니었던 것이리라. 퇴사 후 본인이 하고 싶었던 여러 분야에 도전하여 유의미한 성과를 거두고 있던 중, 안타깝게도 주변인들과의 이해관계에 휘말려 차라리 사업을 포기하는 것이 낫다고 판단하고는 2년 만에 모든 것을 정리하셨다. 그 후 수개월 동안 방황하며 힘들어 했으나 그것도 잠시 곧 자신의 진로를 찾으셨다.

그들만의 부자 공식

그 형님이 공인중개사 자격증을 취득하고 경기도 과천에 공인중개사 무소를 개업했다는 소식을 듣자마자, 그날 바로 화환과 선물을 들고 방문했다. 이 멘토 형님 덕에 나를 비롯한 지인들은 과천에 재건축 아파트를 이미 한두 채씩 투자했던 터라, 과천이라는 도시는 우리들 사이에서는 친근한 도시였다.

"돈을 벌려면 돈이 모이는 길목에서 일해야 한다."

개업인사를 드리러 갔던 날에 해주신 한마디 말씀이 부자를 만나고 싶었던 갈증을 해소시켜 주었다. 그날 이후로 별도 스케줄이 없는 한 매주 주말은 물론, 일찍 퇴근하는 날이면 멘토 형님의 사무실을 들락거렸다. 구석자리 소파를 차지하고 믹스 커피를 타먹으며 손님들을 유심히 관찰하는 것이 취미 아닌 취미가 된 것이다.

이 생활이 2년 남짓 지나다 보니 다양한 손님들을 간접 대면해 볼 수 있었다. 코로나로 사업이 망해서 월셋집을 얻으러 온 가족부터 신축 아파트를 분양받아 기분 좋게 전세를 놓으러 온 분, 예전에 사두었던 아파트를 자식들에게 증여하러 온 분 등 각자마다 여러 사연이 있었다. 특히나 나는 몇몇 부자들의 스토리에 관심을 두었고, 몇 가지 공통된 사항을 알 수 있었다. 마치 그들만의 부자 공식인지, 누군가의 컨설팅이었는지 모르겠지만 말이다.

공통적인 몇 가지 사항을 정리해 보면 다음과 같다.

도시정비 사업 잘 알고, 일찌감치 조합원

가족 대대로 재개발 또는 재건축 같은 도시정비 사업을 잘 알고, 일찌감치 조합원이 되어 있었다. 재개발이나 재건축 사업을 시행하려는 곳에 토지나 건축물 또는 주택을 소유한 사람들을 '조합원'이라고 한다. 도시정비 사업을 한 번 경험해 본 사람들은 이로부터 얻은 수익을 다시 다른 지역의 도시정비 사업에 투자하는 패턴을 보였다. 마치 신도시나 택지지구 개발 시 토지주들에게 토지 보상금이 나가면, 그 대부분이 다시 토지 매입자금으로 되돌아가는 것과 같은 이치인 듯싶었다.

지금 신축 아파트의 인기는 하늘을 찌른다고 해도 과언이 아니다. 신축 아파트를 받을 수 있는 첫 번째 방법은 분양권을 취득하는 것이고, 두 번째 방법은 재개발, 재건축, 리모델링 등 조합원의 지위로 도시정비 사업에 참여하는 것이다.

이 중에서 분양권의 경우에는 청약가점을 모아 당첨되거나, 타인의 당첨된 분양권을 프리미엄을 주고 사는 방법인데, 사실상 수도권은 전부 조정대상지역으로 전매제한 조건이 있으므로, 분양권 거래는 지방 중심으로 봐야 할 것이다. 또 다른 방법인 도시정비 사업을 통한 방법은 국가와 조합에서 규정한 조건을 만족한 조합원이라면 새 아파트에 입주할 수 있는 권리를 얻는데, 이 입주권을 가지면 헌 집 주고 새집을 받는 마법을 경험하게 되는 것이다.

사실상 2022년 현재 많은 사람들이 선호하는 수도권 핵심지에는 민간분양으로 신축 아파트를 지을 땅이 없고, 최초 분양자가 되기란 로또 당첨에 버금간다. 결국 노른자위 땅의 신축은 도시정비 사업의 조합원이 되거나 입주권 거래밖에 없다고 해도 과언이 아니다. 도시정비 사업은 오랜 투자기간이 필요한 대신 드라마틱한 수익률을 얻을 수 있으므로, 부자들은 가능한 자녀들을 일찍 세대분리를 해서 세대당 각자 한 채 이상의 도시정비 사업의 입주권을 소유하는 패턴을 발견할 수 있었다(도시정비 사업에 대해서는 뒤에서 자세히 설명한다).

가족 간에 꾸준히 증여

부모가 자식에게 비과세로 가능한 증여한도는 매 10년마다 미성년 자녀는 2천만원, 성년 자녀는 5천만원이다.

증여세 세율 / 증여재산 공제

과세표준	세율(%)	누진공제액(원)
1억원 이하	10%	없음
1억원 초과~5억원 이하	20%	1천만원
5억원 초과~10억원 이하	30%	6천만원
10억원 초과~30억원 이하	40%	1억6천만원
30억원 초과	50%	4억6천만원

수증자	공제금액(원)
배우자	6억원
자녀(성인)	5천만원
자녀(미성년자)	2천만원
손자녀	5천만원
그 외 친족	1천만원

※ 그 외 친족: 6촌 내 혈족, 4촌 내 친척

하지만 부자들은 비과세에 연연하지 않는다. 보통 성년 자녀에게 2억원씩, 미성년 자녀에게는 1억7천만원씩 증여하는 경우가 많았는데 그 이유는 다음과 같았다.

성년 자녀에게 2억원 증여 시: 성년 자녀의 증여재산 공제는 5천만원이므로 1억5천만원이 과세결정액이 된다. 이 중 1억원은 10% 세율 적용, 나머지 5천만원은 20%의 세율이 적용된다. 따라서 증여를 받는 성인 자녀는 2천만원의 세금을 내고, 세후 1억8천만원을 증여받을 수 있는 것이다.

성년 자녀에게 2억원 시 증여세
= 5천만원 × 0% 세율 + 1억원 × 10% 세율 + 5천만원 × 20% 세율
= 2천만원

미성년 자녀에게 1억7천만원 증여 시: 미성년 자녀의 증여재산 공제는 2천만원이므로 1억5천만원이 과세결정액이 되고, 동일한 수식을 적용하면 미성년 자녀는 2천만원 세금을 내고 세후 1억5천만원을 증여받을

수 있다.

최근 과세당국에서 증여를 깐깐하게 조사하고 집을 구매할 때 자금출처를 증빙해야 되기 때문에, 예전처럼 자녀에게 집을 사주는 것은 매우 힘들다. 자칫하면 세무조사의 타깃이 되기 때문이다. 오히려 적당한 증여세를 내고 투명하게 증여하는 것이 안전하다. 사족이지만, 부자들은 전세자금의 경우에는 아직 자금출처가 필요 없다는 점을 그냥 간과하지 않는다. 시간이 지난 후 자녀가 주택 구입 시 전세 보증금은 훌륭한 자금출처가 된다.

작은 혜택도 놓치지 않는 디테일

대표적인 예가 국민연금의 임의가입 제도 활용이다. 국민연금은 직장인이 아니어도, 혹은 소득이 없어도 가입을 희망하면 '임의가입'을 할수 있다. 국민연금은 물가를 반영하기 때문에 연금의 실질가치가 보장된다. 10년 이상 납부한 경우에만 받을 수 있고, 가입기간이 길수록 유리하기 때문에 일반적인 연금상품보다 장점이 많다.

일반적으로 국민연금 가입시기는 남성의 경우 군입대 시기를 감안하면 26세 전후, 여성의 경우 23세 전후이다. 임의가입은 만 18세부터 가능하므로 다른 직장인들 대비 5~10년 정도 가입기간의 혜택을 더 누릴 수 있다. 직장이력이 짧은 전업주부들도 추가납입 제도를 활용하여 부족한 금액을 채워넣고 유지하여 납입금액 대비 많은 연금 혜택을 받아낸다. 아주 큰 금액은 아니지만 최소 납입금액이 9만~10만원 정도인 점을 생각해 보면 꽤 좋은 수익률 상품인 셈이다.

부자들은 이 책에서는 언급하지 못하는 비밀스러운 방법들도 서로 연구하고 공유하며 배우고 있다. 부모 명의의 카드로 소비하고 자신의 소득은 모두 저축하는 '엄카 찬스'는 이미 잘 알려진 편법의 예이다. 부모로부터 증여나 상속을 받을 때는 되도록 주소지를 강남3구로 전입 후 실행하는 것도 그들만의 은밀한 기술이다. 강원도에서 50억원을 증여하는 일은 매우 드물기 때문에 지자체 과세당국에서 면밀하게 살펴보지만, 강남구에서는 그다지 큰 이벤트가 아니기에 스쳐 지나가기 쉽다는 것이다. 많은 정보가 공개되고 알려졌다지만, 아직까지도 그들은 비밀스런 노하우들을 많이 가지고 있다. 다시 한 번 말하지만, 주위에 부자가 있다면 그들을 관찰하고 배우는 자세로 계속 교류해 가는 것이 부를 이루는 지름길이다.

도시정비 사업 뽀개기

부동산은 자산을 담는 그릇이다. 늘어난 자산의 대부분을 장기간 관리하기에는 변동성이 큰 주식이나 가상화폐 등은 부적합하기 때문이다. 전 세계의 부자들은 서로 경쟁하듯 에셋 파킹(Asset Parking)을 위해 선진국의 우량 부동산을 차지하고 있다.

부자들은 왜 도시정비 사업을 좋아할까?

우리나라 부동산도 마찬가지이다. 그중에서도 부자들이 선호하는 주택 취득 방법은 도시정비 사업이다. 도시정비 사업 투자는 갭투자나 분양권 투자 대비 레버리지 사용이 제한적이고, 수익실현까지 오랜 시간이 걸리기 때문에 그동안 버틸 수 있는 인내심과 현금흐름이 필요하다.

가장 큰 단점은 도시정비 사업에 대한 기본적인 이해가 필요하기 때문에 쉽게 접근하기 어렵다는 것이다. 잘 모르고 정비구역에 투자할 경우, 입주권 대신 투자금보다 적은 돈을 받고 도시정비 사업 구성원에서 제외되는 최악의 상황을 겪을 수도 있다(이를 '현금청산'이라고 한다).

그럼에도 불구하고, 부자들은 왜 이런 단점이 많은 도시정비 사업 투자를 선호할까?

아이러니하게도 단점이 많고 진입장벽이 높은 것이 그 이유이다. 어느 정도 수준의 관련 지식과 더불어 오랜 기간 버틸 수 있는 시간적 여유와 자본금만 있으면 다른 어떤 투자보다도 확실한 수익을 올릴 수 있기 때문이다.

도시정비 사업은 아직까지는 블루오션이라고 할 수 있는데, 어려운 법조항과 복잡한 규제 때문에 중도에 포기하는 분들을 많이 보아왔다. 하지만 이번 기회에 한 번 도전해 보자. 이 도전을 도와드리고 싶어 이 글을 쓰고 있다. 최대한 쉽고 간략하게 기본적으로 알아야 할 부분을 설명하겠다. 여기서 개념을 정립한다면 이후 확장·응용은 어렵지 않을 것이다.

도시정비 사업이란 무엇일까?

일반적으로 저층의 단독주택이나 빌라를 허물고 다시 지으면 재개발이고, 낡은 아파트를 다시 지으면 재건축이라고 생각하기 쉬우나 반드시 그렇지는 않다.

재개발은 도로, 상하수도 등 주거 기반시설까지도 열악한 노후화된 불량 건축물들이 밀집한 곳을 다시 정비하는 것이다. 예를 들어 용산 한남3구역은 인접한 도로폭이 4미터도 안 되는 곳이 대부분이라 소방차나 응급차가 진입하기가 매우 어렵다. 또한 상하수도 시설의 처리용량이 기존 3,900세대 정도에 맞춰져 있으나, 앞으로 도시정비 사업 완료 시 5,816세대로 약 2천 세대 가까이 늘어나기에 기반시설의 전면적 개선이 필요한 재개발 사업으로 분류된다.

반면 방배5구역은 1,168세대가 약 3천 세대로 늘어나지만, 아파트 단지가 아닌 단독주택 위주라도 반듯한 대로 및 강남의 좋은 기반시설

한남동 재개발 구역　　　　방배동 재건축 구역

을 가지고 있어 재건축 사업으로 진행한다.

　재개발과 재건축은 적용되는 규제가 다르기에 둘의 차이점과 장단점을 이해하는 것이 매우 중요하다.

　재개발은 재건축에 비해 용적률 완화, 안전진단 예외 등 절차상 특례가 주어지는 사업이므로, 재개발조합은 국가에 더 많은 기부채납과 높은 비율의 임대주택 공급을 전제로 하는 공익적인 성격이 강하다. 기반시설이 새로 확충되어야 하므로 정부로부터 많은 인허가를 받아야 하기에, 민간 주도로는 한계가 있어 결국 지자체가 사업의 주체가 된다. 반면 재건축은 공동주택 거주민들이 의기투합하여 진행하므로 민간이 사업의 주체가 된다.

　둘은 세부적으로 여러 차이점이 있지만, 특히 투자자 입장에서는 '재건축 초과이익 환수제' 적용과 입주권을 전매하는 '조합원 지위 양도'의 거래 가능 시점에 주목해야 한다. 서울의 경우 서울시에서 운영 중인 클린업(cleanup.seoul.go.kr)에서 현재 진행 중인 도시정비 사업 구역현황 및 세부정보를 얻을 수 있다.

정비사업 단계를 아는 것이 돈이다

재개발/재건축에 투자하기 위해서는 각각의 주요 단계를 알고 있어야 한다. 평소에 쓰지 않는 단어들이 나와 매우 낯설 것이다. 하지만 이 단계들을 간략하게라도 알아야 앞으로 설명할 투자방법을 이해할 수 있으며, 이러한 허들 때문에 아는 사람에게 기회가 있는 법이다. 어렵더라도 몇 번씩 읽어 각 단계의 흐름을 내 것으로 만들자.

재개발/재건축 사업 단계

① **정비 기본계획 수립:** 가장 초기 단계로 정부의 도시계획에서 노후화를 고려한 전반적인 정비계획을 만드는 단계이다.

② **정비구역 지정:** 특정 지역을 정비구역으로 지정하여 수립된 계획을 구체화하는 단계이다. 재건축의 경우에는 구역 지정 전에 안전진단을 한다.

③ **조합설립추진위 구성:** 사업을 위한 조합을 구성하는 단계로 조합원이 될 자격을 가진 사람들을 '토지 등 소유자'라고 한다. 이 예비 조합원들이 1/2 이상 동의해야 추진위를 설립할 수 있다.

④ **조합 설립 인가:** 예비 조합원의 75% 이상 동의를 받으면 비로소 조합이 설립되어 도시정비 사업의 주체로 인정받기 시작한다. 창립총

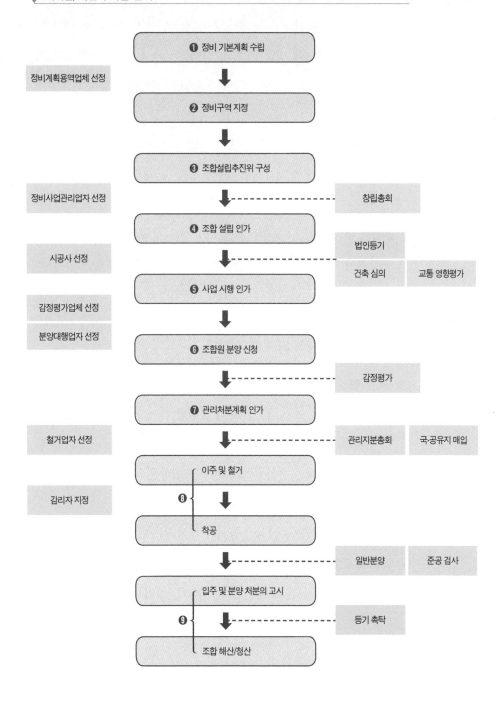

정비계획용역업체 선정

❶ 정비 기본계획 수립

❷ 정비구역 지정

❸ 조합설립추진위 구성

정비사업관리업자 선정 — 창립총회

❹ 조합 설립 인가

시공사 선정 — 법인등기

건축 심의   교통 영향평가

❺ 사업 시행 인가

감정평가업체 선정

분양대행업자 선정

❻ 조합원 분양 신청

감정평가

❼ 관리처분계획 인가

철거업자 선정 — 관리지분총회   국·공유지 매입

이주 및 철거

감리자 지정   ❽

착공

일반분양   준공 검사

입주 및 분양 처분의 고시

❾   등기 촉탁

조합 해산/청산

회 및 조합장을 선출하는 단계이다. 이때 아주 기본적인 조합원들의 예상 추가 분담금 또는 환급금이 제공되지만, 아직 세부계획이 반영되지 않았기에 정말 대략적인 참고용 금액이라고 생각해야 한다. 조합 설립 후 조합원들의 선호도를 반영하여 시공사(건설사)를 선정한다(서울시는 사업시행 인가 이후 시공사를 선정한다).

⑤ **사업시행 인가:** 개발 진행에 대한 사업계획(건물 외관, 면적, 세대수, 임대비율 등)에 대해 지자체의 승인을 받는 단계로 매우 중요한 단계이다.

⑥ **조합원 분양 신청:** 조합원들에게 희망하는 평형을 받는 단계로, 각 조합원이 배정받고자 하는 평형에 따라 조금 더 구체적인 추가 분담금 또는 환급금을 안내받게 된다. 하지만 이 금액 또한 최종단계 전의 금액으로, 일반분양 수입이 어떻게 되느냐에 따라 많은 변동이 발생한다.

⑦ **관리처분계획 인가:** 정비사업의 총 비용계획(감정평가, 청산금, 총 공사비와 사업비 등)에 대해 지자체의 승인을 받는 단계로, 사실상 도시정비 사업의 마지막 고비라고 할 수 있다. 이후 단계는 건축적인 부분이므로 전체적인 사업 리스크의 95% 이상은 해소된 것이다. 남아있는 마지막 허들을 넘었다고 해도 과언이 아니다.

⑧ **이주 및 철거, 착공:** 실질적인 공사가 실행되는 단계이다.

⑨ **입주 및 분양 처분의 고시, 조합 해산/청산:** 마지막 행정 단계로 각 조합원에게 각 호실별 소유권이 이전되고, 정비사업의 모든 절차가 완료되는 단계이다.

좀더 쉽게 이해하기 위해 친구들과 파티를 개최하는 일련의 과정으로 예를 들어보겠다.

언제 파티를 할지(정비계획 수립)→누구네 집에서 파티를 할지(정비구역 지정)→예상 파티 초대 리스트를 정하고(조합설립추진위 구성)→최종 참석 대상자에게 초대장을 발송하고(조합 설립 인가)→파티 음식과 드레스 코드를 정하고(사업시행 인가)→파티 회비는 얼마를 거둘지(관리처분 인가) 등으로 이어지는 과정이라고 보면 이해가 쉬울 것이다.

재건축 초과이익 환수제 체크하기

이제는 투자 시 꼭 체크해야 하는 사항을 살펴보자. 그중 하나가 재건축 초과이익 환수제이다.

재건축 초과이익 환수제는 재개발에는 해당되지 않고 재건축에만 적용되는데, 재건축 단지에 투자 예정이라면 투자수익률에 엄청난 영향을 주므로 반드시 알아두어야 한다. 일명 '재초환'이라고도 한다. 각 조합원이 재건축으로 얻은 이익이 정부의 예상치보다 많으면 그 이익을 환수하는 제도이다. 정부의 예상치가 얼마나 합당하고 어떤 근거에 기반하는지는 의문이지만 말이다.

이 재초환은 인근 유사 지역의 집값 상승분, 재건축 공사비용 등을 제외한 후 초과이익의 규모에 따라 10~50%까지 환수금이 부과되는 구조이다.

2006년 시행됐으나 주택시장 침체 등의 이유로 2013년에서 2017년 사이에 일시적으로 유예되었고, 그후 집값 급등으로 2018년 1월부터 다시 시행 중이다. 미실현 이익에 대한 과세로 사유재산을 침해한다는 위헌 소지가 있었으나, 2019년 12월 27일 헌법재판소로부터 합헌 결정이 났다.

아주 쉽게 예를 들어보면, 현재 재건축 중인 둔촌주공아파트가 10억 원에서 재건축 후 15억원이 되었고, 같은 기간 동안 인근 단지인 올림픽선수촌 아파트의 시세가 8억원에서 10억원이 되었다고 가정해 보자. 둔촌주공아파트는 5억원, 올림픽선수촌 아파트는 2억원이 오른 셈이다. 이 경우 국가 입장에서는 둔촌주공아파트가 재건축을 통해 3억원이 더 오른 것으로 계산하여 추가로 1억2천만원 정도를 환수하겠다는 것이다(1억1천만원 이상 이익 초과는 50% 환수구간이니, 3억원을 대상 금액으로 계산식에 넣으면 1억1,500만원 정도가 산출된다).

📍 수도권 주요 재건축 단지의 예정 부담금 추정액   자료: 정비업계

산출시기	지역		단지	총 예정 부담금	1가구당 부담금
2018년	서울	서초구 반포동	반포현대	108억5,500만원	1억3,569만원
		은평구 구산동	연희빌라	5억6천만원	770만원
		송파구 문정동	136번지 일대	506억원	5,795만원
		광진구 자양동	자양아파트	3억6천만원	320만원
2020년	서울	서초구 반포동	반포3주구	5,965억 6,800만원	4억200만원
2021년	서울	서초구 방배동	방배삼익	1,271억 8,300만원	2억7,500만원
		용산구 이촌동	한강삼익	551억원	1억9,700만원
	경기	영통구 매탄동	영통2구역	7,213억원	2억9,650만원

※ 각 구청의 초과이익 환수 예정 통보 금액 기준

최근 5년 간 재건축 사업은 시세가 많이 상승했으므로, 투자하고자 하는 재건축 사업지가 있다면 반드시 조합사무실에 연락하여 현황을 확인해야 한다. 해당 구역이 재초환 대상인지, 만약 대상 사업지라면 추정 부담금이 얼마인지를 확인하고 투자수익률을 다시 계산해 보아야 한다.

요즈음 집값 폭등으로 서울뿐만 아니라 수원의 매탄 주공 4,5단지도 재초환 부담금 예정액으로 약 3억원이 통보되어 조합원들이 큰 충격을 받았다. 사업시행 인가 3개월 시점부터 최초 재초환 부담금 예정액이 고지되며, 지자체는 주기적으로 변경된 예상금액을 조합에 통보한다. 따라서 사업시행 인가 이후에는 조합을 통해 추정 부담금을 확인할 수 있으나, 기본적으로 그 금액도 역시 준공 인가일 기준으로 바뀌기에 계속 추적하며 수익률을 확인해야 한다. 다만, 앞서 말했듯이 2017년 12월 말까지 관리처분계획 인가 신청을 한 재건축 사업장은 재초환의 예외 대상지로 이익이 환수되지 않는다.

조합원 지위 양도, 그것은 All or Nothing!

반드시 확인해야 할 것이 하나 더 있는데, 조합원 지위 양도가 가능한지 여부이다. 조합원 지위 양도가 안 되면, 관리처분계획 인가 시점에 그 물건의 권리가액만 현금으로 되돌려받고 강제로 조합에 매도해야 한다. 이것을 '현금청산'이라고 하는데, 결국 신축 아파트의 입주권을 취득하지 못한다는 뜻이다. 어렵게 골라 투자한 물건이 시세가 엄청 올랐는데도, 조합원 지위 양도 규정을 몰라서 현금청산이 된다면 너무 속상해 며칠 잠을 못 잘 것이다.

조합원 지위 양도 조건

조합원 지위 양도 여부는 조건이 까다로우므로 조금 더 세부적으로 살펴보자.

기본적으로 투기과열지구가 아니라면 크게 걱정하지 않아도 된다. 조합에 연락하여 지번이나 호수를 알려주면 조합원 지위 양도가 되는 물건인지를 확인할 수 있다.

먼저 조합 정관에 정해놓은 최소지분을 만족해야 한다. 지분이 너무 작으면 입주권을 받지 못하기 때문이다. 재건축의 경우 조합 설립 인가 시점에 이미 조합원 분양 신청 가능 물건과 현금청산 되는 물건으로 분류된다.

반면 재개발의 경우는 권리산정 기준일 이후에 신축되거나 분할되지 않은 물건인지 추가로 확인해야 한다. 권리산정 기준일은 대부분 도시정비 사업의 시작 단계인 '정비구역 지정일'이다. 일명 지분 쪼개기 등으로 조합원 수가 기하급수적으로 늘어나는 것을 방지하고자 생긴 규정인데, 초보 투자자는 되도록 신축 빌라는 사지 않는 것이 가장 안전한 방법이라고 할 수 있다.

권리산정 기준일이란?

재개발 중인 사업장에서 토지나 주택을 분할하여 지분 쪼개기를 하는 것을 방지하고자 2009년 2월에 새로 도입한 것으로, 정비구역 지정일 이후 신축되거나 토지 소유자가 증가하면 대표자 1인에게만 입주권을 부여하고, 나머지 소유주는 현금청산을 당하게 된다.

최근 공공이 직접 시행하는 도심공공주택 복합사업(일명 3080+사업: 서울 30만 호, 전국 80만 호 신규주택 공급사업), 조합과 공기업이 공동으로 하는 공공재개발, 서울시의 신속통합기획이나 모아타운 등 여러 가지 종류의 재개발이 우후죽순 생겼는데, 권리산정 기준일이 각각 다르다. 따라서 각 사업의 권리산정 기준일을 잘 확인해 봐야 한다.

노파심에서 조언을 드리자면, 도심공공주택 복합사업은 거들떠보지도 않았으면 한다. 이 사업장은 권리산정일 이후에는 적법하게 구축 빌라를 매수해도 조합원 지위 양도를 금지한 악법이 적용되었기 때문이다.

투기과열지구 조합원 지위 양도의 별도 조건

도시정비 사업은 부동산 경기가 좋은 시기이면서, 특히 선호도가 높은 지역의 정비구역이 진척도가 빠르다. 사업장이 가지고 있는 땅 위에 아파트를 지어 조합원에게 먼저 배분한 후, 남은 호실을 최대한 높은 가격에 일반분양을 하는 것이 조합의 목표이기에, 부동산 시장이 활황일 때 고분양가를 유도해야 하기 때문이다.

사실상 투기과열지구에 있는 정비사업장들이 고급 건설사 브랜드 아파트가 되고, 그로 인해 높은 분양가를 받아 사업성이 좋아지는 선순환 구조이다. 이것이 투기과열지구의 투자가 선호되는 이유이다. 따라서 투기과열지구 안의 조합원 지위 양도 조건에 대해서도 잘 알고 있어야 한다.

투기과열지구의 부동산은 사업진행 단계에 따라 조합원 지위 양도가 불가한 별도 조건이 있다.

안타깝게도 재개발은 관리처분계획 인가 이후, 재건축은 상대적으로 더 앞선 단계인 조합 설립 인가 단계 이후의 매매는 조합원 지위 양도가 되지 않는다. 거래는 할 수 있으나, 결국 관리처분 이후 단계에서 입주권을 받지 못하고 현금청산이 된다는 뜻이다.

특히 재건축의 경우 조합 설립 인가 이전에 매수해야 하므로, 많은 투자금이 오랜 기간 묶이게 된다. 재건축 완공 이전까지는 다음 매수자에게 조합원 지위가 양도되지 않으므로 현실적으로 매도가 불가능하기 때문이다. 다만, 이 규정(도시 및 주거환경 정비법 39조 2항)이 만들어진 2018년 1월 24일 이전에 사업시행 인가 신청을 한 사업장은 이 사항에서 예외가 된다.

최근 재개발, 재건축 부동산 가격이 계속 급등하자, 시장을 안정화하기 위해 조합원 지위 양도 시점을 더 빠른 단계로 앞당길 가능성도 언급되고 있으니, 투자자들은 바뀌는 정책을 면밀히 검토해야 한다.

매도자의 5년 내 정비사업 재당첨 여부

마지막으로 고려해야 할 사항은 매도자가 5년 내 다른 정비사업에서 당첨 이력이 있는지 여부이다. 투기과열지구에서 단기간에 여러 건의 신규주택을 취득해 막대한 시세차익을 얻는 것을 방지하고자 만든 조항이다.

많은 사람들이 이 부분을 간과하는데, 아직 이 법이 시행된 지 얼마 되지 않아 피해자가 별로 없어 대중적으로 알려지지 않은 것 같다. 하지만 시간이 지날수록 피해 사례가 급증할 것으로 예상된다. 이 경우 뒤늦게 후회해 봐야 구제할 방법이 없다.

투기과열지구 내에서 재개발, 재건축 등 정비사업을 통해 일반분양, 또는 조합원 분양을 통해 당첨된 세대주뿐만 아니라 그 세대원들도 5년 동안 투기과열지구 내에 정비사업을 통한 분양을 제한한다.

만약 나와 동거가족이 도시정비 사업 물건을 각각 1개씩 총 2개를 보유 중인데, 하나의 부동산이 먼저 2019년 1월에 조합원 분양을 했다면, 나머지 하나의 사업장은 2024년 1월 이전에는 조합원 분양을 하지 않기를 기도하는 수밖에 없다. 이런 물건을 사면 원래 조합원의 5년 내 재당첨 제한 위험까지 승계하는 것이기에 현금청산이 될 가능성이 있다.

이 제한 규정은 2017년 10월 24일 신설된 것이라, 그 이전부터 부동산을 소유 중이면서 이날 이전에 이미 관리처분계획 인가가 완료된 사업장이나 민간분양으로 당첨된 경우는 이 규정과 무관하다.

매우 복잡하게 느껴질 수 있어 다시 한 번 정리해 보겠다.
① 투기과열지구에서
② 최초 사업시행 인가 신청일이 2018년 1월 24일 이후이고,
③ 재건축의 경우 조합 설립 인가 단계가 지난 이후,
　　재개발의 경우 관리처분계획 인가가 지난 이후 시점의 부동산이거나,
④ 매도자가 2017년 10월 24일 이후 5년 내 정비사업 당첨 이력이
　　있다면,
최종적으로 매도자의 조합원 지위 양도가 되지 않기 때문에, 이런 물건을 사면 입주권을 받지 못하고 현금청산이 된다고 요약할 수 있다.

따라서 투기과열지구의 물건은 매매계약 전에 반드시 조합사무실을

통해 조합원 지위가 양도되는 물건인지 확인해야 한다. 관련 법조항이 까다롭고, 공인중개사들조차도 매도자 개개인의 사정을 잘 모르는 경우가 많기에 문제가 생기면 아무도 책임지지 않으려 한다.

한 가지 팁을 드리자면, 계약서에 다음과 같은 특약사항을 넣는다면 어느 정도 위험을 피할 수 있다.

- 본 계약은 ○○구역 재개발(재건축) 사업의 조합원 지위 양도가 가능한 부동산에 대한 계약으로서, 매도자는 본 조합으로부터 단독분양 대상이며, 재당첨 제한 등에 문제가 없음을 확인한다.
- 만일 본 물건의 분양자격 등에 문제가 발생한다면, 매도자는 문제해결에 소요되는 일체 비용을 부담하기로 한다.
- 동 사유로 매수자가 계약 취소를 원할 경우, 별도 배액배상 없이 계약을 취소하기로 한다.

자, 여기까지 잘 따라왔다면 이미 도시정비 사업의 90%는 알고 가는 것이다. 문제없는 입주권을 매입했다면 종전 자산평가, 종후 자산평가, 비례율 같은 전문적인 용어나 복잡한 수식들을 모르더라도 사업이 진행되고 시간이 흐르면 시세가 크게 오를 수밖에 없다.

결론적으로 도시정비 사업 투자에서 가장 중요한 것은 매수 타이밍 포착이라고 할 수 있다. 그러면 우리는 언제 어떻게 투자해야 할까? 이제 재개발/재건축 사업의 매수 타이밍에 관한 이야기를 해보자.

투자 타이밍의 귀재가
되어보자

실제 도시정비 사업의 투자 타이밍을 살펴보자. 앞서 말한 투기과열지구 내의 조합원 지위와 관련하여, 다행히도 조합원 승계가 가능한 예외조건이 몇 가지 있다. 이 예외조건을 잘 활용하면, 비록 조금 비싸게 사더라도 단기간 보유만으로 조합원 분양가에 신축 아파트를 취득할 수 있다.

조합원 지위 양도의 예외조건
1가구 1주택자의 10년 이상 보유 & 5년 이상 거주 물건
장기간 실소유를 한 소유주들의 재산권 행사를 위해 매매가 가능한 예외조건이 있는데, 1가구 1주택자이면서 10년 이상 보유 조건과 5년 이상 거주 조건을 둘 다 만족한 물건이 그것이다.

재개발, 재건축 특성상 연세가 많은 노인 소유주들이 많기에, 이들의 건강이나 생계 등 불가피한 경우를 위한 예외조건이다. 철거 이주 후 건축 중인 상황에서 이런 물건을 매수하면 단기간에 좋은 성과를 거둘 수 있다. 물론 이런 물건은 희소하기에 발품을 팔아야 하고 가격이 이미 다 올라 있을 것이다. 하지만 "비싸지만 싸다"라는 말이 이런 물건을 두고 하는 말 아닐까?

정비사업이 3년 이상 지연된 경우

정비사업이 3년 이상 지연되어 진척되지 않는 물건들에 대한 예외조건이다.

> 1. 조합 설립 후 3년이 지나도록 사업시행 인가를 신청하지 않은 경우
> 2. 사업시행 인가를 받고 3년 이상 착공하지 않은 경우
> 3. 착공 후 3년이 지나도 준공하지 않은 경우

2020년에 강남 개포1단지와 잠실의 미성, 크로바 재건축 단지가 좋은 예이다. 사업시행 인가일 이후 3년이 경과하도록 착공되지 않았기에, 몇 달 동안 조합원 입주권 거래가 허용되어 많은 손 바뀜이 있었다. 착공을 코앞에 두고 있는 사업장이었으므로, 자금 융통만 가능하다면 준공까지 2,3년 사이에 큰 차익을 볼 수 있는 물건들이었다.

조합 설립 후 3년 동안 사업시행 인가가 지연되었던 잠실주공 5단지 역시 거래 가능한 단지이다. 다만, 강남, 서초, 송파, 목동, 여의도 등 서울의 일부 지역은 토지거래 허가구역으로 지정되어 있으므로, 잠실 5단지의 경우 실거주 전입 조건으로만 매수할 수 있으며, 재초환 적용 대상이라는 단점이 있다.

그 외에 상속이나 질병치료, 또는 근무지 이전 등의 예외조건이 더 있으나, 사실상 시장에서 거래 가능한 물건으로 나오는 경우는 극히 드물기에 큰 의미는 없다.

미지정 구역은 관심 끊어라

도시정비 사업을 여러 번 경험해 본 결과, 내가 생각하는 최적의 매수 타이밍은 각 사업 단계가 진척되기 직전의 시점이었다.

우선 정비구역으로 지정되지 않은 곳은 관심을 끊을 것을 추천한다. 정비구역 지정도 안 된 단계라는 것은 무에서 유를 창조하는 것과 같다고 볼 수 있다. 물론 초기 투자비용이 가장 저렴할 것이고, 혹시나 운 좋게 바로 구역으로 지정되면 꽤 많은 시세차익을 얻을 수 있겠지만, 확률적인 측면에서 추천하지 않는 방법이다.

초기 매수 타이밍─조합추진위 설립 준비 단계

투자금이 상대적으로 여유가 없다면, 정비구역으로 지정된 곳 중에서 조합추진위 설립을 준비하는 단지를 찾는 것도 유의미하다. 앞에서 말했듯, 조합추진위 때는 토지 등 소유자들(예비 조합원)의 과반수 이상의 동의서를 받아야 한다. 발품을 팔아 추진위 사무실을 방문하면 동의서 징구 현황을 확인할 수 있는데, 이때가 초기 매수 타이밍이다.

단, 매매계약을 했으나 잔금 전에 추진위 설립이 완료되어 계약이 해지되는 경우도 종종 있으므로, 계약 후 2, 3일 이내에 적당한 수준의 중도금까지 송금하는 것을 추천한다. 매수 후 추진위 설립 통보가 나면 수천만원의 시세 상승으로 안전마진이 생기기에 편한 마음으로 시간을 보낼 수 있을 것이다.

하지만 철거 후 신축 입주 전까지 너무나 많은 시간과 단계가 남아 있고, 중간에 진행되지 않고 문제가 생겨 실패한 투자가 될 가능성도 있다. 재건축의 경우 투기과열지구로 지정되고 얼마 지나지 않아 덜컥

조합까지 설립된다면, 앞에서 설명했던 것과 같이 조합 설립 인가 이후
에는 조합원의 지위 양도가 불가능하기 때문에 한동안 재산권을 행사
하지 못하는 상황이 생긴다.

사업시행 인가 직전, 가장 선호

개인적으로 가장 선호하는 타이밍은 사업시행 인가 직전이다. 조합설
립 이후 사업시행 인가 사이에는 여러 영향평가와 교통평가, 경관 심
의, 건축 심의 등 지자체의 인허가 과정이 있다.

만약 투자 예정인 단지가 건축 심의가 완료되었다면 그때가 타이밍
이라고 볼 수 있다. 건축 심의 통과 후 곧 사업시행 인가 신청을 위한
조합원 총회를 개최하는데, 그때는 이미 조합원들도 사업시행 인가가
완료될 것이라는 기대치가 생겨 매물을 회수하고 보류하는 경우가 매
우 많다. 즉, 총회 개최가 통보되면 타이밍이 늦다는 것이다. 따라서 조
합원이 되기 전에 조합 사무실을 통해 자주 동향을 살피는 것이 매우
중요한 포인트이다.

관리처분계획 인가 직전, 마지막 타이밍

관리처분계획 인가 직전도 좋은 타이밍이지만, 이때는 이미 신축을 바
라보는 단계이기 때문에 가격 프리미엄이 대부분 반영되었다고 할 수
있다. 사실상 유사 지역의 신축 아파트 시세 수준으로 호가가 형성되
어, 앞으로 부동산 경기에 따른 시세차익만 미반영된 단계이다. 투자
금에 여유가 있고, 최소한의 시간으로 신축 아파트에 입주를 원하는 사
람들이 가장 선호하는 투자시점이라고 할 수 있다.

도시정비 사업 투자 핵심 노하우

2022년 부동산 업계의 화두는 절세이다. 매수 시의 취득세, 보유 중에 나오는 재산세와 종부세, 매도 시의 양도세 등 많은 세금들이 모두 인상되었다. 특히나 공시가격 현실화라는 명목 아래 재산세와 종부세가 가파르게 증가했다.

지금은 꼼꼼히 따져보지 않고 덜컥 매수나 매도를 했다가는 세금 폭탄을 맞는 시대이다. 따라서 절세할 수 있는 최적의 포트폴리오를 구축하는 것이 또 하나의 숙제이다.

부동산에는 여러 형태의 투자가 있으나, 여기서는 재개발, 재건축을 통한 스마트한 투자법을 몇 가지 사례를 들어 살펴보겠다. 사실상 다음의 내용이 내가 말하고자 하는 도시정비 사업 투자의 핵심이며, 이 전략들만 완벽히 터득한다면 자연스럽게 부자의 반열에 오를 수 있다고 장담한다.

무주택자라면

무주택자는 이왕이면 거주와 보유를 같이하는 것이 비교적 합리적이라고 생각한다. 실거주를 하려면 아무래도 재개발보다는 재건축 아파트를 추천한다. 다만, 재건축 아파트에서 몸테크를 할 경우 열악한 주차난, 어느 정도의 녹물, 저층의 경우 벌레들의 출몰 가능성까지 염두에 둬야 한다.

아직까지는 15억원 이상 고가 아파트는 대출 금지이니, 15억원 이하에서 대출을 받아 입주하면 베스트일 듯하다. 실거주 여건이 안 된다면, 전세 레버리지를 이용한 갭투자 후 직장 근처에서 월세나 전세로 거주하는 것도 선택지 중 하나이다.

1주택자 갈아타기

충분한 시간을 갖고 여러 정비사업을 비교 검토한 후, 사업성이 확실한 물건을 골랐다면 과감하게 상급지로 갈아타는 것을 추천한다. 예를 들어 '서울→경기도 도시정비 구역'으로의 이동이나 비슷한 수준의 수평 이동은 거래비용만 늘어나는 잘못된 선택이다.

사업이 가시화될수록 투자비용이 많아지기 때문에, 거주지를 월세나 전세로 옮기고 그 차액을 가지고 똑똑한 한 채에 투자하는 것을 추천한다.

하지만 1주택자는 투자의 방향성으로 본다면 중립적인 포지션이다. 집값은 상승 때 다 같이 오르고 하락 때 다 같이 떨어지므로, 1주택의 실익은 무주택의 헤지(hedge) 정도이다. 과감하게 2주택으로 가야 비로소 초과수익이 발생한다고 볼 수 있다.

1주택자 + 입주권(또는 분양권)

이미 똑똑한 한 채를 준비해 둔 상태라면, 입주권이나 분양권을 하나 더 늘리는 것을 추천한다. 보유세 측면에서 보면, 이미 멸실된 입주권을 매수할 경우 준공 전까지는 토지로 보기 때문에 종부세에 영향이 없다. 사실상 일시적 1가구 2주택과 같은 효과인 것이다.

주택과 입주권(또는 분양권 등) 등 2개의 양도세를 모두 비과세를 받으려면, 기존주택의 잔금일로부터 1년이 지난 시점에서 입주권을 취득해야 하며, 입주권 취득 시점에서 3년 안에 기존주택을 매도해야 한다. 만약 3년 안에 매도하지 않는다면, 입주권이 신축으로 준공된 이후 2년 이내에 세대원 전원이 입주하면서 기존주택을 매도해도 비과세가 가능하다. 물론 신축에서 1년 이상 계속 거주하는 조건도 충족해야 한다.

각 주택을 매도할 당시 조정대상지역, 비조정대상지역 여부에 따라 갈아타는 기간이 다르고 자주 바뀌니 반드시 확인한 후 매도전략을 세워야 한다.

참고로 멸실된 입주권은 토지로 보기 때문에 취득세가 중과 대상이 아니라 4.6%의 단일 세율이다. 1주택자에겐 매우 많은 혜택을 주는 포트폴리오로서 내가 가장 강력하게 추천하는 방법이다. 입주권 대신 분양권을 전매 취득하는 전략도 유사하다.

대체주택으로 2주택 비과세 전략

대체주택 비과세는 단 1년 만에 비과세를 받을 수 있는, 내가 아는 유일한 방법이다. 다른 부동산과 마찬가지로 매수 및 매도 순서가 중요하다.

① 최초 사업시행 인가일 이전 재개발, 재건축 물건을 등기한 후 최종 정비사업 1주택자가 되어야 한다(다른 기존주택이 있다면 모두 매도).
  - 무주택자는 사업시행 인가일 이후에 취득해도 가능하다.
② 사업시행 인가일 이후 실거주 가능한 대체주택을 매수해 2주택 보유
③ 대체주택으로 세대 전원이 이사해서 1년 이상 거주하여 대체주택 비과세 조건 완성
④ 도시정비 사업 신축으로 준공 후 반드시 2년 내에 세대원 전원이 이사하여 신축 아파트에서 1년 이상 계속 거주해야 함(연속 거주가 중요)
⑤ 대체주택은 1년 거주기간 요건을 채우고 도시정비 사업 신축의 준공일 2년 내에 매도한다면 비과세 적용

이 전략은 단기간에 상당히 많은 시세차익을 실현할 수 있다.

예를 들어 1주택(A주택) 보유 상황에서 사업시행 인가 전에 주택(B주택)을 추가로 구입한 후, A주택은 일시적 1가구 2주택 비과세를 받는다. 그런 다음 B주택만 보유한 상황에서 사업시행 인가를 받은 이후 C주택을 바로 매수한다고 가정하면, B, C주택을 최대한 오래 비과세 조건으로 보유할 수 있다. 이 전략은 이해될 때까지 반복해서 여러 번 읽고 습득하길 바란다.

B주택의 경우 사업시행 인가 이후부터 관리처분을 통해 신축 준공까지 빠르면 4년, 늦으면 10년도 걸릴 수 있다. 그러면 준공 후 2년 이내 대체주택은 비과세이니, 기간만 맞는다면 최대 12년까지도 2채를 가지고 비과세를 받을 수 있는 것이다. B주택 철거 후 멸실부터 준공일까지 종부세가 안 나오는 것은 보너스이다. 그야말로 완벽한 장기보유 전략이다.

다주택 + 재건축 단지 상가

이미 다주택인 분들은 우선 축하드린다. 똘똘한 포트폴리오를 벌써 구축했다면 더 이상 투자하는 것보다는 지키는 것을 추천한다. 하지만 포트폴리오가 좀 부족하다고 느끼면 과감하게 주택 수를 줄이고, 앞에서 소개한 방법을 실행하는 것도 고려해 볼 만하다.

취득세 중과 때문에 적극적인 투자가 어려운 다주택자들은 스스로 알아서 틈새시장을 공략하고 있다. 오피스텔, 생활형 숙박시설, 상가 등으로 말이다. 그중에서 도시정비 사업과 관련된 투자전략이 하나 있다.

이미 많이들 알고 있지만, 바로 재건축 단지내 상가 투자이다. 재건축 상가 투자전략은 1주택 보유자나 일시적 1가구 2주택 조건에서도 가능하니, 본인의 상황에 맞게 검토해 보면 될 듯하다.

재건축 단지 상가의 장점

기본적으로 재건축 단지 상가는 장점이 많다.

첫째, 작은 지분으로 조합 입주권을 받을 수 있다. 물론 조합이 만든 정관에서 상가 소유주도 입주권을 주는 것으로 정해진 사업장이어야 한다. 개포, 반포, 과천 등 여러 단지에서는 입주권을 주었다.

둘째, 취등록세는 중과 없이 4.6% 단일 세율이며 종부세에서 자유롭다. 종합소득세 신고가 필요하지만 종부세에 비할 바가 못 된다.

셋째, 주택이 아니기에 최대 80%까지 담보대출이 가능하다. 현재 주택을 구매할 때 유주택자는 1원도 대출이 되지 않는다. 대출을 이용하여 작은 지분의 상가를 사는 것은 레버리지의 극대화인 것이다.

넷째, 재건축 사업이 진행되는 동안 월세 흐름이 있어 장기간 소유에 따른 부담이 적다. 반면 오래된 구축은 전세가율이 상당히 낮아서 예상치 못한 지출이 발생하거나 목돈이 필요할 때 버티지 못하고 매도하는 경우를 많이 보아왔다.

추가적으로 하나 더 꼽아보자면, 토지거래 허가 구역에서 주택은 실거주 조건이 있어야 매수할 수 있지만, 상가는 실거주와 관계없이 지분 취득이 가능하다.

재건축 단지 상가의 단점

이번에는 재건축 단지 상가의 단점을 살펴보자.

재건축 단지 상가의 최대 단점은 최근 들어 상가를 제외하고 아파트 소유주들만 따로 조합을 설립하는 경우가 많다는 것이다.

하지만 이러한 안 좋은 상황이 된다 하더라도 출구전략은 있다. 재건축 완공 시 대부분 세대수가 늘어나기에 상가의 유효 수요도 늘어나며, 이는 상가의 매출 증대로 이어지므로 월세를 올릴 때 많은 부담이 없을 것이다.

또한 인근 단지들도 시차를 두고 재건축이 되는 경우가 많으므로, 이 부분 역시 상가 배후 수요의 증가로 이어질 수 있다. 조금 더 공격적인 성향이라면, 상가 소유주들의 동의를 얻어 별도로 상가동 재건축을 추진해 재산권을 향상시키는 것도 가능할 법하다.

재건축 초과이익 환수제가 적용되는 단지들은 상가 조합원들이 입주권 신청 시 상가의 기존 자산평가를 0원으로 하는 경우가 많았다. 하지만 2022년 8월부터 개선된 법률이 시행될 예정이라 앞으로는 합당한 지분 평가를 받게 될 것이다. 노후화에 따른 녹물 등으로 임차 시 상가관리가 어렵고, 물건이 매우 귀해 발품을 많이 팔아야 하는 것도 여전히 간과할 수 없는 단점이라고 할 수 있다.

권리가액 1천원이 새 아파트 평수 좌우한다

같은 정비구역 내에서도 각각의 물건을 볼 줄 아는 시야를 키워야 한다. 자금여유가 된다면 되도록 대지지분이 가장 큰 물건을 골라라.

조합원 분양은 권리가액이 큰 사람이 장땡이다. 조합원들로부터 분양신청을 받은 후 조합원 권리가액의 내림차순으로 커트라인을 세운다. 예를 들어 단지 내에 펜트하우스가 3개뿐인데, 내가 권리가액 1천원 차이로 4등이 되면 펜트하우스 분양에서 탈락하게 된다.

만약 그 사업장이 압구정 현대였다면? 또는 아크로리버파크였다면? 펜트하우스와 바로 아래 등급 평형의 아파트는 천지차이다. 올림픽 육상 100미터에서 0.01초가 메달의 색을 바꾸듯, 약간의 권리가액 차이가 아파트 분양 평형을 좌우한다는 말이다.

권리가액 1천원이
새 아파트 평수를
좌우한다고?

그럼, 어떻게 하면 높은 권리가액을 받을 수 있을까?

권리가액이 감정평가액에 비례한다는 것은 아는 사람만 아는 비밀이다. 실제로 강남 주요 재건축 단지의 펜트하우스를 노리는 부자들은 높은 감정평가액이 예측되는 특정 라인의 호실을 콕 집어 매물이 나오기를 기다린다. 기다리던 매물이 나오는 순간 매수자는 준비된 계약금을 송금하는 시스템이라, 당일 몇 시간 내에 거래되기 때문에 인근 공인중개사들도 거래가 성사된 이후에나 이를 알게 되는 경우가 빈번하다. 더욱이 지금처럼 극심한 매물 부족일 경우, 일반 매수 대기자들은

A급 물건은커녕 B급 물건들도 구경하기 힘들다.

무조건 큰 평형 추천

당연한 이야기지만, 대지지분이 클수록 신축에서 더 넓은 평형을 받을 수 있고, 그에 따라 나중에 더 큰 시세차익을 얻을 수 있다.

도시정비 사업은 조합원들이 각자의 대지지분을 사업에 내어주는 대신 건축원가로 새 아파트를 받는 구조이다. 최대한 많은 평수를 원가로 분양받아야 나중에 매도 시 시세차익을 크게 거둘 수 있다. 따라서 도시정비 사업의 조합원 평형 당첨은 일종의 눈치게임이라고도 할 수 있다.

상가 4평 지분으로 49평을 게다가 증여세 절세까지?

상가 4평 지분으로 49평 타워형 받은 사례

가장 선호도가 높은 평형은 높은 권리가액 순으로 배정되지만, 비선호 대형 평수가 미달되면 게임의 룰이 바뀐다.

일례로 몇 년 전 과천의 한 도시정비 사업에서는 상가 조합원이 4평 지분으로 49평 타워형을 받았다는 소문이 돌았다. 타워형은 판상형 대비 선호도가 낮기 때문에 해당 평형에 조합원 신청이 미달이 난 것이다.

더욱 놀라운 것은 아주 고급기술이 추가로 들어갔다는 것이다.

준공 인가 직전에 자녀에게 증여했는데, 이때의 증여가액은 멸실 주택이기 때문에 토지개별 공시가격이었다. 자녀 입장에서는 곧 준공되는 신축 대형 아파트를 4평 상가 땅에 대한 증여세만 내고 증여를 받은 셈이다.

이제 자녀가 소유권을 완전하게 취득하기 위해 남은 일은 취득세와 수억원의 추가 분담금을 내는 것인데, 취득세는 증여일로부터 60일 이내에 신고 납부하면 되고, 추가 분담금은 실제 입주 시점에 내면 된다.

그 자녀는 준공 직전에 증여를 받았으므로, 며칠이 지나고 준공 시점에 큰 문제 없이 전세로 임차인을 구했고, 여기서 받은 임대 보증금으로 취득세와 추가 분담금을 납부하고도 거액의 현금이 생겼다. 이런 경우는 증여 전문 세무사를 통해 고액의 컨설팅을 받은 결과일 것이다.

안타깝게도 이 방법은 2022년까지만 가능하고, 2023년부터는 변경된 세법이 적용되기 때문에 멸실주택도 공시가격이 아닌 시가표준액으로 증여해야 한다.

내 권리가액보다 작은 평수를 분양받으면 안 되는 이유

무조건 큰 평수로 받아야 하는 또 하나의 이유가 있다. 내 권리가액보다 작은 평수를 분양받으면, 권리가액과 조합원 분양가의 차액을 돌려준다. 이것을 '환급금'이라 한다.

현금을 돌려받으니 나쁘지 않다고 생각할 수도 있겠지만, 과세당국은 이 환급금을 내 땅의 일부분을 조합에게 판 것으로 간주하여 양도세를 부과한다. 더구나 만약 내가 조정대상지역에 다른 주택을 보유 중이라면 양도세가 중과된다. 대부분 양도세 추징 고지서를 받고서야 이 사실을 알게 되니 안타깝다. 이 글을 읽은 여러분은 이런 실수를 하지 않길 바란다.

옵션도 되도록 많이 선택

평형 배정과 더불어 아파트 옵션도 되도록 많이 선택하라고 추천하고 싶다. 조합원 자격으로 분양을 받으면 일반분양에는 제공되지 않는 무상옵션을 꽤 많이 준다. 조합이나 평형마다 차이가 있지만, 발코니 무상 확장, 주방가전은 물론 시스템 에어컨 2,3대는 기본이다. 이런 무상옵션 외에도 별도 유상 옵션을 추가하면 취득가에 포함되는데, 입주 시 취득세는 조금 올라가지만 나중에 양도세에서 감면 효과를 볼 수 있는 절세방법이다. 만약 입주 후에 인테리어를 한다면 법인이 아닌 개인은 비용처리가 안 되어 그냥 소비되는 금액이 된다.

따라서 임대를 놓을 예정이라도 시스템 에어컨은 각 방과 거실에 모두 설치하는 것을 추천한다. 대부분 다른 집들도 에어컨 풀옵션이기 때문에 시스템 에어컨이 없으면 세입자를 쉽게 구하기 어려울 수도 있기 때문이다.

📍 조합원 분양의 무상옵션 예시

기본 제공품목

59㎡ · 84㎡ · 120㎡

현관 | 푸쉬풀타입 지문인식형 디지털도어록, 신발장, 포셀린타일 바닥, 엔지니어드스톤 디딤판
거실 | 강마루, 우물천장, 유럽산포셀린타일 아트월, 친환경실크벽지, 시스템에어컨, 시스클라인
침실 | 강마루, 친환경실크벽지, 붙박이장 2개소(침실1,침실2), 시스템에어컨(침실1)
주방 | 강마루, 엔지니어드스톤상판, 유럽산포셀린타일 주방벽, 국산주방가구, 렌지후드, 하이브리드쿡탑(인덕션2구+하이라이트1구), 빌트인냉장고/냉동고/김치냉장고(오브제냉장고 or 오브제김치냉장고 변경 선택 가능_택1), 빌트인 광파오븐렌지, 음식물쓰레기탈수기, 주방TV폰(10인치), 시스클라인
욕실 | 욕실장, 세면기, 양변기, 샤워부스(부부욕실), 욕조(가족욕실)
기타 | 전동빨래건조대, 드럼세탁기, LED TV, 가구도어 마감재(패턴 글라스)

거래의 예술화
(feat. 무급 알바)

경험상 매수, 매도 시 가장 유익했던 방법을 설명해 볼까 한다.

상승 초입에 가능한 많이 담아라

부동산으로 가장 큰 시세차익을 거두는 방법은 상승기 초입에 많은 주택을 담아두고 기다리는 것이다. 최근의 4년장은 대세 상승기였으며 빌라, 원룸, 오피스텔까지 아무 부동산이든 대충 사도 다 오르는 시기였다. 이런 대세 상승기에 아주 밀도 있게 부를 키우려면 평소에 찍어둔 저평가 부동산들을 빠르게 등기를 쳐야 하는데, 이것 역시 트레이닝이 필요하다.

필드에 있어야 많은 것이 보인다

나의 인사이트가 빠르게 성장했던 것은 역시 직간접적인 경험 덕분이었다. 블로그 또는 오프라인 강의로 얻는 지식도 중요하지만, 실제 필드에서 소리 없는 전쟁을 바라보는 것이 효과적이었다.

　이제 마음만 먹으면 노트북이나 휴대폰만으로도 충분히 양질의 정보를 접할 수 있는 시대이다. 나는 먼저 손품을 팔아 호갱노노, 부동산지인, 각종 카페, 블로그 등을 통해 목표가 될 먹잇감을 골랐다. 그후에는 지역의 여러 공인중개사무소를 방문하여 현장 분위기를 느끼고 브리핑을 받으며 나와 코드가 맞는 중개사 분을 찾아다녔다. 일반적으로 매물을 많이 보유한 중개사가 거래가 깔끔하고 고객과의 유대가 좋았던 것 같다.

정비구역 안의 매물을 찾을 경우 오래된 간판을 찾아서 들어가는 것도 그 지역의 터줏대감인 공인중개사를 만나는 방법 중의 하나이다. 만약 그 사무실 안에 바둑판까지 구비되어 있다면 그곳은 조합원들의 아지트일 확률이 상당히 높다.

파트너가 될 공인중개사무소를 선택했다면, 이제 그곳에 베이스캠프를 만들어야 한다. 세상에 공짜는 없다. 나는 방문할 때 비타민 병음료, 커피믹스, 롤케이크 등을 사가곤 했다. 그래야 내 집처럼 편하게 음료수나 커피도 얻어먹을 명분이 생기지 않겠는가? 어느 정도 친분이 생겼다면, 자주 방문해 시간을 보내며 스며들 듯이 친해지면서 소소한 일들을 도와주었던 것 같다.

손님이 오면 옆에서 긍정적인 추임새도 넣어주고, 다른 단지나 내가 접하게 된 정보도 공유하며, 개인적인 사담도 나누면서 서로 친밀감을 형성하는 것이다. 무급 아르바이트라는 느낌으로 1,2시간 정도 구석 소파를 차지해 보는 것이다. 물론 임대차나 매매 계약, 많은 손님이 왔을 때는 잠시 자리를 피해 동네 산책을 하는 센스는 필수이다.

필드에 있다 보면 많은 것이 보인다. 매도자가 어떤 때 급하게 매물을 내놓는지, 임차인은 어떤 니즈가 있는지, 각 평형별로 어떤 선호도가 있는지 등을 자연스럽게 접하게 되고, 이러한 경험을 통해 여러 가지 시나리오별 대응전략을 세울 수 있게 된다.

기브 앤 테이크 거래의 예

나의 경우에는 보통 하나를 양보하고 대신 하나를 요구하는 다양한 기브 앤 테이크 작전을 선호한다. 부동산 물건을 매도할 때나 매수할 때, 계약 성사 후에도 아쉬운 부분이 생길 수 있는데, 내가 맞춰 줄 수 있는 조건이라면 적극적으로 응해주고, 내가 아쉬운 부분을 받아내는 것이다. 모든 상황이 그렇듯, 상대방의 가려운 부분이 무엇인지를 재빠르게 알아채면 경쟁에서 우위를 점하는 것은 부동산 거래에서도 마찬가지이다.

매매를 하다 보면, 잔금일을 조금 당기거나 늦추는 것은 비일비재한 요구사항이다. 내가 매수자 입장이라면 매도자가 원하는 일정을 맞춰주면서 입주청소, 중문 같은 간단한 추가공사를 요청할 수도 있고, 내가 매도자 입장이라면 중도금을 더 받거나 명목상 이자비용이나 관리비를 추가 부담하게 하는 등의 요구를 할 수 있을 것이다.

기억에 남았던 협의사항 몇 가지를 소개하겠다. 한번은 매도자가 잔금일을 늦춰 달라고 해서 아예 2개월을 더 연기해서 6월 1일 이후로 조정하여 재산세를 매도자가 내기로 한 적이 있었다. 또 다른 거래에서는 내가 물건을 사면서 등기를 당겨 달라고 하는 대신, 매도자가 시세보다 조금 낮은 전세 보증금으로 전세로 살겠다는 요구를 들어주기도 했다.

일시적 1가구 2주택 등의 사유로 급하게 등기를 넘겨야 하는 급매건의 경우, 매도자가 2년 전세로 전환하면서 시세 대비 높은 전세 조건으로 매수하여 투자금을 줄이거나 도배, 바닥 등 기본 수리를 요구하는 것도 즐겨 협상했던 방법이다.

거래의 또 다른 축 공인중개사

공인중개사무소 사장님과 친해지면 급매들을 소개받기도 좋고, 중개수수료도 알아서 조정해 주는 경우가 많았다. 기왕이면 다홍치마라고 했던가? 사장님이 가지고 있는 일명 '양타'라고 하는 단독 중개물건을 공략하는 것도 중개수수료를 아낄 수 있는 방법 중 하나이다. 어차피 임대를 줄 물건이라면 단독 중개물건을 선택하여 중개수수료라도 아끼는 게 낫지 않겠는가?

지역에 관계없이 내가 사고자 하는 매물을 직접 확인한 후 친한 공인중개사무소 사장님을 통해 파격적으로 수수료 협의 후 매수 의뢰를 한 적도 있다. 수원에 있는 사장님을 통해 판교 아파트를 구매한 적이 있는데, 내가 이미 물건을 정해 왔으니 계약 당일 매도자 공인중개사무소에서 작성한 계약서만 잘 검토해 주면 되었기 때문이다. 매도자 입장에서는 3, 4곳의 공인중개사무소에 경쟁을 붙여 협상을 유도하는 것이 가장 합리적이었다.

거래의 예술화
기브 앤 테이크
거래

복잡한 정책과 진정한 부동산 고수

취득세 중과, 보유세 폭탄, 양도세 중과의 삼중고의 가두리 안에 갇힌 다주택자들, 이런 어려움에 봉착한 내가 최근에 내린 결론은 버틸 수 있을 때까지 버티는 것이다. 세금을 내더라도 확실한 수익이 있다면 쉬지 않고 더욱 투자하여 보유세를 충당하는 전략인 셈이다.

이렇게 생각한 이유는 보유세를 회피하기 위해 부동산을 매도한다면 강력한 취득세 중과 때문에 다시 매수하기가 매우 어렵고, 19대 정부 아래서 만들어진 부동산 대책이 지속 가능하지 않을 것이라고 생각했기 때문이다. 정권이 바뀐 2022년 4월, 벌써 변화의 기류가 감지되고 있지 않은가?

부동산 시장이 경제성장률에 미치는 영향은 매우 큰 편이며, 거시경제적인 측면에서 부동산을 하락시키면서 경제성장률을 끌어올리는 방법은 전무하다는 게 전문가들의 공통적인 입장이다.

침체기에도 수익 내는 게 진정한 고수

다주택자 입장에서 원하지는 않지만, 언젠간 부동산 경기의 하락 사이클이 올 것이며, 이때가 되면 대대적인 부동산 완화 대책 및 세제개편을 할 수밖에 없을 것이다. 나는 이러한 하락기를 더 나은 포트폴리오로 교체하는 기회로 삼을 것이다.

부동산 침체기에도 수익을 낼 줄 아는 사람이야말로 진정한 고수이다. 항상 하락기를 대비하며 언제든 발 빠르게 대처할 수 있도록 포트폴리오를 바꿔가면서 상급지에서 하락기를 맞아야 한다. 하락기에는 똘똘하지 않은 부동산은 거래가 실종되므로 아무리 호가를 내려도 매매가 되지 않는다. 하지만 상급지 물건은 가격을 조정하면 팔 수 있다.

위기가 기회라는 말이 있듯, 하락기야말로 갈아타기에 최적의 순간이다. 평소에는 쳐다보지도 못하는 상급지의 A급 물건들도 각자가 처한 어려운 상황 때문에 시장에 나온다. 내가 보유한 부동산 역시 가격이 조정되겠지만, 사고 싶은 부동산 역시 가격이 내리기 때문에 상승기보다 상대적으로 적은 투자금으로 갈아탈 수 있는 기회가 된다. 이렇게 갈아탄 A급 물건은 침체기가 끝나갈 무렵 가장 먼저 가격이 반등하며 수익을 가져다줄 것이다.

감당 가능한 무리를 하라

마지막으로 하고 싶은 조언은 "감당 가능한 무리를 해보라"는 것이다. 정말 사고 싶은 물건이 있는데, 다소 버겁다고 느껴져 조금 눈을 낮춰 물건을 고르는 경우가 있다. 이것이 과연 올바른 선택일까?

그렇다고 내가 '영끌 투자'를 권유하는 것은 아니다. 부동산은 쉽게 사거나 파는 자산이 아니기에 자신의 현재와 미래 현금흐름을 정확히 파악해야 한다. 무리하거나 자금이 막히는 '돈맥경화'가 일어나면 어렵게 고른 아까운 물건들을 지키지 못하고 헐값에 되팔아야 한다.

하지만 나는 감당 가능한 무리는 추천하고 싶다. 내가 너무나 간절히 원하는 상품은 벤츠 자동차인데, 그랜저와 타협한다면 결국 얼마 지나지 않아 중고로 처분하고 다시 벤츠 매장으로 가게 되는 일들을 많이 봐왔다.

오래 가져갈 부동산 물건이라면 과감하게 소비를 줄이고 무리를 해보라. 소비를 줄이면 힘들겠지만, 시간이 지나면 힘들었던 기억은 미화되거나 생각도 나지 않을 뿐더러 남아 있는 등기권리증만 보아도 배가 부를 것이다.

이 글을 읽은 여러분 모두 많은 부를 일구어 행복한 삶을 지내길 바라며, 그 과정에 나의 글이 조금이나마 도움을 줄 수 있었으면 좋겠다. 마지막으로 사랑하는 배우자와 아들 지미(Jimmy), 부모님, 멘토 형님, 그리고 이러한 집필 기회를 마련해 준 자유몽 저자에게 감사의 말을 남기며 글을 마친다.

젠틀파파

40대 초반 직장인. 어느 날 전세로 살던 아파트 계약이 끝나고 주인이 직접 들어오게 되어 한순간에 쫓겨나는 신세가 되어버린 그때를 잊을 수 없다. 그날 이후 오피스텔 분양권을 시작으로 본격적인 부동산 투자를 하게 되었고, 신도시 아파트를 분양받아 보금자리를 마련했다. 현재 서울 및 수도권에 아파트와 오피스텔, 오피스를 보유하고 있다. 투자는 편견을 갖지 말고 끊임없이 생각해야 하며, 그 생각을 실천으로 옮겼을 때 비로소 결실을 맺게 된다는 지론을 가지고 있다. 제2의 인생 서막을 위해 아직 경험하지 못한 분야의 도전을 계속하고 있다.

6
Part

부린이여, 나에게 오라

스텝 바이 스텝

2021년 부동산 폭등장을 겪으며 2022년에 대한 예측은 더욱 어려워졌다. "그동안 너무 많이 올랐기에 설마 더 오르겠냐?"는 심리에, 연이은 금리인상으로 당연히 내려갈 것이라는 심리 또한 더해져 하락론자도 다시 등장했다.

그러나 지금 이 순간에도 고가 아파트의 신고가 행렬은 연이어 나오고 있다. 2022년 1월 용산 이촌동의 래미안첼리투스 아파트는 평당 1억3천만원을 넘어섰고, 이미 평당 1억원을 넘어섰던 강남 서초동의 아크로리버파크의 호가는 3월 현재 1억원 중반을 넘어서고 있다. 오지 않을 것 같았던 평당 1억원의 시대는 이미 과거의 일이 되었고, 2억원의 시대가 머지않아 보인다.

지피지기 백전불패

코로나 이후 지난 몇 년 동안 미국을 중심으로 세계 여러 나라의 헬리콥터 머니 살포로 부의 쏠림 현상이 심해졌다. 신흥 젊은 부자가 탄생하는 반면 부익부 빈익빈 현상이 심화되었다. 대출 없이 현금으로만 살 수 있는 고가 아파트의 신고가 행렬은 놀랄 일이 아니라 당연한 결과라고 할 수 있다.

기본적으로 무주택자는 내집 마련부터 최우선으로 해야 한다. 실거주의 안락함은 물론 최소한의 인플레이션 헤지를 위해서라도 말이다. 집을 사고 싶어도 폭등 전 집값이 아른거려 도저히 매수할 엄두가 나지 않는데다가, 정부의 대출규제로 꽤 많은 현금이 있지 않은 이상 살 수 없고, 정작 가족이 늘어 집 평수를 넓혀 갈아타야 하는 사람들도 살던 집 처분이 어렵고, 매물 잠김 현상으로 원하는 집조차 찾기 힘든 게 현실이다.

지피지기 백전불패(知彼知己 百戰不敗).

상대를 알고 나를 알면 백 번 싸워도 지지 않는다는 뜻으로, 나의 성향에 맞는 부동산 투자유형과 장단기 계획을 세운다면, 리스크를 최대한 줄이면서 만족할 만한 수익을 이끌어 낼 수 있을 것이다.

사회 초년생이거나 그동안 부동산에 관심이 없었다면 부동산 투자 경험은 차치하고 부동산 지식도 얕기에 시작조차 막연할 수 있다. 그 막연함을 깨고 슬기로운 투자생활을 하려면 마인드를 새롭게 장착하고 최소한의 기본지식을 다져야 함은 물론, 투자의 Why, How, What에 대한 답을 스스로 찾도록 노력해야 한다. 이 글이 조금이라도 도움이 된다면 큰 보람을 느낄 것이다.

전세대출로 원룸에서 시작

2006년 말 입사 후 전세대출을 받아 회사 앞 원룸에서 나 홀로 생활을 시작했다. 출퇴근 거리가 다소 부담되어 독립을 결정한 것이다. 혼자만의 공간이 생겼다는 사실이 잠시 기뻤으나 연고지가 서울이라 가족, 친구 모두 서울을 가야만 볼 수 있었다. 회사 업무가 익숙해지고 어느 정도 자리를 잡아가니 어느새 몇 년이 흘렀다. 삼시세끼를 대부분 회사에서 해결하고 교통비도 들지 않았기에 월급은 들어오는 즉시 원룸 전세의 대출 원리금으로 상환하고 자연스럽게 돈이 모였다. 지금 생각해 봐도 돈을 모으기엔 정말 최적화된 시스템을 갖춘 것이었다. 그래서 지금도 종잣돈을 모으는 이들에게는 이처럼 들어오는 돈을 강제적으로 저축하고 소비를 줄이는 시스템을 추천하곤 한다. 특히 자기통제력이 약한 사람들에게는 말이다.

신혼 15평 전셋집 집주인의 전화

2011년 무더운 여름 분당 정자동에서 신혼생활을 시작했다. 15평 복도식 주공아파트였는데, 다행히 복도 가장 끝 집이라 현관문을 열어 놓아도 사람들이 지나가며 쳐다볼 걱정은 안 해도 된다는 사실에 기뻐하던 기억이 아직 또렷하다. 아파트 단지 정문에서 도보 10분 남짓 거리에 신분당선 정자역이 있고, 인근에는 산책하기 좋은 탄천과 풍성한 가로수들이 즐비했다. 1년 뒤 첫 아이가 태어났고 그렇게 삶의 만족을 느끼며 지내던 어느 날이었다.

"안녕하세요. 집주인인데요. 이번에 집을 팔게 되었어요."

"아, 그런가요. 네….."

짧은 통화를 마치고 나서야, 전세 세입자였던 우리는 한순간에 쫓겨나는 신세가 되었다는 것을 깨달았다. 며칠 뒤 새 집주인으로부터 연락이 왔다. 인테리어를 하고 직접 입주를 하겠다는 통보였다. 당시 계약 만기가 몇 달 남지 않은 상황이었다.

기분이 좋지 않았으나 이내 마음을 다잡고 이사 갈 집을 알아봐야만 했다. 본가가 서울에 있던 터라 되도록 서울에 가까웠으면 했지만, 아이가 태어났으니 이왕이면 방이 하나 더 있고 거실도 넓은 곳으로 가고 싶어 대출을 더 받아 25평 전세로 이사하다 보니, 서울과는 좀더 멀리 떨어져 용인에 자리를 잡게 되었다. 그래도 수원에 위치한 회사와의 거리는 더 가까워져서 아쉬움을 조금 달랬다.

그런데 언제 또 이사해야 할지 모른다는 불안감이 마음 한켠에 무겁게 자리잡았고, 내집 마련을 해야겠다는 생각이 들었다. 이후 부동산 책들을 읽고, 유명 블로그와 인터넷 카페에 알림 설정을 해두고 알림이 올 때마다 내 것으로 흡수하려고 했다. 전세를 계약한 단지 내의 공인 중개사무소에도 자주 들렀다.

동탄 2신도시 미분양 아파트 잔여세대

그러던 어느 날 아내한테 전화가 왔는데, 공인중개사무소 사장님이 아파트 분양 물건을 소개해 주어 모델하우스를 다녀왔다면서 너무 마음에 들었단다. 다음 날 함께 모델하우스를 보러 갔고, 그날 바로 홀린 듯 계약을 했다. 무엇보다 전세살이를 그만두고 싶은 마음이 컸고, 오래된 구축에서만 살다 보니 꼭 새 집에서 살고 싶었다. 그렇게 생각보다 내집 마련은 쉽게 이루어졌다.

2013년 동탄 2신도시의 미분양 아파트 잔여세대였는데, 당시 국내 최대 규모로 공급이 몰리다 보니 미분양이 난 것이다. 불안감이 없진 않았으나 동탄역 SRT/GTX-A 노선, 트램 등의 교통호재와 백화점, 호수공원 등의 주거 인프라가 갖춰질 예정으로 장기적 관점의 실거주 조건으로는 적합하다고 판단했다. 나중에 알고 보니 취득 후 5년 동안 발생한 양도세 전액을 감면해 주는 미분양 주택 취득 과세 특례도 적용되는 물건이었다.

원룸 전세대출로 시작했지만, 몇 년의 회사생활을 하면서 결혼과 첫아이의 탄생, 드디어 내집 마련을 위한 아파트 분양권까지 계약하고, 2년 후 신축 아파트로 입주하게 된다는 사실이 너무나 기뻤다. 하지만 한편으로는 뭔지 모를 허전함이 있었다.

외벌이 부부의 오피스텔, 아파트 분양권 투자

아내는 첫아이를 임신하면서 다니던 회사를 그만두었다. 임신한 상태로 서울의 직장을 다니기엔 무리가 있었고, 육아에 전념하는 것이 더 가치 있을 것이라는 의견이 일치하여 내린 결론이었다. 외벌이를 하다 보니 당시 월급만으로는 각종 대출상환, 생활비, 두 아이 양육비 등 고정지출이 컸고 수중에 여유자금이 없었다. 월급 외 추가수입이 필요하다는 것을 느꼈다.

자금여력이 크지 않았지만 투자를 해야겠다는 생각에, 무엇이 가장 적합한 투자일까 곰곰이 생각했다. 당시 분양가의 10% 계약금만 있으면 할 수 있는 분양권 투자를 해보기로 했다.

추가 현금흐름을 만들기 위한 목표로 2014년 말 오피스텔 분양권 2개를 계약하고, 이듬해 3월에 추가로 분양권 2개를 계약했다. 먼저 계약한 분양권은 경기도 신분당선 동천역 인근의 오피스텔이다. 상대적으로 주거비용이 비싼 판교는 부담이 되니, 판교로 이동이 편리한 동천에서 신분당선으로 출퇴근하는 수요가 있을 것으로 예상했다.

그다음 분양권도 마찬가지로 신분당선 라인에 있는 경기도 광교 호

수 근처의 오피스텔이었다. 인근에 대기업 임직원이 많고, 신분당선을 이용한 강남 출퇴근 수요, 그리고 경기도 청사가 들어오고 롯데시네마, 롯데아울렛 등 여러 입지적 요소를 판단해 결정했다. 주변에는 대형 평수의 아파트가 많았기 때문에, 혼자 살거나 신혼살림을 하는 수요가 20평대 1.5룸 이상의 타입도 많이 찾을 것이라는 생각에 원룸과 1.5룸으로 계약했다(뒤의 '오피스텔 투자' 내용 참고).

오피스텔에 이어 용인 기흥에 있는 아파트 분양권에 투자했다. 투자금이 일부 모자란 경우는 신용대출 외에 보험약관대출을 종종 이용했다. 가입한 보험을 담보로 받는 대출로, 필요할 때 바로 쓰고 다시 돈이 생기면 사용한 기간만큼의 이자와 함께 즉시 상환할 수 있어 알차게 활용했다. 마이너스 통장은 사용하지 않아도 신용대출 한도에 잡히는데, 보험약관대출은 그렇지 않다는 게 장점이었다.

하계동 소형 아파트 투자로 11배 수익

분양권 투자는 전매를 하지 않는 이상 단기간에 수익으로 돌아오지는 않는다. 완공까지 2~3년의 시간 투자가 더 필요하고, 이후 임대를 맞춰야 월세 수익을 만들어 낼 수 있다. 이에 분양권이 아닌 주택을 매수하기로 했다. 여전히 가용자금이 넉넉하지 않아 시세차익과 함께 현금흐름을 동시에 누릴 수 있는 방법을 생각하다가 소형 아파트 투자를 하기로 했다.

2015년 말 서울 노원구 하계동 역세권의 소형 아파트를 매매가 1억 4천만원에 1억원 정도의 전세를 끼고 매수했다. 투자금에서 일부는 대출을 잠시 활용했다. 추석 전에 계약했는데, 추석이 지나고 나니 그 가격대의 매물은 찾기 힘들었다. 타이밍이 좋았다.

인근에 병원이 있었는데, 전세 재계약을 할 때 보니 세입자가 그 병원의 인턴이었고, 그가 군의관으로 간 후 다음의 세입자는 같은 병원의 간호사였다. 주변의 인프라가 너무 좋았고 수요도 충분했다. 2021년 10월 이 아파트의 마지막 실거래가는 4억7,200만원이고, 2022년 3월 기준 호가는 5억원대 초반이다. 약 3천만원으로 11배 이상의 수익을 낸 것이다.

노원구 아파트 추가 매수

첫 구축 아파트 투자를 무리 없이 마친 뒤, 드디어 고대하던 신축 아파트로 입주했다(2013년에 동탄 2신도시 미분양 잔여세대를 분양받아 마련한 집이다). 진정한 내 소유의 보금자리를 만끽하는 순간이었다. 이후 노원구 아파트를 추가 매수하기로 마음먹었다. 노원구의 아파트는 재건축 연한인 30년이 도래하거나 충족한 것들이 많다. 하계동 아파트도 2021년 6월 기준 재건축 예비안전진단을 통과한 상태이다. 이러한 상황으로 재건축까지 고려하여 장기투자를 계획했고 주택임대사업자 등록을 했다. 당시 임대등록을 하면 재산세 감면, 종부세 합산배제 등의 혜택을 누릴 수 있었기 때문이다.

2016년 11월 중계동의 아파트를 매매가 2억1,800만원에 담보대출을 받아 매수했다. 주인이 직접 거주하는 매물이어서 퇴거 후 인테리어를 하고 월세 세입자를 들이기로 했다. 화장실과 샤시를 제외하고 인테리어를 한 후에 나름의 경험을 얻으려고 직접 싱크대 수전을 교체하고 현관 바닥의 줄눈을 작업했다. 온 가족이 출동하여 작업하는 동안 바닥에 돗자리를 깔고 끼니를 때운 기억이 생생하다.

그런데 인테리어를 하고 나면 바로 세입자가 구해질 줄 알았는데, 겨울이라 그런지 공실이 났다. 처음 겪는 공실에 굉장히 초조했다. 한 달 반 후 월세 계약을 했는데 그 기간이 너무나 길게 느껴졌다. 이 매물은 대출금과 월세 보증금을 제외하면 7천만원 정도가 들었는데, 이전에 매수한 아파트의 전세 상승분과 아내 명의로 투자했던 신분당선 동천역 인근 오피스텔을 하나 매도하여 투자금에 보탰다. 오피스텔에서 사업소득(월세)이 발생하면 아내의 건강보험이 지역가입자로 변경되어 경비를 제외하고 거의 남는 것이 없어서 처분한 것이다. 나머지 하나도 입주 후 전세를 세팅하여 처분했다. 오피스텔 원룸은 시세차익이 클 가능성이 없고, 오르더라도 시간적 기회비용을 봤을 때 처분이 맞다고 생각한 것이다.

중계동 아파트는 지난 2021년 최고 실거래가 기준으로 4억원이 조금 안 되는 수익을 가져다주었고, 2022년 3월 예비안전진단을 통과했다.

하나씩 하나씩 꾸준히!

기본적인 투자 사이클은 아파트 매수 후 매매가 상승으로 시세차익을 얻고, 전세 상승분을 다시 다음 주택을 매수하는 투자금으로 활용하는 것이고, 이를 반복했다. 오피스텔은 수익형, 아파트는 시세차익과 현금흐름의 하이브리드형인 셈이었다.

마찬가지로 1년이 지나고 2017년 7월 무렵 상계동의 아파트를 전세를 끼고 매수했다. 잔금일이 8월 중순이었는데 그 사이 핵폭탄 같은 8.2 부동산 대책이 발표되었다.

서울의 전 지역이 투기과열지구로 지정되었고 노원구를 포함한 11개구가 투기지역으로 지정되었다. 양도세 중과, 1가구 1주택 양도세 비과세 요건 강화, 분양권 전매 시 양도세 강화, LTV/DTI 강화, 자금조달계획 신고 의무화 등 역대급 규제였다.

하지만 나는 장기투자 계획 아래 주택임대사업자로 등록하고 의무사항을 잘 준수해 왔기에 큰 문제가 없었다. 이런 계획은 변함이 없어 같은 달 하남 소재의 오피스텔 분양권을 추가로 매수했다.

2018년에는 광교 오피스텔이 준공되어 3월 무렵 원룸은 월세로 세입자를 들이고, 1.5룸은 반전세로 세입자를 맞췄다. 그렇게 월세를 받고 있는데, 2019년 귀속 주택임대소득에 대해서 2천만원 이하도 과세된다는 방침에 고민에 빠졌다. 대출이자와 임대소득세를 내게 되면 역시나 현금흐름의 목적이 무의미해지므로, 원룸은 처분하고 1.5룸은 전세로 바꾸기로 했다.

이후 회사생활 15년 차에 접어들면서 첫 휴직을 하게 되었는데, 생활비도 마련할 겸 나머지 1.5룸 오피스텔을 팔기로 결정했고, 세전 1억원 정도의 시세차익을 얻었다. 매우 안타까운 것은 잔금을 치르기 전부터 낌새가 보이더니 매도 후부터 시세가 급격하게 상승한 것이다.

하지만 결정에 후회는 없었다. 포트폴리오 재조정을 했다고 생각하면 그만이었다. 빠르지 않았지만 하나씩 하나씩 꾸준히 해왔고, 멈추지 않는 것이 중요하다는 것을 느꼈다.

내가 좋아하는 말이다.

1. 일단 시작한다.

2. 계속한다.

3. 잘될 때까지 한다.

누구나 투자자의 길로 들어설 때 계기가 있을 것이다. 대부분 돈을 많이 벌고 싶다는 단순한 이유에서 시작하겠지만, 글을 읽고 가슴이 설레어 이것이 진정 나의 길이라는 것을 깨달을 수도 있을 것이다. 하지만 그 이유가 중요하지는 않다. 무엇이든 시작을 했으면 결실을 보기까지는 어느 정도의 시간이 필요하다. 투자는 꺼지지 않는 불씨처럼 더욱 길게 가야 한다고 생각하기 때문에, 이왕이면 인생을 즐기며 투자와 동반하는 삶이 되었으면 한다.

부동산 부자가 되기 위한 마인드셋

나만의 부자 기준을 세우자

여러분이 생각하는 부자의 기준은 무엇인가? 선뜻 대답하지 못하는 사람들도 있을 것이다. 부자가 되고 싶다는 생각에만 그치고, 부자가 되기 위한 계획을 세우거나 실행하는 단계까지 가지 않았기 때문이다.

그렇다면 질문을 좀 바꿔 보자. 여러분은 얼마가 있어야 부자라고 생각하는가?

KB금융지주 경영연구소는 「2021 한국 부자 보고서」에서 한국의 부자는 2020년 말 기준 최소 금융자산 10억원 이상*을 보유한 사람이며, 넉넉하다고 생각하는 부자의 기준은 총자산 '100억원 이상'이라고 발표했다. 어떤가? 여러분이 생각한 것과 차이가 많이 나는가?

나름 객관적인 부자의 기준을 알았으니 이제 나만의 부자 기준을 만들어 보자.

행복한 삶을 위해 가장 중요하게 생각하는 요소는 무엇일까? 각자의 가치관과 밀접하게 연관되어 있으며, 그에 따라 돈의 쓰임새가 달라지고, 또한 돈의 쓰임새에 따라 필요한 금액이 달라지게 된다. 한 달에 수천만원을 벌어 고가 자동차 등에 많은 돈을 소비하면서 만족을 느끼는 사람이 있는 반면, 여유롭지 못한 형편에 적은 돈이라도 모아서 남

* 코스피가 2020년 말 전년 대비 30.8% 급등하면서(2,198→2,873) 금융자산 10억원 이상 보유자가 크게 늘었다

을 위해 기부하는 데 삶의 가치를 느끼는 사람도 있다. 즉, 나만의 부자
란 결국 자신의 가치관에 따른 삶에서 만족할 수 있을 정도의 자산을
가진 사람이라고 할 수 있을 것이다.

그렇다면 '나만의 부자 기준'은 그 필요한 금액이 얼마인지를 스스로
정해 보면 된다. 목표는 종이에 적고 수치화할 때 실현 가능성이 더욱
높아진다. 아래에 목표금액을 적어보자. 목표금액은 부자들이 부를 늘
리는 데 활용하는 가장 큰 동력이기도 하다.

📍 나만의 부자 기준

> · 내 삶의 행복 필수항목 :
>
>
> · 목표금액 :

이제 투자에 앞서 마인드셋을 갖추고 목표금액이 정해졌다. 목표금액
이 크다면 어느 정도의 리스크를 감수하고 공격적인 시세차익형 투자
에 집중하고, 만족할 만한 자산이 형성되었고 은퇴를 앞두고 있다면 꾸
준히 발생하는 안정적 수익에 집중해야 한다.

목표금액을 이루거나, 혹은 그것을 이루어가는 과정에서 '미래의 나'
와 '현실의 나'를 두고 종종 고민하는 순간이 올 것이다. 즉, 어느 정도
불린 자산을 현재의 삶에 대해 보상하며 윤활유로 사용할지, 아니면 자

산을 더욱 키우기 위한 밑거름으로 다시 투자할지를 말이다. 부동산 투자의 목적도 결국 나와 가족의 행복을 위한 것이니 가치관에 따라 적절하게 조율하여 선택하길 바란다. 젊을 때는 출발선에서 조금은 멀리 뛰어야 한다고 생각한다. 허나 짧지 않은 인생이다. 긴 호흡으로 지치지 않고 성공적인 삶과 투자를 동시에 영위했으면 한다.

소득보다 중요한 소비 절제

모든 장사에는 밑천이 필요하듯, 투자를 하려면 종잣돈이 필요하다. 그렇다면 고정적인 월 소득과 지출을 파악하고 목표기간을 정하고 최대한 내가 모을 수 있는 금액을 알아보는 것부터 시작해야 한다. 일정 목표기간 내에 원하는 금액을 모으기가 힘들다면 소비를 줄이는 노력도 따라야 할 것이다.

직장인은 연봉이 클수록 원하는 목표금액에 도달하는 속도가 빠를 수 있다. 분명 맞는 얘기지만, 둘이 절대적으로 비례하는 것은 아니다. 특히 사회 초년생은 소비습관을 잘 들여야 한다. 소득보다 더 중요한 게 바로 소비 절제이다. 소득이 적으면 많이 쓰고 싶어도 한계가 있기에 그나마 수입에 소비를 맞추게 되지만, 월수입이 크면 큰 대로 희한하게도 쓰임새가 늘어난다.

절제를 통해 저축한 돈이 목표한 금액에 어느 정도 다다랐다면, 최대한 적극적으로 가족의 도움과 대출을 받아서 내집 마련을 하자. 어렵게 모은 종잣돈을 기반으로 자산을 불리기 위한 최선의 방법이다. 특히 부모님과 함께 살다가 독립한 사회 초년생이라면 대출을 받아 원리금을 갚아 나가는 강제적인 저축 시스템을 도입하면 좋다. 그것이 돈을 모으는 가장 빠른 방법이다. 이렇게 해서 힘들게 마련한 내 집은 자산을 빠르게 불려줄 것이다.

10년 뒤 누가 수십억, 수백억대 자산가가 되어 있을지, 결과는 아무도 모른다. 시간이 더디고 오래 걸리는 과정이지만, 적어도 내가 보아왔던 자산가들은 하나같이 꾸준히 해나간다는 공통점이 있었다. '늦더라도 꾸준히'가 중요하다. 어렵게 모은 종잣돈과 레버리지를 잘 활용해나가면 임계점을 어느 정도 넘어가는 순간 알아서 굴러갈 것이다. 그날을 위해 인내하고 꾸준히 정진해야 한다.

레버리지의 중요성

무주택자에게 항상 해주는 말이 있다. 과거에도 그래 왔고, 앞으로도 마찬가지로 "실거주라면 고민할 것도 없이 지금 당장 내집 마련부터 하라"고 한다. 그동안 모은 종잣돈과 함께 담보대출을 일으켜 실거주 겸 투자를 하라는 말이다.

나는 레버리지 중에서도 담보대출을 가장 착한 레버리지로 꼽는다. 신용대출은 기본적으로 당장의 생계형 소비를 위해서 이용하는 경우가 많지만, 담보대출은 소비가 아닌 '자산을 얻는 투자'로 활용하기 때문이다. 또한 신용대출은 담보대출에 비해 상대적으로 금액이 적을 뿐더러 주택 매수 규제 때문에 수월하지 않다.

매월 상환하는 대출이자가 부담스러워 대출을 꺼리는 사람도 분명 있을 것이다. 하지만 전세나 월세로 살더라도 대출이자와 월세가 고정적으로 지출되며, 임대계약 만기로 이사를 두어 번 하다 보면 취득세 못지않게 이사비용 등이 만만찮게 든다. 내 집이라면 언제 이사해야 할지 모르는 불안감이 없이 심리적 안정까지 누릴 수 있다. 이렇게만 따져 봐도 대출이자를 꺼릴 이유가 없다. 이자는 내 자산이 빠르게 잘 자랄 수 있도록 레버리지를 이용하는 최소한의 투자비용이라고 생각하면 긍정적인 관점으로 바라볼 수 있을 것이다.

수도권 중대형 아파트는 이제 웬만하면 10억원 이상 수준이며, 연봉 1억원인 직장인 기준으로 봤을 때도 한푼도 쓰지 않고 모아도 최소 10년 이상 걸린다. 설령 10년 이상 걸려 그 돈을 모으더라도, 그때 그 아파트의 가격이 여전히 그대로일까? 부동산의 최대 장점은 인플레이션으로 인해 화폐가치가 떨어질 때 헤지 역할을 하며, 내 자산의 가치를 유지, 또는 상승시켜 주기도 한다는 것이다.

만약 지금 내 돈 4억원과 추가로 6억원의 대출을 받아 10억원의 아파트를 산다고 하면, 10년 뒤 적어도 20억원이 될 가능성이 크다. 또한 시세가 오른 만큼 추가 대출을 받아서 또 다른 부동산에 투자하는 선순환을 만들 수도 있을 것이다. 자산가치의 상승속도는 근로소득이나 기타소득의 상승속도보다 더 빠른 만큼, 레버리지를 이용하면 부의 증식이 빨라지게 된다. 이것이 바로 '레버리지'의 중요성이자 '자산을 얻는 투자'의 본질이라고 할 수 있다.

담보대출 레버리지를 이용한 내집 마련은 부동산 투자의 시작이라고 볼 수 있다. 요즘엔 정부의 규제로 대출이 쉽지 않지만, 부동산 사이클에 따라 규제가 완화되는 시점이 언젠가는 올 테니 기회를 놓치지 말길 바란다.

매도 계획은
매수할 때부터

부동산을 매수할 때, 수익을 극대화하고 절세를 하려면 먼저 나의 자금 여력, 비과세를 받기 위한 실거주 요건 충족 여부, 그리고 어느 부동산을 먼저 처분해야 하는지 등 여러 조건을 미리 확인하고 매도 타이밍을 사전에 계획해야 한다.

"부동산 매수는 기술, 매도는 예술, 부동산 투자의 꽃은 절세"라고 하지 않는가. 이렇게 미리 계획을 세워두면 한순간의 실수로 비과세 혜택을 놓치거나 중과세 혹은 가산세를 추징당하는 일을 미연에 방지할 수 있다. 세금 관련 문제는 세무사와 최종적으로 확인해야겠지만, 간단한 문의는 국세상담센터(126), 국세청 홈택스에서 인터넷 상담을 통해서 궁금증을 해결할 수도 있다.

매매거래 시 알아두면 좋은 세금 정보

- 오피스텔 취득세 4.6%(기존 보유 주택 무관)
- 주택 신규 취득 시, 기존 보유 오피스텔 주택 수 미포함
  (단, 2020년 8월 12일 이후 취득한 '주거용' 오피스텔은 포함)
- 공시가격 1억원 이하 주택 취득세 1.1%(중과 제외)
- 임대주택 등록 시 취득세, 재산세 감면(면적에 따라 다름)

- 임대주택 등록 시 비조정대상지역은 종부세 합산 배제

  (단, 아파트는 임대주택 등록 불가)

  📍 임대사업자 요건 변화

주택 구분		신규 등록 가능 여부	
		매입임대	건설임대
4년 단기임대	단기(4년)	폐지	폐지
8년 장기임대	장기일반(8년)	허용 (단, 아파트 불가)	허용
	공공지원(8년)	허용	허용

- 업무용 오피스텔은 종부세 미부과
- 재산세, 종부세 과세는 6월 1일 기준 소유자에게 부과
- 공동명의로 하는 경우, 종부세 인당 6억원 공제
- 양도소득 과세는 해당 연도 합산으로 여러 해로 나누어 매도해야 함

  (차익이 손실 난 경우, 상계 처리되어 같은 해 매도가 유리)

- 보유기간에 따른 장기보유특별공제 활용
- 개인과 다른 법인의 법인세 과세구간(양도세, 종부세)(325쪽 참고)

이번 20대 정부는 부동산 세금에 대해 여러 가지 완화 방안을 검토 추진 중이다. 현재 종부세 완화, 다주택자 양도세 중과 1년 간 유예, 그리고 소형 아파트의 임대등록 부활과 소형 빌라와 다세대 주택, 주거용 소형 오피스텔을 주택임대사업자로 등록하면 보유 주택 수에서 빼주어 보유세 부담을 덜어주는 방안 등 여러 얘기가 나오는 중이니 예의 주시 하길 바란다.

다주택자의 길

1주택자는 현재 거주하는 집의 시세가 오르면 추가 담보대출을 받아 더 큰 평수로 이사하거나 상급지로 갈아탈지를 결정하게 된다. 1주택을 유지하면서 수익을 극대화하고 자산을 빠르게 늘려갈 수 있는 방법 중 하나이다. 이때는 1가구 1주택 비과세나 일시적 1가구 2주택 비과세 혜택을 적극 활용해야 한다. 2017년 8.2 대책으로 조정대상지역은 2년 이상 보유에 2년 이상 실거주 요건이 추가되었지만, 그나마 복잡하지 않게 비과세 혜택을 누릴 수 있는 투자법이다.

한편 실거주의 만족도가 크고 여전히 상승여력이 있어 실거주 주택을 유지한 채 투자를 이어가고 싶은 경우에는 부동산 추가 매수를 고려하게 된다. 이 시점부터 2주택 이상 다주택자의 길로 들어서게 된다.

지금 시대의 다주택자는 여러 규제와 세금 중과로 취득, 보유, 양도에서 모두 자유롭지 못하다. 재산세에 이어 이중과세 논란이 일고 있는 종부세, 월세를 받는다면 임대소득세까지 세금의 지뢰밭에서 버텨 나가야 한다. 대출규제와 세금 중과로 매수자, 매도자 모두 얼어붙어 손을 쓸 수가 없다. 적어도 양도세 중과라도 완화되어야 움직임이 있을 텐데 그전까지 다주택자의 버티기는 계속될 것이다. 꽁꽁 얼어붙은 부동산 시장에서 차가운 새벽바람을 견디며 날이 밝기를 기다려야 한다.

전세 레버리지

만약 이렇게 어려운 상황에서도 다주택자가 되기로 마음먹었다면, 전세 레버리지 투자를 첫 번째로 생각해 볼 수 있다.

전세 레버리지에는 전세 보증금을 레버리지로 매매가와의 갭(차이)만으로 매수하는 일명 갭투자 방법이 있다. 전세가가 높을수록 갭이 작아지고 투자금이 적게 들어 자산을 빠르게 늘리는 데 유리하다. 계약 갱신 때마다 전세금을 올려 받으면 추가 자금이 확보되는 것도 장점이다. 반대로 신축 공급물량이 예정된 지역은 전세가에 많은 영향을 주기 때문에 역전세 가능성을 염두에 두어야 한다.

전세의 변화(임대차 3법, 임대주택 등록 말소)

전세라는 제도는 우리나라 특유의 임대방식이다. 요즘처럼 규제로 대출이 힘들어지면 전세를 이용한 갭투자를 더욱 선호할 수밖에 없다.

최근 몇 년 동안 전세 물건이 여러 형태로 나뉘고 있는데, 그 요인의 중심에는 임대차 3법이 있다. 이 중에서 계약 갱신 청구권과 전월세 상한제가 2020년 7월 말에 시행되면서 전세시장에 변수로 작용하게 되었다.

계약 갱신 청구권은 계약 만기 전에 세입자가 원한다면 1회에 한해 전월세를 2년 더 연장해야 하는 것이고, 전월세 상한제는 재계약 시 임대료를 기존 대비 5% 상한으로 올릴 수 있다는 것이다.

주택임대사업자의 등록 임대주택 물건은 임대료 5% 이내 증액 제한 의무가 이미 적용되었지만, 미등록 물건은 전세계약 만기와 동시에 새로운 세입자를 맞추면서 전세가가 폭등했다.

이 중에서도 계약 갱신 청구권을 사용한 물건은 기존 계약이 2년 더 연장되면서 시장에서 모습을 감추게 되는데, 이로 인해 전세 물건을 구하기 어려워질 뿐만 아니라 매매도 힘들어지게 된다. 만약 전세가는 같은데 매매가가 오른다면, 갭이 커져서 투자비용이 증가하기 때문에 구매 매력이 떨어질 수밖에 없다.

그렇다면 계약 갱신 청구권을 사용하고 나서 다음 전세가 만기가 되는 시점은 4년 뒤인 2024년 8월 이후가 될 텐데, 이때 전세가 상승이 매매가에 어떤 영향을 미칠지 생각해 보면 답이 나올 것이다.

임대차 3법

· 계약 갱신 청구권(2020년 7월 31일 시행, 주택임대차보호법 제6조의 3)
  임차인이 원하는 경우, 1회(2년) 계약 연장을 요구할 수 있는 권리
  ※ 계약 만기 6~1개월 전까지 계약 갱신을 청구해야 함
    (2020년 12월 20일 이후 최초 체결/갱신 계약은 6~2개월 전 청구, 2020년 6월 9일 개정)

· 전월세 상한제(2020년 7월 31일 시행, 주택임대차보호법 제7조)
  임대차 계약 갱신 시, 임대료 증액 상한을 5% 이내로 제한

· 전월세 신고제(2021년 6월 21일 시행, 부동산거래신고 등에 관한 법률)
  임대차 계약 체결일로부터 30일 이내에 임대차 계약 내용을 관할 지자체에 의무적으로 신고
  ※ 대상: 임대차 보증금 6천만원 또는 월세 30만원을 초과하는 임대차 계약

계약 갱신이 끝나면, 집주인은 전세 보증금을 올려 새로운 계약을 맺을 확률이 크다. 기존 등록 임대주택 물건은 전월세 5% 상한이 유지된다고 하지만 이것마저도 고려해야 할 변수가 있다. 2020년 7.10 대책 이후 아파트는 더 이상 임대주택 등록이 안 된다는 것이다.

임대주택 물건은 언제쯤 시장에 나올까?

그럼, 임대주택 물건은 언제쯤 시장에 팔려고 나올까?

단기 4년, 장기 8년 임대 의무기간이 종료되어 임대주택 등록이 자동말소 되거나, 임대 의무기간의 1/2이 지나면 자진말소를 할 수 있는데, 대책 적용 전에 등록했다면 자동말소 기준으로 각각 2024년, 2028년에 의무기간이 끝나게 된다. 앞으로 이 시점도 중요한 타이밍이 될 것이다.

임대주택 등록 물건은 종부세 합산배제 혜택을 받고 있는데, 의무기간이 종료됨에 따라 종부세가 과세되면, 세부담을 줄이려는 물건이 시장에 어느 정도 나오게 될 것이다.

그런데 입지가 좋고 가치가 있는 물건은 여전히 보유하려는 생각이 크기 때문에, 비핵심지부터 일찍 처분하여 세부담을 줄이고, 강남이나 수도권 아파트는 최대한 남겨두려고 할 것이다.

다주택자의 경우 부동산을 팔자니 세금으로 다 나가버릴 것 같고, 그럴 바에야 아예 자녀에게 증여를 선택하는 사람들이 많아졌다. 저출산으로 인해 앞으로 인구가 감소하여 부동산 가격이 내려갈 것이라고 예측하는 사람들도 있지만, 수요가 줄어드는 것이 아니라 증여, 상속으로 인해 좋은 입지의 물건이 부의 대물림으로 시장에 나오지 않는 경향이 있다. 이로 인해 자본이 오히려 집중되며, 수요가 살고 싶은 곳으로 여전히 몰려 가치가 더욱 상승하게 된다.

심지어 급매물이 나오더라도 대출규제로 인해 자금여력이 충분한 부자가 아닌 이상 그림의 떡으로 바라만 보아야 한다. 주택보급률은 크게 올랐으나 자가점유율은 별로 오르지 않았다는 통계를 보면, 여전히 내집 마련을 하지 못한 이들이 많은데, 고가 아파트의 신고가 행렬은 이어지고, 그들만의 잔치를 하고 있다.

무주택자를 위해서라도 대출규제를 풀어 내집 마련을 돕거나, 다주택자를 옥죄던 족쇄를 풀어 민간임대와 매매 거래시장을 활성화해야 한다고 생각한다.

대출규제의 영향은?

자본주의 사회에서 대출을 받을 수 있다는 것은 레버리지를 사용할 수 있는 신용을 인정받는 것과 다름없다. 좋은 주인을 만나야 명검이 빛을 발하듯, 대출은 '자산을 얻는 투자'에 쓰여 가치를 제대로 발휘해야 한다. 하지만 제아무리 명검이라도 서툴게 사용하면 손을 베이는 우를 범하지 않겠는가? 여전히 '대출=빚'이라는 단편적인 부분만 보는 사람이라면, 레버리지의 중요성을 다시 한 번 이해하고 주거계층의 사다리를 스스로 차버리는 일은 없었으면 하는 바람이다.

정부가 가계부채 관리를 위해 대출규제를 강화함에 따라 레버리지의 기회가 줄어들었다. 차주(돈을 빌려 쓴 사람) 단위의 DSR(총부채원리금상환비율)을 단계적으로 확대하여 2022년 1월부터 2단계를 조기 적용했고, 7월부터는 3단계가 적용된다.

간단하게 이해를 돕자면, 모든 규제지역의 6억원 초과 주택에 대해 담보대출을 받고 신용대출 금액이 1억원을 초과한 경우(1단계)와 병행하여, 총 대출액이 2억원을 초과하면 2단계 DSR을 적용받게 된다.

참고로 LTV(Loan To Value)는 주택담보대출비율로서 담보물(주택)의 시세 대비 대출금액 비율을 정한 것이고, DTI(Debt To Income)는 총부

📍 차주 단위 DSR 확대 적용 계획   출처: 금융위원회

	2021년 7월 이전	1단계	2단계 (2022년 7월 →2022년 1월)	3단계 (2023년 7월 →2022년 7월)
주택 담보 대출	투기과열지구 9억원 초과 주택	① 모든 규제지역 6억원 초과 주택	총 대출액 2억원 초과 (①/② 유지)	총 대출액 1억원 초과 (①/② 폐지)
신용대출	연소득 8천만원 초과 & 1억원 초과	② 1억원 초과		
(대상)	신규 취급 주택담보대출의 8.8%	신규 취급 주택담보대출의 12.4%	모든 차주의 13.2% 모든 대출의 51.8%	모든 차주의 29.8% 모든 대출의 77.2%

채상환비율로서 금융부채 상환 능력을 소득으로 따져 대출한도를 정한 비율이다. 그리고 DSR(Debt Serive Ratio)은 총부채원리금상환비율로서, 총 금융부채의 원리금 상환액을 연소득으로 나눈 비율인데, DTI의 기타 대출 범위를 이자에서 원리금까지 확장한 것이다.

· LTV(주택담보대출비율)

= (대출가능금액 ÷ 주택담보가치) × 100

* LTV 40%이면, 시세 6억원인 아파트는 2억4천만원을 대출받을 수 있다(규제지역 및 주택가격에 따라 다름).
  LTV 40% = (2억4천만원÷6억원) × 100

· DTI(총부채상환비율)

= (주택담보대출 연간 원리금 상환액 + 기타 대출 연간 이자 상환액) × 100 ÷ 연간 총소득

* 연소득이 7천만원이고, 주택담보대출 연간 원리금이 1,500만원, 기타 대출 연간 이자로 600만원을 상환하고 있다. DTI가 40%이면 추가로 대출받을 수 있는 금액은?
  DTI 30% = (1,500만원 + 600만원) × 100 ÷ 7,000만원
  나머지 10%에 해당하는 금액인 700만원 추가 대출 가능

- DSR(총부채원리금상환비율)

    = (주택담보대출 연간 원리금 상환액 + 기타 대출 연간 원리금 상환액) × 100

        ÷ 연간 총소득

    * 연소득이 7천만원이고, 주택담보대출 연간 원리금이 1,500만원, 기타 대출 연간 원리금으로 810만원을 상환하고 있다. DTI 40%이면 추가로 대출받을 수 있는 금액은?

        DTI 33% = (1500만원 + 810만원) × 100 ÷ 7000만원

        <u>나머지 7%에 해당하는 금액인 490만원 추가 대출 가능</u>

차주 단위 DSR 계산 시 예외적 제외 대출

- 분양주택에 대한 중도금 대출

- 재개발/재건축 주택에 대한 이주비 대출, 추가 분담금에 대한 중도금 대출

- 분양 오피스텔에 대한 중도금 대출 등

- 서민금융상품(새희망홀씨, 바꿔드림론, 사잇돌대출, 징검다리론, 대학생·청년 햇살론 등)

- 300만원 이하 소액 신용대출(유가증권 담보대출 포함)

- 전세자금 대출(전세 보증금 담보대출은 제외)

- 주택연금(역모기지론)

- 정책적 목적에 따라 정부, 공공기관, 지자체 등과 이차보전 등 협약을 체결하여 취급하는 대출

- 자연재해 지역에 대한 지원 등 정부정책 등에 따라 긴급하게 취급하는 대출

- 보험계약 대출

- 상용차 금융

- 예적금 담보대출

   – 할부·리스 및 현금 서비스

출처: 가계부채 관리방안(2021.10.26)

    그동안 정부는 규제지역을 지정하고, 다주택자 중과세 적용에 이어 종부세 인상, 대출규제 등 부동산 시장을 계속 옥죄는 정책을 내놓았다. 뉴스에서도 주택 매수심리지수가 떨어지고 강남 아파트 값도 하락했다는 애기가 나오기도 하는 걸 보면 그 효과가 어느 정도 나타나고 있는 것 같다.(20대 대선 이후 규제완화 기대로 2022년 4월 7일 현재 주택 매수심리지수는 좀 반등했고, 강남 아파트 값은 재건축을 중심으로 들썩이는 기미를 보이고 있다.)

    하지만 이러한 규제가 이루어지기 전까지의 부동산 폭등은 수요/공급 법칙에 따라 수요가 많기 때문에 벌어지는 현상이므로 근본적인 해결책은 공급 증가이다. 그런데 부동산 공급은 시일이 걸리므로 19대 정부는 효과가 빠르게 나타나는 수요 억제책을 썼지만, 근본적인 해결이 되지 않는 이상 부작용이 나타나게 마련이었다.

    어느 정부든 장기적으로 매매 거래량이 급감하는 것을 원치는 않을 것이다. 이에 따라 많은 다주택자들이 20대 정부의 정책을 살피며 이자와 세금 버티기를 하고 있는 것이 아닌가 싶다.

고금리 시대 부동산 향방은?

2020년 초부터 이어진 코로나19 팬데믹으로 전 세계는 경기침체를 막기 위해 막대한 돈을 시중에 뿌렸고, 이에 따라 주식, 부동산 가격이 오르고 물가가 상승했다. 2022년 2월 미국 소비자물가지수는 전년 대비 7.5% 상승해 40년 만에 최대폭의 상승률을 기록했다(한국은행 자료 기준).

이에 미국 연준은 2022년 3월 16일 기준금리를 4년여 만에 0.25%P 인상하고 연내 수차례(4회, 6회, 9회설 등, 2022년 3월 말 현재) 더 인상하겠다고 발표했으며, 5월부터는 그동안 뿌렸던 돈을 거둬 들이는 양적완화 축소 조치를 실시하겠다고 발표했다.

한국은행은 이에 앞서 2021년 7월 이후 기준금리를 세 차례(0.75%P) 동안 인상했으며, 2022년 3월 현재 기준금리는 1.25%이다.

📍 미국과 한국의 소비자물가상승률과 한국은행의 기준금리 추이

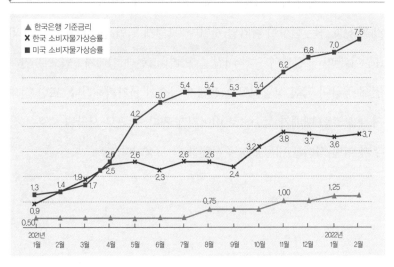

그렇다면 금리가 오르면 부동산 하락은 불가피할까?

금리가 오르면 대출금리가 상승하니 이자부담이 커지고, 이로 인해 부동산 시장의 수요에 영향을 미치게 된다. 그런데 지금 잘 생각해 봐야 할 것은 장기적 공급 감소이다. 현재 매매가가 폭등한 상태에서 수요가 줄어들 수 있으나 공급 또한 원활하지 않다. 이것이 맞물려 여전히 매매가 하락을 방어할 가능성이 크다고 생각된다.

다주택자는 각종 세금 중과로 매매를 하기 힘들고, 공시가격 인상에 따른 종부세 부담이 커진 상황에서 금리까지 올라가니 부담이 더욱 가중된다. 이 부담은 결국 세입자에게 조세 전가가 되고 있다. 기존 전세를 추가로 월세를 받으며 반전세로 바꾸거나, 아니면 월세로 바꾸는 것이다.

세입자 입장에서도 전세 대출금리가 오르면 이자가 커지고, 가계부채 관리 강화에 따라 원리금 상환까지 이루어지면 비용부담이 클 수밖에 없다. 그래서 대출이자와 월세 금액이 크게 차이나지 않는다면 월세를 선호하는 현상이 나타날 것이다. 그렇게 되면 월세가 올라가게 되고, 이에 따라 전세 수요가 커질 수 있다. 그런데 임대차 3법으로 인해 전세 공급이 막힌 상황이므로 전세가 상승이 불가피해진다. 또한 전세가가 오르면 매매가 상승으로 이어지게 된다. 앞으로 시작될 새로운 정부가 어떤 정책을 내놓을지 주시해야 할 시점이다.

다주택자가 오피스텔에 주목한 이유

최근 각종 규제의 풍선 효과로 오피스텔이 투자자들에게 인기를 얻고 있다. 특히 다주택자는 주택 수에 따른 세금 중과 문제가 있기에 오피스텔에 대해서 좀더 정확히 이해하고 있어야 한다.

오피스텔 관련 세금 주목

오피스텔은 업무공간과 숙식을 위한 공간을 함께 제공하도록 설계된 건축물로 건축법상 업무시설로 분류된다. 업무시설이니 주택은 아닐 거라 생각할 수도 있지만, 정확히는 업무용과 주거용으로 구분된다. 용도의 구분 및 그에 따른 과세체계의 차이점을 잘 숙지하여 종합적으로 판단할 수 있도록 하자.

취득세: 오피스텔은 취득 시점에는 업무용인지 주거용인지 파악하기 어렵기 때문에 취득세율을 일괄 4.6% 적용한다.

재산세: 재산세는 기본 업무용으로 부과되며, 별도로 주택용으로 재산세 변동 신고를 하지 않는 이상 그 상태를 유지하게 된다.

만약 주택임대사업자로 세무서 및 관할 구청에 모두 등록한 경우는 용도가 자동으로 주거용으로 바뀌게 되므로, 재산세를 주택으로 부과

한다는 것을 기억하자.

종부세: 종부세는 재산세 기준과 동일하다. 주거용 오피스텔의 경우 종부세는 다른 주택과 합산과세가 되고, 업무용인 경우는 합산되지 않는다.

양도세: 업무용 오피스텔은 양도세가 상가와 동일하고, 주거용 오피스텔은 주택과 동일하게 적용한다.

단, 양도를 할 때 주의해야 할 사항이 있다. 용도가 업무용으로 되어 있더라도 실제로는 주거용으로 사용했다면, 양도세는 '실질과세 원칙'에 따라 주택으로 간주하여 과세한다는 점이다.

다음은 국세청 홈택스 상담사례에서 나온 주택 여부 판단 기준이다.

> **오피스텔 양도세의 주택 여부 판단 기준**
>
> 오피스텔의 주택 여부 판단에서 '주택'이라 함은 공부상 용도 구분에 관계없이 사실상 상시 주거용으로 사용하는 건물을 말하며, 그 용도가 불분명한 경우에는 공부상의 용도에 따르는 것으로서 보유기간 중 오피스텔의 사용현황은 임대인의 부동산 임대업 사업자 등록 여부, 임차인의 사업자 등록 여부, 임차인의 전입신고 여부, 임차인의 확인되는 별도 주거지 여부, 오피스텔의 내부구조 등 사실관계를 확인하여 관할 세무서장이 판단할 사항이다.
>
> 출처 국세청

오피스텔의 주요 수요층은?

원룸 오피스텔은 주로 싱글이 선호하는 주거 형태로, 투자자 입장에서는 월세를 받는 현금흐름이 목적이다. 직장생활을 시작한 사회 초년생, 직장 때문에 임시로 혼자 생활하는 주말부부 혹은 기러기 아빠일 수도 있다.

대부분 인근에 일자리가 많거나, 지하철이나 버스로 단시간에 출퇴근하는 위치의 수요가 많을 수밖에 없다. 따라서 지하철역까지 도보로 진입이 빨라야 하고 인근에 광역버스가 있어야 한다. 예를 들면 일자리가 많은 곳은 강남, 판교가 있을 텐데, 그 직장인들이 어디에 주거지를 잡을까 생각해 보면 신분당선을 따라 그 인근이 적당할 것이다.

투룸 오피스텔은 월세도 있지만 주로 반전세나 전세로 세팅하는데, 상대적으로 아파트보다는 못하지만 시세차익도 노릴 수 있다. 수요층은 원룸보다는 좀더 넓은 곳에 살고 싶어 하는 싱글, 옵션이 다 갖춰진 오피스텔에서 처음 시작하고자 하는 신혼부부 등이다.

최근 아파트 가격이 너무 올라 자금여력이 안 될 경우 오피스텔을 대체재로 선택하기도 한다. 건설사들도 이미 그런 니즈를 파악하여 중대형의 아파트처럼 생긴 오피스텔(아파텔)을 공급하고 있다.

분양의 세계

'분양'이라고 하면 분양권, 계약금, 중도금 대출, 미분양, 잔금대출, 청약경쟁률, 부적격, 줍줍 등 다양한 말들이 떠오를 것이다. 조각조각 알고 있던 것을 한데 모아 퍼즐을 완성해 보자.

분양권

분양권은 아파트 준공 후에 입주할 수 있는 권리로, 보통 청약에 당첨되면 분양권을 가지게 된다. 미분양이 난 경우에는 청약 없이도 가능하다. 또한 계약 조건이 맞지 않아 해지된 부적격 잔여세대가 나오기도 하는데 경쟁률이 치열하다. 참고로, 어렵게 청약이 당첨되었는데 계약을 하지 않으면 다른 청약 시에 재당첨 제한이 있다. 그러니 청약 전에는 청약요건이나 자금여력이 되는지 잘 체크해야 한다.

분양 절차

청약에 당첨되면 분양가의 10%에 해당하는 계약금을 내고, 이후 중도금, 잔금 순서로 납부하게 된다. 각 금액의 비율과 납부일정 등 상세한 정보는 입주자 모집 공고문을 확인하면 된다.

중도금은 보통 시공사(건설사)의 보증으로 중도금 집단대출로 진행하게 된다. 이후에는 정해진 일정에 따라 대출이 실행되어 납부하면 되니 추가로 할 일은 없다.

아파트가 준공되고 잔금을 납부하면 건설사로부터 소유권을 넘겨받는다. 중도금 대출은 보통 아파트로 담보대출을 받아 상환하는데, 대출실행가능금액 외 모자란 만큼 추가 금액이 필요할 수 있다. 이후 등기절차를 거치면 온전한 내 소유가 된다.

소유권 보존등기, 이전등기

신축 아파트를 다 짓고 나면 아직 미등기 상태인데, 미등기 부동산의 소유권을 보전하기 위해 우선 시행사나 건설사 앞으로 '소유권 보존 등기'를 하게 된다. 그리고 나서 분양 계약자가 잔금까지 모두 납부하면 소유권을 넘겨받는 '소유권 이전 등기'를 하게 된다. 참고로 부동산 거래를 할 때, 상대방이 진짜 소유자인지 확인하려면 매도자의 신분증을 확인하고, 부동산 등기사항전부증명서(등기부등본)의 소유자와 같은지 확인하면 된다.

【 갑 구 】	(소유권에 관한 사항)			
순위번호	등 기 목 적	접 수	등 기 원 인	권리자 및 기타사항
1	소유권보존	2019년11월21일 ▉▉		▉▉▉ ▉▉▉▉▉▉ ▉▉▉▉ ▉▉▉▉▉ ▉▉▉▉▉ ▉▉▉▉ ▉▉ ▉▉ ▉▉ ▉▉▉ ▉▉▉▉
	▉▉▉ ▉▉ ▉▉▉			▉▉▉▉ ▉▉▉ ▉▉▉▉
2	소유권이전	2019년12월24일 ▉▉ ▉▉▉	2017년8월26일 매매	소유자 윤▉▉ ▉▉▉▉ ▉▉▉ ▉▉▉▉▉ ▉▉▉ ▉▉

등기부등본의 갑구

📍 분양 절차

청약 당첨/서류 접수 → 계약 진행/계약금 → 중도금 대출 → 담보대출/소유권 보존 등기(건설사/시행사) → 중도금 상환/잔금 납부 → 소유권 이전 등기(분양 계약자) → 입주

분양권 전매 투자

전매란 '등기 전 매매'를 뜻한다. 여기서 등기는 분양 계약자가 잔금을 모두 납부한 뒤 하는 소유권 이전 등기를 말한다. 다시 말해 전매란 분양 계약자가 신축 아파트가 준공되어 등기되기 전에 분양권(입주할 수 있는 권리)을 양도하는 것이다. 분양 시점에서 완공 시점까지 대략 3년이 걸리는데 그동안 거래해 수익을 낼 수 있다.

분양권 프리미엄이 가장 많이 상승하는 시기는 보통 입주를 준비하기 위해 최종적으로 하자 보수를 확인하는 '사전 점검' 때이다. 직접 눈으로 새 아파트를 볼 때 확실한 반응이 오기 때문이다.

하지만 부동산 시장이 좋지 않을 때 무분별하게 분양권을 사서 오랫동안 프리미엄이 붙지 않으면 계약금이 묶이고 아까운 기회비용을 날리게 된다. 심지어 미분양까지 발생한다면 마이너스피(-P)로 손해를 감수하고 팔아야 하는 경우도 발생할 수 있다.

그리고 2021년 1월 1일부터 아파트 분양권은 취득이나 양도를 할 때 주택 수에 포함되고 있으니 주의해야 한다(단, 오피스텔 분양권은 포함되지 않는다).

또한 청약 전에 전매제한 여부도 반드시 짚고 넘어가야 한다. 전매제한이 걸린 분양권의 경우 장기적인 상승을 예상하고 입주할 생각이라면 문제가 없지만, 투자용으로 생각하는 경우 취득세 등 여러 비용이 추가로 들고, 입주 초기 전세 공급이 많은 경우 전세가가 안정되기 전까지는 낮은 전세가라는 리스크를 감수해야 한다.

면적의 이해

공인중개사무소에 가면 다음과 같은 말을 자주 듣는다.

"33평형 물건이 하나밖에 안 남아서 빨리 결정하셔야 돼요."

"여기 실평수가 굉장히 넓어요. 25평인데 더 커 보여요."

"지금 24평형 물건으로는 복도식밖에 없네요."

여기서 평형은 공급면적, 평은 전용면적을 얘기한다고 보면 된다. 실제로 가서 보면 아파트 내부가 평형에 비해 좁다고 느끼는 경우가 많은데, 전용면적 외에 계단, 복도 등 공용면적이 크기 때문이다. 오래된 아파트의 경우 복도식이기 때문에 더욱 좁아 보이기도 한다.

부동산 매물을 검색해 보면 공급면적을 기본으로 표시하며 전용면적도 함께 표시되어 있다. 1평은 3.3㎡이고, 지금은 공식적으로 '평' 단위 대신 '제곱미터(㎡)'를 쓴다. 등기부등본에도 면적이 모두 제곱미터로 기재된다. 제곱미터를 평수로 쉽게 바꾸는 방법은 곱하기 0.3을 하고 반올림을 하면 된다.

📍 아파트 공급면적과 전용면적 표시　　　　　　　출처: 네이버 부동산

☞ 46㎡ × 0.3 = 13평,　59㎡ × 0.3 = 18평, 76㎡ × 0.3 = 23평

분양 계약서에는 각종 면적이 많이 쓰여 있다. 이번 기회에 한 번쯤은 정리하면 좋을 것이다.

> **계약면적 = 전용면적 + 주거 공용면적 + 기타 공용면적**
>
> – 공급면적(분양면적)
>
>   = 전용면적(방, 거실, 주방, 화장실 등) + 주거 공용면적(계단, 복도, 엘리베이터 등)
>
> – 기타 공용면적(관리사무소, 노인정, 커뮤니티 시설, 놀이터, 주차장 등)
>
> · 서비스 면적(발코니 면적)
>
> · 실면적 = 전용면적 + 서비스 면적

📍 아파트 면적 구분 　　　　　　　　　　　　　　출처: 국토교통부

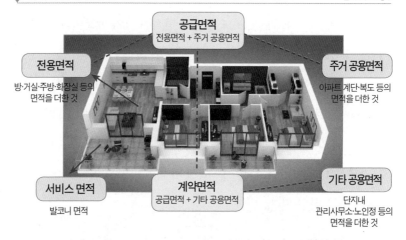

베이(Bay)는 전면 발코니를 기준으로 접해 있는 거실과 방의 개수를 말하는데, 요즘 신축은 3베이나 4베이 구조를 흔하게 볼 수 있으며, 발코니 확장을 기본 옵션으로 하는 추세라 개방감이 더욱 확대되어 실면적이 넓다.

청약 vs 매수

다음은 무주택자가 가장 궁금해하고 종종 듣는 질문 중 하나이다.

"청약을 계속하는데 당첨이 안 돼요. 그냥 지금이라도 아파트를 매수하는 게 나을까요?"

쉽지 않은 문제인데, 자신의 청약점수나 현재 부동산 시장 상황을 따져보고 선택해야 할 것이다. 결혼을 앞두고 있거나 자녀가 태어날 예정이라 안정된 보금자리를 원한다면 당장 실거주가 필요하다. 청약 당첨만을 계속 기다리며 내집 마련을 미루다가 집값이 올라버리면 조급해지고 심지어 무력감마저 들 수 있다. 기존 주택을 사서 인테리어를 하고 입주한 뒤 이후 상황에 대응하는 것도 방법이다.

새것을 원하는 사람들의 욕구는 변하지 않는다. 수도권 외곽에 공급을 아무리 많이 하더라도 사람들은 서울 핵심지를 선호하듯, 구축 한가운데 신축이 들어오면 그쪽으로 가고 싶은 게 인지상정이다. 구축에 살더라도 조건이 되면 청약을 병행하면 된다. 기본적으로 자신의 상황과 원하는 것을 객관적으로 파악하면 어떻게 나아갈지 판단하기가 수월할 것이다.

법인의 필요성

법인이란 자연인이 아닌 법률에 의해 권리능력이 인정된 단체 혹은 재산을 말한다. 우리에게 익숙한 '회사'가 바로 영리를 목적으로 설립한 법인이다. 원래 법인은 사업운영을 위해서 설립하는데, 최근에는 부동산 투자를 위한 방법 중의 하나로 법인을 활용하는 투자자들이 많아지고 있다.

법인은 기본적으로 일정수준 이상의 매출이 발생하면, 세금 면에서 개인보다 유리하고 경비처리가 수월하다는 장점이 있다. 내가 법인을 설립하고 대표가 되더라도, 법인은 내 명의와는 별개로 분리된 독립체라고 생각하면 된다.

2020년 7.10 대책에서 다주택자와 법인에 대한 각종 세율이 강화되었다. 법인은 취득세가 12%, 종부세가 최대 6%까지 적용된다. 이 점을 잘 감안하여 유리한 경우를 따져봐야 한다. 예를 들어 공시가격 1억원 이하 주택의 취득세는 중과 예외로 1.1% 세율을 유지하고 있어 다주택자와 법인의 거래가 많은 요인이기도 하다. 몇 가지 상황을 예를 들어 설명해 보겠다.

비과세 혜택 누리며 임대수익 투자

부동산 투자의 목적은 레버리지를 활용한 수익의 극대화로, 가장 최적의 방법은 1주택 갈아타기와 일시적 1가구 2주택 양도세 비과세 혜택을 받는 것이다. 그렇다면 임대수익을 얻으면서도 비과세 혜택을 받을 수 있는 방법은 없을까?

지금 다주택자의 길로 들어서면 좀처럼 돌아나오기 힘든 가시밭길을 걸어야 하기 때문에 법인투자를 고려해 볼 수 있다. 취득세, 종부세, 양도세를 각각 비교하며 알아보자.

📍 개인과 법인의 취득세, 종부세 비교

구분	개인		법인
	2주택 이하	3주택 이상 (조정대상지역 2주택)	
취득세	• 1주택 : 1~3% (일시적 2주택 포함) • 2주택 : 8%	12%	**12%** • 공시가격 1억원 이하 1.1% • 입주권 4%(멸실 상태)
종부세	0.6~3.0%	1.2~6%	• 1주택 : 3% • 2주택 : 6%
	기본공제액: 단독 명의 11억원 부부 공동 명의 12억원(각 6억원)		공제 없음

📍 개인 양도세와 법인 법인세 비교

구분	개인(양도세)		법인(법인세)	
	일반세율	중과세율	법인세율	추가 법인세율
주택	• 1년 미만: 70% • 2년 미만: 60% • 2년 이상: 6~45%	• 2주택: 6~45% + **20%P** • 3주택: 6~45% + **30%P**	• 2억원 이하: 10% • 2억원 초과: 20% • 200억원 초과: 22% • 300억원 초과: 25%	20% (비사업용토지 10%)
입주권		–		
분양권	–	• 1년 미만: 70% • 2년 미만: 60%		

> **2년 미만 단기 투자 시 비교, 1주택 vs 법인**
>
> · 개인 취득세 8~12%, 양도세 60%
> · 법인 취득세 12%, 법인세 10~20% + 추가 법인세 20%

* 개인은 소득세법, 법인은 법인세법을 따른다. 법인은 주택을 매도할 때 보유기간에 상관없이 양도차익의 20%를 추가해 법인세를 부과한다.

정리하면, 단기매도일수록 양도 시 세율이 작은 법인 투자가 유리하다. 다주택 여부와 상관없으면서 취득세가 낮은 물건을 선택하는 것이 유리하다. 예를 들어 공시가격 1억원 이하 주택, 입주권, 분양권 등이다.

종부세 부담 다주택자, 법인 전환 유리할까?

세금 중과로 손발이 묶여버린 다주택자가 있다고 하자. 보유주택을 매도할 생각은 없으나 종부세가 부담되어 주택 수를 분산시키기 위해 법인으로 전환하려고 한다. 종부세 절감 효과가 있는지 알아보자

> **다주택자(3주택 이상), 종부세 부담 회피를 위해 2년 이상 보유주택 법인 전환**
>
> · 개인 양도세 6~45% + 중과 30%P + 법인 취득세 12% + 종부세 6%
> · 다주택자 종부세 절감 → 1.2~6%

이 경우 개인과 법인 간에 매매가 이루어지는 셈이다. 개인이 매도할 때 양도세가 중과되고, 법인이 이를 매수할 때 취득세 12%가 적용된다. 즉, 전혀 실익이 없다. 또한 앞으로 법인이 그 부동산을 최종 매도를 하게 되면, 법인세와 추가 법인세로 양도차익의 30~40%를 세금으

로 내야 한다.

　앞에서 살펴본 두 가지 경우를 종합해 보면, 보유주택을 법인으로 전환하는 것은 오히려 손실이 난다는 것을 알 수 있다. 따라서 1주택자든 다주택자든 법인으로 투자할 때는 '단기로 취득세율이 낮은 유형'이 유리하다는 것을 기억하자.

> **멸실 상태의 입주권, 분양권 매수 후 등기 전 매도 : 최대 40%**
>
> · 입주권 : 취득세 4%, 법인세 30~40%
> · 분양권 : 법인세 30~40%

　최근 몇 년 동안 다주택자 규제가 심해지자 1인 부동산 법인 설립이 많아졌고, 이에 따라 규제의 여파가 법인까지 이어졌다. 기본적으로 비과세 혜택을 최대한 받고, 그렇지 못할 경우 일반과세를 노리고, 중과로 인해 절세를 못한다면 그때 법인을 생각해도 늦지 않는다. 이러한 내용은 개인의 상황이나 규제 변화에 따라 달라지므로, 자신의 조건을 고려하여 신중하게 판단해야 한다.

법인 투자는 어떨 때 유리할까?

끊임없이 생각하고 실천하라

내가 보는 MZ 세대는 투자에 눈이 밝고 거부감이 없다. 요즘은 부동산을 포함한 여러 분야의 투자정보를 유튜브, 블로그 등 다양한 채널을 통해 쉽게 찾을 수 있다. 또한 네임드라고 불리는 전문가에 버금가는 일반인의 활동이 많아지고, 최근 몇 년 사이 부동산 온라인 강의 플랫폼도 다수 생겨 돈을 지불한다면 그들만의 노하우도 쉽게 얻을 수 있게 되었다. 물론 신빙성 없는 무분별한 정보에도 쉽게 노출될 수 있으므로 초보자들은 주의해야 한다.

"어디를 사면 되나요?"

이런 질문을 받을 때면 좀 난감하다. 사람마다 집을 사야 하는 이유가 제각각이고, 보유현금도 다르고, 실거주인지, 투자라면 시세차익 아니면 안정적 현금흐름 확보가 목적인지를 알아야 하기 때문이다.

나는 여기에서 투자의 Why, How에 대해서 얘기했다. What을 찾는 것은 이제 여러분 몫이다. 찾고자 하면 찾아지고, 얻고자 하면 얻어지는 세상이니 당장 실천하기를 바란다.

자극하고 정리하고 계획하고 실천하라!

실행을 위한 확실한 원동력은 절실함이다. 허나 특별한 계기 없이 평소에 그 절실함을 느끼기는 어렵다. 그래서 자극을 주어 동기를 부여해야 하는데 꾸준하지 않으면 이내 다시 돌아오기 마련이다. 따라서 의지와 열정만으로는 어렵고 그와 상관없이도 행동할 수 있는 시스템을 만들어 습관화하고 실천해야 한다.

조급함은 버려라, 어제의 노력한 나는 오늘의 준비된 나

부동산, 주식, 코인 등으로 요즘 부의 격차가 많이 벌어지고 있다. '너무 늦은 건 아닌지', '지금이라도 가능한 건지' 조급함이 생겨난다. 남들은 가지고 있는데 나는 갖지 못한 것에 대한 두려움인 FOMO(Fear Of Missing Out), 이를 떨쳐내기 위해서는 평소에 작은 것 하나라도 스스로 판단해 확신을 갖는 연습을 하고, 그게 쌓여 기회가 왔을 때 바로 도전하고 실천해야 한다. 준비가 선행되지 않으면 실천을 못하고 조급함이 생겨 악순환의 고리에서 좌절하게 될 테니, 지금이라도 평정심을 유지하면서 준비하고 다가오는 기회를 꼭 잡아야 한다.

나는 이 책의 공동 저자인 갓슬러와의 연으로 소수 인원과 부동산 톡터뷰를 하면서 그들의 궁금증을 풀어 주기도 했다. 많은 지식을 갖고 있는 이들도 있었지만, 기본 지식조차 모르는 부린이들도 많았다. 궁금증 해결이나 지식전달도 중요했지만, 무엇보다 마인드 변화와 동기부여를 해준 것에 대해 진심어린 고마움을 표현했다. 그 고마움의 표현에 잔잔하지만 큰 감동을 받았고 보람도 느낄 수 있었다.

그러던 중 뜻을 같이 하는 인생 투자자들 모임에서 책을 내보자는 얘기가 나왔다. 인생을 행복하게 살 수 있는 데 조금이라도 도움이 되었으면 하는 바람으로 많이 부족하지만 용기를 내어 글을 써보기로 했다. 함께 집필한 다른 저자분들과의 소중한 인연과 값진 배움으로 한 단계 성장하는 발판이 되었기에 감사한 마음을 전하고 싶다.

호토

30대 중반 직장인. 2017년 첫 집을 구매했고 2018년부터 투자를 시작해 현재 지방 건물 3채와 분당, 용인 아파트 등을 소유하고 있다. 다양한 경험을 중요시하는 투자를 하고 있으며, 40건 이상의 매도 경험을 가지고 있다. 부동산의 금융가치와 매도자, 매수자의 심리 파악에 중점을 두고 시장에 참여하고 있으며, 플러스피를 통해 부동산 파이프라인을 만들고 있다

7
Part

30대, 플러스피로 이룬
부동산 파이프라인

게임의 룰

신혼 전셋집 매매가 상승에 깜짝 놀라다

2016년 여름 결혼을 앞두고 아내와 전셋집을 보러 다녔다. 퇴근 후 회사 근처 동네인 수원 영통과 망포의 20평대 아파트를 보러 다녔는데 아내의 표정이 좋지 않았다. 은근 신축을 바라는 것 같았지만, 망포 신축의 전세가격은 너무 높았고 원리금을 갚아나가기가 너무 벅찰 것 같았다.

한참 고민하던 차에 아내가 네이버 부동산에서 10년 차 준신축 아파트를 찾아냈다. 회사에서 반대편으로 좀 떨어진 곳에 있었는데, 동네에 가보니 시장도 있고 나쁘지 않았다. 무엇보다 10년밖에 안 된 아파트여서 그런지 단지도 좋았고 아파트 내부도 환하고 따뜻한 느낌이 들었다. 문제는 전세가격이 2억6천만원으로 우리 예산을 벗어나 있었다.

결국 회사에서 돈을 더 빌려 전세로 들어가긴 했지만 앞길이 막막했다. 일년이 지나고 2017년 여름, 나는 더 큰 고민에 휩싸였다. 일년 동안 1천만원을 모았는데, 이러다가는 집을 사기는커녕 전세금 대출을 갚는 데 일생을 바쳐야 할 것 같다는 생각에 잠이 오지 않았다. 지금 생각해 보면 너무 조급한 생각이었지만, 그땐 그 정도로 몰랐다.

그러다가 네이버 부동산에서 우리 전셋집의 아파트 가격을 찾아보고는 깜짝 놀랐다. 우리가 전세를 들어갈 때만 해도 매매가가 2억9천만원이었는데 3억1천만원이 되어 있었다. 우리는 1년에 1천만원을 모았는데 집값은 2천만원이 올라 있었다. 이러다가 평생 집을 못 사는 것 아닐까? 앞날이 막막해졌고, 이것이 내가 부동산 공부를 시작하는 계기가 되었다.

첫 집으로 기흥역 분양권 구매

부동산 공부를 하다 보니 재미있는 사실을 하나 발견하게 되었다. 분양권은 우선 분양가의 10% 계약금만 있으면 입주할 때까지 집단대출로 중도금을 내면 된다는 것이었다(당시 이걸 모를 정도로 부동산 문외한이었다). 회사 주변지역을 둘러보니 생각보다 분양권이 많이 나와 있었다. 프리미엄이 붙은 것도 있었지만, 대부분은 프리미엄이 없거나 있어도 1천만~2천만원 수준이었다.

우리는 회사에서 자차 20분 거리 이내의 분양권을 알아보다가, 용인에 있는 기흥역 센트럴푸르지오 35평 분양권을 계약했다. 역세권이고 AK몰까지 있어서 굉장히 맘에 들었다. 아기가 막 태어났을 때라 AK몰에 문화센터가 들어올 것으로 예상된다는 점도 구미를 당겼다(당연히 들어올 것으로 생각했던 문화센터는 결국 안 들어왔다). 이때 모아둔 돈이 2천만원 정도밖에 없어서 못 살 뻔했는데, 아내가 몰래 숨겨둔 돈이 조금 있어서 살 수 있었다.

용인 수지 분양권 등 구매

일년 후인 2018년 여름 기흥역 센트럴푸르지오의 입주가 시작됐다. 신축 첫 입주라 아무것도 몰랐는데, 엎친 데 덮친 격으로 회사일이 너무 바빠 입주를 신경 쓸 겨를이 없었다. 출장 중에도 잔금을 마련하기 위해 은행을 알아보고 다녔던 기억이 난다. 막상 잔금일이 다가와 은행에 가보니 주택담보대출을 받기에는 시간이 너무 촉박했다.

급한 대로 회사 은행을 몇 군데 돌면서 사정했다. 은행에선 신용대출이 빨리 나오니 신용대출을 받으라고 했다. 당시는 대출이 굉장히 잘되던 시기였다. 연봉의 3배가 넘는 금액인 2억1천만원을 대출을 해줬으니 말이다. 우여곡절 끝에 신용대출을 받아 잔금을 치르고 입주했다. 바쁜 회사 일정이 어느 정도 끝나고 집에 돌아오니 문 앞에 전단지가 하나 붙어 있었다.

"KB 시세 5억원, 3억5천만원 대출 가능."

내가 4억원 정도에 산 아파트는 1년 동안 가격이 올라 입주 때는 5억원이 넘어가고 있었다. 누구나 그렇듯, 내 아파트의 가격이 오르면 부동산에 관심을 갖게 된다. 나도 이때 부동산 카페에 가입하고 정보를 찾아봤는데, 그때 가장 많이 나온 말이 유동성과 화폐가치 하락이었다. 전단지를 보자마자 이런 생각이 들었다.

'은행에서 아파트를 담보로 돈을 빌려준다면, 투자를 하고 이자를 내다가 나중에 아파트를 팔아서 갚으면 되잖아? 이자가 부담된다면 3년치 이자만큼 통장에 빼놓으면 되는 거 아닌가?'

초보라 용감했는지 모르겠지만, 나는 3억5천만원을 다 대출을 받았고 그 돈으로 수지에 있는 신축 분양권을 샀다. 그리고 돈이 좀 남아 경기도 구축을 산 다음에 지방에 있는 구축 아파트도 샀다. 그렇게 과감한 결정을 통해 4주택자가 되어 있었다.

5천만원으로 시작한 지방 분양권 투자

집을 사고 나니 돈이 없었고 열심히 회사일을 했다. 1년 후 수지에 산 분양권 아파트가 완공되어 전세를 놓았고, 지방 구축은 리모델링을 해서 전세를 놓았다. 큰 경험은 아니지만 처음 해보는 낯선 경험에 기분이 좋았고 뭔가 뿌듯했다.

이때만 해도 양도세 일반과세가 보유 1년이 조건이었다. 그래서 경기도의 구축 아파트는 1년 뒤에 팔아 시세차익을 봐야겠다고 생각했다. 2019년 가을이 지났을 때 경기도 구축과 지방 구축을 팔았는데, 생각보다 가격이 오르지 않아서 조금의 차익만 남긴 채 정리했다. 2개의 물건을 정리하니 5천만원 정도가 손에 들어왔다.

자금이 많지 않으니 수도권 투자보다 지방 분양권 투자가 괜찮을 거 같아서 천안의 분양권을 사게 되었다. 실제로 당시 지방 아파트 분양권은 매우 저렴해서 프리미엄이 거의 없이 살 수 있었다. 그때 나를 믿고 부모님이 분양권을 사셨는데, 덕분에 부모님의 노후걱정을 좀 덜어드린 것 같아 뿌듯했다.

신축에서 구축으로

처음 구매한 아파트 중에 지방 구축 아파트가 있었는데, 결과적으로 나의 부동산 투자를 점검하는 계기가 되었다. 1억5,500만원 정도에 산 이 아파트는 불과 몇 달 만에 1억1,500만원까지 떨어졌다. 고작 몇 달 만에 20%가 넘게 빠진 것이다.

하락에 대한 엄청난 공포를 느꼈다. 매수 당시 전세가율이 높아서 샀는데 가격이 떨어지니 너무 당황스러워 공부를 시작했다. 이때 공부를 하면서 부동산 시장에 사이클이 있다는 것을 알게 되었다.

이 아파트는 약 6개월 후 저점을 찍고 반등하여 1년도 안 되어 내가 산 가격을 회복했을 뿐만 아니라 이후 상방으로 치솟았다. 이 아파트의 가격 추이를 보며 부동산 시장의 사이클과 타이밍에 대해 본격적으로 공부하기 시작했다. 당시 내 주력은 지방 신축 분양권 투자였는데, 공부를 하면서 구축에 투자해야겠다는 생각이 강하게 들었다.

2020년 5월, 이즈음 지방 분양권이 핫해졌지만, 사람들이 다음 물건으로는 구축을 많이 찾을 것이라는 생각이 들었다(부동산 사이클에 대해서는 뒤에서 상세히 설명한다). 이에 강의를 들으며 플러스피라는 개념을 배우게 되는데, 이는 내가 구축 투자를 하면서 성장하는 계기가 되었다. 구축 아파트를 사서 리모델링을 한 다음에 전세를 매매가보다 비싸게 놓으면, 매매가보다 전세가가 높은 플러스피(+P) 물건이 된다.

앞서 내가 한 투자의 경우, 돈을 빌려서 투자를 해놓으면 꼭 아쉽게도 좋은 물건이 뒤늦게 나오는 경우가 많았고, 그때마다 매번 돈이 없어 사고 싶어도 살 수가 없었다. 또한 분양권의 경우 입주가 다가오면 돈이 없어 전세를 놓아야 하는데, 세입자가 안 들어올까 봐 걱정해야 했다. 하지만 플러스피 물건은 전세를 놓으면 통장의 돈이 오히려 늘어나게 되어 투자를 지속할 수 있다.

와중에 기흥과 수지 역세권 신축 아파트 2채의 가격 또한 크게 상승해 자산이 꽤 늘어나게 되었다.

분당 49평 아파트 구매

이제 상급지의 좀 큰 평수로 가고 싶다는 생각을 하게 되었다. 하지만 우리가 가진 현금으로는 갈 수 있는 곳이 없었다. 대출도 규제로 어느 정도 막혀 있었다.

결국 용인 수지 아파트를 팔기로 결정했고, 막 하락에서 상승으로 넘어가는 추세였던 분당의 49평 아파트를 샀다. 아기가 초등학교에 입학하기 전에 들어와 살기로 하고 우선 전세를 주었다. 이때 전세가가 좀 높았는데, 결국 갭이 적어 전세를 주고 나니 수지 아파트를 팔아서 분당 아파트를 산 꼴이 되었다. 이 당시 세금을 1억 넘게 냈는데, 세금을 두려워하지 않고 과감히 결정하여 갈아타기에 성공할 수 있었다.

건물 2채 구매, 3번째 도전 중

2020년부터는 본격적인 투자자로서의 삶을 살게 되었다. 2020년 봄에 법인을 만들어 투자를 시작한 이래로 부동산 매매업이라는 업태에 맞게 많은 아파트를 사고 고치고 팔았다.

아파트 플러스피 작업에 어느 정도 익숙해질 무렵 통장에 현금이 쌓여갔다. 그때 건물을 사고 싶다는 생각이 들었다. 막연하게 든 생각이었지만 실행력이 좋았기에 바로 주변을 둘러보고 전화를 돌렸다. 몇 개월 뒤에 상가주택을 하나 발견했는데, 정말 좋아 보이는 상가주택이 3억원도 안 되는 금액에 나와 있는 것이 아닌가?

돌이켜 생각하면 너무 쉽게 접근했던 것 같은데, 어찌되었건 그때는 패기 하나로 그 건물을 샀다. 매입 후 전체 리모델링을 했는데, 중간에 인테리어 업체 때문에 공사가 한 달 넘게 지연되는 등 우여곡절 끝에 리모델링을 마무리했고 7개 호실에 임대차가 모두 맞춰졌을 땐 너무 기뻤다.

건물 리모델링은 품이 많이 들어간다. 아파트를 사고파는 것에 비해 굉장히 비효율적인 일을 많이 해야 하고, 따라서 심리적 진입장벽이 높다. 그래도 수익형 상품인 건물은 리모델링 공사를 해서 수익을 내면 생각보다 수익률이 높아진다. 꼬박꼬박 들어오는 현금흐름인 월세는 부동산 투자 시 위기에 대한 헤지가 된다. 따라서 건물은 장기투자에선 꼭 병행해야 하는 상업용 부동산 중 하나이다. 현재는 2번째 건물까지 리모델링이 완성된 상태이고, 2022년 3월 기준 3번째 건물에 도전하고 있다.

첫 집 구매를 시작으로 다양한 시도를 하면서 투자를 진행했다. 돈보다는 경험이라는 생각으로 시장에 붙어 있었고, 그 결과 자산과 경험이 늘어나고 있다.

자본주의 법칙을
알아야 한다

아직 30대 초반이지만 경제적 자유를 위해 뭐든 해보고 싶어 하는 청년들이 많다. 이들에게 꼭 해주고 싶은 말은 '자본주의의 법칙을 알아야 한다'는 것이다. 자본주의의 게임의 룰은 누가 자본주의의 속성을 제대로 파악해 먼저 시작하는지, 그리고 믿고 계속해서 나아가는지로 결정되는 것 같다. 따라서 30대에 자본주의를 공부하고 돈의 속성을 파악할 수 있는 지식과 경험을 길러야 한다. 돈의 속성을 일찍 깨우치면 장기적 자본운영에서 어려움이 줄어들고, 더 나아가 내가 투자하려는 상품의 본질을 알게 되면 잦은 변동이 오더라도 두려움이 없이 긴 기다림이 가능해질 것이다.

자본주의를 공부하는 최고의 방법은 실전투자이다. 실전투자는 시작과 동시에 공부를 할 수 있는 장점이 있다. 소자본을 가진 나와 같은 30대를 위해 실제로 경험한 실전투자 논리와 방법을 소개해 보겠다.

부동산은 팔아야 내 돈이라고?

우리의 소득에는 크게 월급소득, 투자소득, 사업소득이 있는데, 궁극적으로 이 세 가지 소득을 다 만들어 내기 위해 노력해야 은퇴 후의 삶이 보장되고 월 현금흐름이 좋아진다.

월급은 생활비와 저축의 기초가 되는 돈이지만, 또 하나 신용대출을 하기 위한 좋은 수단이기도 하다. 월급을 기반으로 돈을 빌렸다면, 이 것을 통해 투자소득을 만들어 내야 한다. 추가적인 대출(레버리지)로는 전세나 주택담보대출이 있는데, 30대가 가장 접근하기 쉬운 방법은 갭 투자라고 불리는 전세를 낀 투자이다.

어떤 사람은 "부동산은 팔아야 내 돈"이라고 하는데, 부동산을 팔지 않더라도 증가한 자산은 내 돈이라고 할 수 있다. 부동산을 담보로 돈을 빌릴 수 있기 때문이다. 이것은 꽤 중요한 개념이다. 추가대출로 현금을 확보한다면 추가 투자가 가능해져 자산이 빨리 늘어날 수 있고, 이를 기반으로 사업을 해 사업소득까지 만들어 낼 수 있다. 부동산 분야에서 사업소득은 월세 등을 말한다. 내가 1억원을 5% 금리로 빌려 부동산을 사서 월세 수익률이 7%라면 2%의 수익은 나의 사업소득이 된다. 우리가 자본소득을 만들기 위해서는 자산을 만들어야 하며, 세 가지 소득을 만들어 내는 과정을 통해 큰 자산을 가질 수 있을 것이다.(물론 자산이 커지면 돈을 잃었을 때 감당할 수 없는 금액을 잃게 되며, 이는 월급으론 평생 갚을 수 없는 돈이 될 수도 있다.)

자산 30억을 만들어 30년을 운영하라

자본주의에서 자산을 운영하는 방법은 월급에 투영해서 생각하면 안 된다. 자산을 운영하는 방법은 따로 있다. 큰 자산을 운영하는 방법은 간단하다. 돈을 빌려준 사람과 약속을 잘 지키면 된다. 전세라면 만기 때 전세금을 잘 내주면 되고, 이자를 내기로 했으면 매월 이자를 잘 내면 된다. 이 약속을 꾸준히 잘 이행하면 큰 자산을 운영할 수 있는 능력을 가지게 된다.

내가 처음 시작하는 분들에게 제시하는 목표는 '자산 30억을 만들어 30년을 운영하라'이다. 사실 30대는 순자산보다 자산이 중요하다. 장기적으로 보면 물가가 상승해 부동산 가격은 상승할 수밖에 없기 때문이다. 예를 들어 현재 5억원짜리 집에 대출 없이 사는 사람과 1억원으로 갭투자를 해서 20억원의 자산을 소유한 사람을 비교해 보면, 현재 순자산은 각각 5억원과 1억원이지만, 30년 뒤에 부동산 가격이 3배가 상승했다면 순자산은 각각 15억원과 41억원이 되어 있을 것이다.

자산을 늘리고 운영하라. 우리는 '자산을 어떻게 늘릴 것인가'와 '어떻게 잘 운영할 것인가'에 초점을 맞추어야 한다.

리스크를 헤지하는 게 투자

소자본으로 돈을 벌기 위해서는 레버리지를 늘리고 시간을 기다리는 방법이 꼭 필요하다. 초기에는 전세 레버리지로 자산을 불리고, 시간이 지난 뒤 자금을 회수해 수익형으로 투자하여 장기전을 할 초석을 다지는 것이다.

여기서 질문이 나올 수 있다.

"자산이 상승한다는 보장이 있는가?"

"안정적으로 운영된다고 장담할 수 있는가?"

부동산 가격이 떨어질 수도 있고 운영하다가 골로 갈 수도 있지만, 그 리스크를 헤지해 나가는 것이 투자라고 생각한다. 문제가 명확히 정의되었으니, 이제 우리가 할 일을 부정적으로 생각하지 말고 정답을 찾으면 되는 것이다.

유동성장과 실거주장

유동성장은 돈이 몰리는 장을 말한다. 어떤 상품에 돈이 몰리면 먼저 물건을 선점한 사람은 돈을 번다. 나는 유동성장이 오기 전에 물건을 선점하고, 유동성장이 왔을 때 매도하는 것을 좋아하는데, 이것은 사람들의 심리를 잘 읽으면 크게 어렵지 않다. 하나씩 풀어 보자.

유동성이 왜 몰릴까? 유동성이 몰리는 이유는 그 시장, 그 물건이 좋아 보이기 때문일 것이다.

무언가 좋아 보이는 물건이 있으면 사람들은 말을 하기 시작한다. 그 말들이 퍼져나가 더 많은 사람들이 좋다고 생각하면, 그 물건은 좋은 물건이 되고 사람들이 더 몰리게 된다. 그러면 유동성이 물밀듯이 들어온다. 예를 들어 인근에 지하철이나 학교가 들어오거나 리모델링이나 미래에 대한 기대치를 높이는 개발 이슈가 나오면 사람들에게 기대를 심어주게 된다. 이 물건을 선점한 사람들은 홍보를 하게 되는데 저마다 자신의 이익을 목적으로 행동하게 된다.

그런데 호재가 있다고 돈이 계속 들어올까? 아니다. 투자자들은 수익실현을 목적으로 들어오기에 과도한 투자금이 묶이거나, 나중에 팔기 어려워질 것 같으면 귀신같이 알아채고 빠져나간다. 그래서 유동성장의 끝은 보합이거나 하락이다!

언제 사야 할까? —유동성장

나는 2019년 말 천안의 분양권을 시작으로 2020년 상반기까지 전국에 있는 신축 분양권을 매수했다. 이때만 해도 지방 중소도시의 분양권들은 프리미엄이 거의 없었다.

나는 2019년 당시, 지방의 과공급이 끝나가는 상태에서 지방 신축 분양권을 계약금 10%만 내고 살 수 있다면, 부동산 강사들이 이것을 소재로 강의를 할 것이라고 생각했다.

2020년 초 수도권 아파트의 가격은 약보합이었는데, 수도권 아파트를 사려면 투자금이 많이 필요했고 그에 비해 상승여력은 작아 보였다. 하지만 지방 아파트는 아니었다. 당시 지방 아파트 분양권이 저평가라고 생각해서 일찍 선점한 것도 있지만, 내가 기대한 것은 부동산 강사들과 투자자들의 유동성이었다. 만약 부동산 강사들이 물량이 적은 지방으로 가야 한다고 홍보한다면 많은 투자자들이 따라올 것이라 생각한 것이다.

2020년부터 지방을 홍보하는 강사들이 늘어났고 투자자들 또한 소문을 냈다. 그 뒤 지방 신축부터 가격이 상승했고 유동성이 계속 들어왔다. 결과적으로 2년이 지난 2022년 초 투자금을 전세금으로 회수하고도 1억원씩 남는 결과가 나왔다.

부동산 강사분들은 워낙 투자를 많이 한 분들이라 괜찮은 지역을 정하면 사람들이 좋아하는 소재를 모아 강의를 한다. 이는 유동성을 불러오는 요인 중 하나이다. 그러므로 유동성장을 이용해서 투자를 할 때는 강사들이 무슨 생각을 할지 고민하고 선점해야 한다. 하지만 이것은 경험이 없으면 실천하기가 어렵고, 무작정 뛰어들었다가는 위험할 수도 있다. 그래서 나는 초보자일수록 '실거주장'이 시작되는 곳의 물건에 투자하라고 권한다.

실거주장에 먼저 들어가서 기다려라

초보자가 유동성장을 이용하는 가장 쉬운 방법은 '공급이 부족한' 지역의 '전세가율이 높은' 집을 사는 것이다. 보통 이런 시장은 실거주장이 시작된 곳이고, 앞으로 유동성장이 벌어질 가능성이 높다. 소액으로 투자가 가능하고, 시간이 지나면 유동성이 밀고 들어오기 때문에 떨어질 가능성이 적다.

실거주장에서는 전세금이 매매가와 별로 차이가 없거나, 오히려 전세금이 매매가보다 높은 경우도 있다. 기본적으로 전세 수요가 전세 공급보다 많다. 이는 '매매가가 전세가보다 비싸다'는 일반적인 통념과는 다른, 부동산 시장에서 특수한 시점이다. 사실 전세가가 매매가보다 높다는 것은 그 부동산의 실거주 가치가 매매가보다 높다는 의미일 수 있다. 다만, 실거주장 초입, 즉 다수의 사람들이 집을 사지 않을 때 용기를 내어 사는 것은 매우 두렵기는 하다. 하지만 가치가 높은 부동산을 살 수 있는 기회이기에 투자자 입장에서는 안정적인 장이라고 할 수 있다.

실거주장은 언제 발생할까?

실거주장은 보통 도시의 신규 입주물량이 세대수 증가분보다 많을 때, 그리고 그것이 지속되었을 때 발생한다. 대규모 신축 입주장에서는 많은 사람들이 신축으로 이사를 하기 때문에, 구축들이 일시적으로 빈집이 되는 현상이 심해진다. 신규 증가 세대들(신혼부부, 이사 수요 등)이 구축들을 채우는 데 시간이 걸리면서, 구축 시장에 공포가 내려온다.

신축 입주장은 한 도시에서 대규모 이동이 시작되면서, 부의 이동이 발생하는 것이다. 이때 신축 집주인들은 매매가를 내리지 않기 때문에, 신축의 전세가는 낮아도 매매가는 높게 유지된다. 반면 구축은 많은 사람들이 이동하고 남은 자리로 전락하고, 순간적으로 빈집이 많아지면서 하락장이 발생한다. 이에 따라 구축 매매가는 떨어지고, 만기가 되는 전세는 전세가가 집값을 넘어서는 역전세가 발생한다.

이 시점에 주목해야 할 심리는 '깨끗한 집은 좋은 집, 오래된 집은 안 좋은 집'이다. 이때 사람들은 신축과 구축 사이에 가격차이가 발생하는 것을 보고, 신축이라서 가격이 오르는 것이라고 착각하게 된다.

일반적으로 사람들이 첫 집으로 사고 싶은 집은 '좋은 집'이다. 사람들은 신축의 가격이 높아지면 그 물건이 좋다고 생각하는 경향이 있다. 입지가 좋은 신축이면 그런 심리가 더욱 강해지기 쉽다. 한편 매매가가 오른 신축을 살 돈이 없는 사람들은 나중을 기약하게 되는데, 그들의 희망은 '청약'이다(그 사이에 실거주할 곳이 필요하니 전세를 구하게 되는데, 이들이 대규모 신축 입주장에서 떨어졌던 구축의 가격을 후에 올리는 계기가 된다).

또한 이때 구축 집주인들은 집을 빨리 처분하려고 한다. 그래서 구축들이 비어 있어도 전세 물건으로 나오지 않으니, 빈집은 많은데 전세는 없는 현상이 발생하게 된다. 이런 시기에 구축을 사려고 임장을 가보면 빈집이 너무 많아서 선뜻 구매하기가 망설여진다. 그런데 사실 이때부터 상승으로의 변곡점이 시작된다. 나는 이러한 현상이 발생하면 '실거주장 초입'으로 판단하고 매수를 한다.

이런 집을 매수할 때는 매매 물건이 많아 가격 협상이 쉬워지고, 상대적으로 전세 물건은 없으니 전세를 비싸게 놓을 수 있다. 이때가 선진입 타이밍이며, 갭을 줄일 수 있는 타이밍이다. 또한 투자자들이 많이 들어오지 않아 경쟁자가 없어서 여유 있게 매수할 수 있다.

즉, "신축만 오르고 구축은 오르지 않는다"는 생각이 강하게 퍼질 때가 가장 좋은 매수 타이밍이다.

만약 시간이 지난 후 전세가가 계속 매매가를 따라온다면, 이 시장은 전세 수요가 전세 공급보다 많다는 결론이 나온다. 이때부터 구축이 제대로 재평가를 받게 되는데, 이것을 "전세가가 매매가를 밀어올린다"고 표현한다. 이때쯤에는 많은 사람들이 시장에 진입하게 된다. 1차 갭투, 2차 갭투로 나뉘어 진입하는데, 투자금이 많아지면서 매매가는 신고가를 갱신하게 된다. 따라서 시장의 심리를 읽어 먼저 진입한다면 단기투자로 나올지, 장기투자로 갈지 결정만 하면 되는 것이다.

실거주장 발생 상황 정리

앞에서 설명한 실거주장이 발생하는 상황을 정리해 보면 다음과 같다.

1. 시장의 수급이 무너져서 가격변동이 생긴다.
2. 실거주자들이 구축의 하락을 보고 청약을 위해 '전세'라는 대안을 찾아 이동한다.
3. 실거주자들이 전세로 몰리면서 전세금이 올라 매매가와 붙는다.
4. 그 사실을 인지한 투자자들이 유동성을 투입하면서 다시 전세를 만들어 낸다.

나는 '사람들은 항상 본인에게 이득이 되는 방향으로 생각하고 행동한다'는 생각으로 시장을 예측하는 것을 좋아한다. 실거주장에서는 임차인은 전세를 원하고, 임대인은 전세 레버리지 투자를 원하는 등 각자 이득이 되는 방향으로 행동할 때 매매가격이 상승한다. 이것이 실거주장에 투자하라고 하는 이유이다.

실거주장은 언제까지 오를까?

실거주장은 임차인들이 선택할 수 있는 대안이 많아질 때 끝이 난다. 즉, 전세 공급이 많아지면 전세가가 하락하고 갭이 커지면서 투자가치를 잃게 된다. 그런데 문제는 이것이 정확하게 '언제까지'인지 예측할 수 없다는 것이다. 한 도시 안에서도 동네별로 물건별로 다르다. 개인적으로는 '전세가율이 하락하는 추세에 진입하면 끝이 났다'고 본다.

그럼, 갭투자자들이 많이 들어와서 갭이 벌어지면, 전세가율이 낮은 것이니 끝났다고 보는 것이 맞을까? 아니다.

신규로 전세를 놓았을 때 전세가율이 90%를 넘는다면, 아직 성장동력이 있다고 볼 수 있다. 하지만 전세가율이 계속 떨어지는 추세로 진입한다면, 도시에 공급이 수요보다 더 많아지고 있다고 볼 수 있다.

단순히 현재 매매가격이 많이 올랐다고 해서 더 이상 안 오른다고 판단해서는 안 되며, 전세가율 추이를 보면서 판단해야 한다.

요즘 지방도 많이 올랐으니 끝이라고 얘기하는 분들이 있다. 그런데 2019년 말 경기도 아파트 가격이 많이 올랐을 때, 일부 전문가들은 2020년에 떨어질 것이라고 했지만 추가로 상승했다. 그러니 시장의 목소리는 참고하되, 나만의 전략을 짜면서 투자해야 한다. 만약 자신의 예측이 계속 틀리거나 전세가율이 하방으로 압력을 받는다면 매도를 생각해 보는 것이 좋다.

초보자일수록 전세가율에 주목하라

전세가율을 중요시하는 이유

공급은 통계로 나오지만 수요는 정확하게 알 수 없다. 수요층 별로 선호하는 물건의 형태와 특정 물건들의 수급상황을 제대로 알기 어렵다. 예를 들어 한 도시에 주택보급률이 높더라도 폐가나 다세대, 다가구가 많고 사람들이 선호하는 아파트는 적을 수도 있기 때문이다. 아울러 보통의 통계는 후행지표라 현재 시장을 제대로 반영하지 못한다. 따라서 부동산 투자를 할 때 공급이 많은지 적은지는 현장에서 알아봐야 한다.

어떤 물건을 투자할 때 수요와 공급을 예측하는 것은 매우 중요하다. 가격을 결정짓는 가장 중요한 요소이기 때문이다. 그래서 이 부분에 대해 고민을 많이 했는데, 내가 내린 결론은 "현재 시장의 수급상황은 전세가율을 보고 판단할 수 있다"는 것이었다.

현재 전세가율이 얼마인지를 잘 보면 그 물건 유형에 대한 수급상황, 공인중개사들의 의지, 투자자들의 유입 정도 등을 짐작할 수 있다.

전세가율 분석 예시

만약 A시에서 남쪽 동네의 전세가율이 80%인데 북쪽 동네의 전세가율이 99%라면, 두 동네는 거의 왕래가 없는 수준으로 봐야 한다. 만약 B

시와 C시가 모두 공급이 없는데, B시는 전세가율이 110%이고, C시는 전세가율이 90%이면, B시의 수급상황이 더 좋지 않다는 것이다.

또한 같은 도시에서 아파트 전세가율이 100%인데 빌라 전세가율은 80%라면, 아파트 전세를 찾는 사람이 아파트 전세 물건보다 많다는 것이다. 반면 빌라 공급은 양호한 편이고 아직 빈집이 있어 빌라 전세는 구하기 쉽다는 것이다. 종합적으로는 이 도시의 아파트, 빌라를 포함한 전체적인 공급은 양호한 편으로 볼 수 있고, 앞으로 공급물량이 없다면 빌라의 전세가율 상승도 점쳐볼 수 있다.

사실 전세가율이라는 결과는 워낙 다양하게 해석될 수 있기 때문에, 현장에서 뛰면서 하나씩 느껴 보아야 한다. 다만, 전세가율은 미래를 예측하기 위한 지표가 아니라 도시의 수요와 공급이 만들어 낸 결과라는 것을 명심하고, 본인만의 해석법을 익혀 실전투자에 사용해야 한다. 부동산 투자 초보자라면 무슨 말인지 감이 안 잡힐 수도 있지만, 실전경험이 쌓이다 보면 전세가율이 주는 의미가 굉장히 강력하다는 것을 알게 될 것이다.

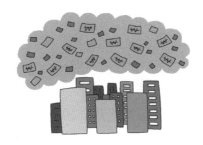

공급과 물건별 투자 타이밍

부동산 투자에서 공급이 중요한 이유는 '파동'을 만들기 때문이다. 공급은 마치 우리에게 이렇게 말하고 있는 것 같다.

"자. 지금부터 판을 깔아줄 테니 한 번 플레이를 해봐."

공급은 매년 일정하지 않기 때문에 시장에 변동성을 만들어 낸다. 이 변동성은 투자자들에게 기회를 준다. 여기에는 사람들의 심리적 요인도 작용한다. 공급이 시장에 변동성을 만들어 내면 매도인과 세입자들의 심리를 흔들게 된다. 공급 자체가 절대적 지표는 아니지만, 그 안에서 움직이는 매도인과 세입자들의 심리를 같이 본다면, 투자자들은 어느 정도 시장에 대한 예측이 가능해지게 된다.

예를 들면 투자자들은 향후 공급이 없는 도시를 보면 상승을 예측하게 된다. 이때 실제로 아파트 가격이 서서히 오르면 그 지역으로 많은 투자자들이 몰리게 되는데, 이 경우 전세물량이 많아져 전세가 하락이라는 변수를 만들기도 한다. 따라서 전체적인 판을 잘 읽어야 리스크가 적은 투자를 할 수 있다.

부동산 물건별 투자 타이밍

한 도시에 과잉공급이 왔을 때 어떤 물건부터 유동성이 투입되고, 그 유동성이 어떻게 이동하는지 알아보자. 한 지방의 예를 들어 물건 투자 타이밍을 좀더 자세히 알아보겠다.

📍 부동산 물건별 투자 타이밍

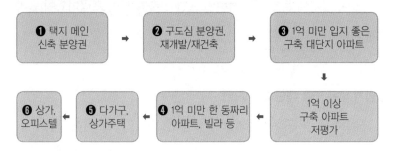

① 택지 메인 신축 분양권

우선 대규모 택지가 공급되면 수요가 구도심에서 택지로 이동할 수 있다. 처음에 외곽에 자리잡은 택지의 경우 영향력이 크지 않을 수 있지만, 신도시는 교육과 인프라 측면에서 엄청난 파급력을 가진다.

따라서 택지에 분양이 많은 시점에는 신축 분양권을 매수해야 한다. 택지 공급이 끝나고 신축 부지가 없어지면, 신축이 희소해져 앞으로 매매가가 크게 오를 수 있기 때문이다.

② 구도심 분양권, 재개발/재건축

택지 분양권 투자 타이밍을 놓쳤다면 구도심 분양권도 좋다. 인프라가 잘 갖춰진 구도심은 택지처럼 깔끔하진 않지만 생활여건이 좋고 직주근접 요건을 가지고 있다. 또한 동네에 배후 수요를 가지고 있기 때문에 가격이 안정적으로 상승할 수 있다.

아울러 재개발, 재건축이 될 만한 물건들을 선점할 타이밍이기도 하다. 그 이유는 택지개발이 끝난 시점이라 앞으로 공급은 재개발, 재건축을 통해 해야 하기 때문이다. 이 시기에는 사업성의 지표가 되는 주변 신축의 가격이 높기 때문에 재개발, 재건축의 사업성이 높아진다. 따라서 이 시기에 물건을 선점해 놓으면 신축과 같이 프리미엄이 올라가게 된다.

③ 입지 좋은 구축 대단지 아파트

다음으로는 주변 구축을 살펴보아야 한다. 신축 입주로 인해 구축이 빈집이 많아지면 구축의 매매가가 하락하기 때문에, 이때 매수해서 전세를 놓는 것도 좋은 방법이다. 나중에 구축까지 전세물량이 정리되어 도시에 전세매물이 없어지면 전체적으로 매매가가 오를 수 있다. 앞에서도 말했듯이 이를 '실거주장 초입'이라고 한다.

④ 핵심지 한 동짜리 아파트, 빌라

입지 좋은 구축의 매매가나 전세가가 오르면 기존 전세입자들이 갈 곳이 없어져서 가격이 싼 옆 동네로 이사를 가거나 한 동짜리 아파트로 몰리게 되는데, 그 결과 이들의 가격이 상승하게 된다.

⑤ 다가구, 상가주택

이제 다가구, 상가주택이 아파트 매매가에 비해 저평가 영역에 들어갔다고 볼 수 있다. 원래 아파트 상승기에는 월세가 하찮게 보이는 경향이 있기 때문에 상대적으로 수익형 부동산의 인기가 덜하지만, 상승장의 마지막으로 갈수록 수익형 부동산의 중요성이 커지고, 아파트에서 시세차익을 본 사람들은 보통 건물 매입이나 신축 등에 손을 대게 된다. 그러니 시간이 문제인 것이지, 언젠가 돈이 건물로 이동하게 되어 있다.

⑥ 상가, 오피스텔
만약 다가구, 상가주택까지 매매가가 오른다면, 다주택자들은 전체적으로 보유세 부담이 커지게 되며, 이미 자산의 덩치가 커진 사람들은 세금을 피하기 위해 상가나 오피스텔 등 진짜 수익형 물건으로 이동하게 된다.

실수요자와 전세가격

실수요란 대한민국에 살면서 집이 필요한 사람 모두를 말한다. 다만, 이 실수요는 경제력과 시간에 따라 원하는 집이 다르다는 특징이 있다.

대학생 때는 원룸 등에서 시작하고, 취직을 하면 투룸이나 1.5룸 같은 형태에 거주하게 되며, 결혼을 하면 신혼 때 낡은 구축에서 살다가 소득이 올라 생활여건이 좋아지면 신축으로 옮겨가기도 한다. 아기가 생긴다면 구성원에 맞게 평형을 고르게 되고, 자녀가 학교에 간다면 학군을 살펴보게 된다. 그리고 직주근접을 가장 중요하게 보는 사람도 있다.

실수요자들은 이처럼 자신의 상황에 따라 다양한 형태의 집을 구하며, 시간이 지남에 따라 또 다른 형태의 집으로 이사를 간다. 사람들이 '어떻게 이사를 하는가?'를 관찰하면 '신축 입주장부터 시작되는 빈집이 어떻게 채워지는가?'에 대한 힌트를 얻을 수 있고, 최적의 매수 타이밍을 짐작할 수 있게 된다.

신축 입주장부터 시작되는 빈집은 어떻게 채워지나?

한 도시에 신축이 많이 입주해서 일시적으로 빈집이 많이 생기면 전세금이 낮아진다. 그러면 세입자들은 같은 전세금으로 더 좋은 집에 살수 있다. 이렇게 되면 구축에 살던 사람들이 신축으로 이동하고, 빌라나

쓰리룸에서 살던 사람들이 구축 아파트로 이동하는 현상이 나타난다.

만약 대도시라면 근처 소도시에서 이사오는 사람들이 빈집들을 채워 주기도 하는데, 이때는 교육이나 일자리 목적으로 이동하는 사람들이 많다. 하지만 소도시 아파트 가격이 대도시 아파트 가격보다 싸기 때문에, 이동 시 '어떤 집에 살 것인가?'에 대한 고민이 많아질 텐데 이를 잘 파악하면 적절한 매물을 전세로 공급할 수 있게 된다.

예를 들어 전북 정읍시에서 1억원짜리 전세를 살던 사람이 자녀교육 때문에 전주로 이동한다면, 이들은 보통 1억원 정도 되는 전세를 구할 것이다. 그러면 이러한 수요가 얼마나 되는지, 그리고 1억원 정도의 전세는 어디에 있는지 알아보고, 학군지별로 골라 매물 리스트를 만들 수 있다. 한 예일 뿐이지만, 실제로 현장에 가서 전세 수요가 찾는 물건들을 먼저 파악하는 연습이 필요하다. 막연히 공인중개사무소에 전세를 내놓으면 임대가 나가겠지 하고 생각하지만 꼭 그렇지는 않다. 이동하는 수요 및 전세 매물 수를 관찰하고 예측해야 전세를 유리하게 놓을 수 있는 타이밍을 잡을 수 있다. 특히 입주물량과 사람들의 이동을 머릿속에 그릴 수 있다면, 매도자가 '팔아야 하는 집'을 공략해서 좀더 저렴하게 살 수 있고 원하는 가격에 전세를 놓을 수 있게 된다.

전월세 놓는 쏠쏠한 기술

임차인들이 어떤 사람들인지를 그려보고 관찰하면 전월세를 좀더 수월하고 쏠쏠하게 놓을 수 있다.

이를테면 전세보다 월세를 선호하는 사람들도 있다. 높은 일당을 받거나 현금장사를 하는 사람들 중에는 신용이 적어 전세 보증금을 많이 대출을 받기는 힘들지만 월수입이 좋으니 월세를 선호하는 경우가 있다. 이런 세입자들은 월세가 5~10만원 정도 더 높아도 집이 맘에 들면 대부분 수긍하고 들어온다.

반면 원천징수금액이 매년 발생하는 직장인 등은 대출을 일으켜 전세에 사는 것을 선호한다. 보통 월세보다 전세 이자가 싸기 때문이고, 신혼부부의 경우 양가에서 지원받는 금액이 있어 추가 이자를 내지 않아도 되기 때문이기도 하다. 집을 깨끗하게 만들어 놓고 신혼부부를 받는다면 전세금을 보통 5% 정도는 올려받을 수 있다. 또한 LH전세나 중기청 전세 같은 서민 지원 상품을 미리 잘 파악하고 있으면 좋다.(LH 전세에 대해선 뒤에서 좀더 자세히 설명한다).

정리해 보면, 임대차를 뺄 때는 시장의 상황과 실수요의 형태를 보고 적정한 전월세 가격을 정해야 한다. 보통 공인중개사들이 알려주는 시세를 전세가로 알고 있는 경우가 많은데, 그러면 플러스피를 만들어 내기 힘들다. 일반적으로 전세가가 매매가보다 높다는 것을 인정하지 못하는 분들이 많은데, 사실은 그렇지 않다.

물건을 살 때는 먼저 매매가와 전세가를 설정하고 미래가치를 추정하는 연습을 해야 한다. 공인중개사분의 말이 항상 맞는 것은 아니고, 기존 실거래가가 절대적인 것도 아니라는 것을 알아야 한다. 가격은 수요와 공급에 의해 결정되기 때문에, 이러한 예측을 잘할 수 있도록 실수요를 이해하는 경험을 쌓아가야 한다.

고수들이 타이밍을 잘 잡는 이유

근본적으로 전월세 가격은 공인중개사무소에서 결정하는 것이 아니라 시장에서 결정되는 것이다. 중개수수료를 두 배로 줘도 안 빠지는 물건은 절대로 안 빠진다.

가격을 판단하고 결정하는 것은 굉장히 어려운 일이며, 많은 경험을 하면서 판단력을 길러야 한다. 시장의 미묘한 기운을 느끼면서 체득하려면 매수와 매도를 최대한 많이 경험해야 한다.

투자를 오래한 실전 투자자들을 만나보면 그들은 시장을 정말 잘 관찰한다. "이 타이밍엔 이런 상품이 필요하다"는 것을 잘 안다. 그래서인지 이들은 인구가 적은 도시에서도 투자로 돈을 벌기도 한다.

나는 시장을 보는 법을 익히기 위해 한 도시에서 심도 있는 투자를 하고 있는데, 2년 정도 매주 주말 내려가 여러 물건을 사고팔며 경험을 하고 있으며, 앞으로도 최소한 2년 이상 더 머물면서 경험하려 한다. 한 도시에서만 4년을 공부하면 물건마다 진입 타이밍이 다르다는 것을 배울 수 있을 것 같고, 이는 앞으로 내 인생에 투자지표가 될 것이라 생각한다.

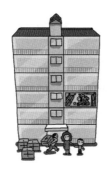

LH전세의 마법,
잘 이해하면 모두가 행복한 길

LH전세는 서민 주거 복지를 위해 저소득층에게 보증금의 95%를 저리로 지원해 주는 상품이다. 임차인들은 LH가 보증금의 95%를 저리로 지원해 주니 선호하는 반면, 임대인들은 절차가 복잡하여 선호하지 않는데, 이것을 잘 이용하면 전월세를 좀더 유리하게 놓을 수 있다.

예를 들어 원래 A아파트의 전세는 1억원, 월세는 보증금 1천만원에 40만원이라 가정해 보자. 임차인 입장에서 LH전세 제도를 이용하여 한도인 1억원에 전세를 들어가면, 보증금의 5%인 500만원을 자기 부담금으로 내고, LH에 매월 15만원 정도의 이자를 부담하게 된다. 그러면 임차인 입장에서는 보증금 1천만원에 월세 40만원으로 들어가는 것보다 보증금 500만원과 월세 25만원의 이득을 보게 된다.

만약 임대인이 집을 깨끗이 손본 다음 LH전세 1억원과 추가 월세 20만원을 받는다고 해보자. 그러면 임대인은 월세 20만원의 이득을 보는 것이고, 임차인 입장에서도 기존 월세(보증금 1천만원, 월세 40만원)보다 싼 보증금 500만원에 월 35만원(LH 월이자 15만원 + 추가 월세 20만원)으로 좀더 유리하게 사는 셈이다(원룸 월세 가격에 아파트 24평에 살 수 있는 것이다).

혹시 말이 안 된다고 생각하면 잘 생각해 보자. '보증금 1천만원에

40만원을 받는 임대인'과 '보증금 1억원에 35만원을 받는 임대인' 중에서 누가 집을 더 깨끗하게 고쳐줄까? 임대인은 좋은 조건에 전월세를 주었으니 집을 더 좋게 꾸며 줄 수 있는 여건이 마련된 것이고, 임차인도 임대인에게 추가 요청을 할 수 있는 것이다.

그럼 LH는 손해를 본 것일까? 아니다. LH전세는 서민 주거 지원 상품이며 사업을 추진하는 누군가에게는 실적이 된다. 물론 이 사업을 추진하는 목적이 잘못되었고 세금 낭비라고 한다면 논쟁이 되겠지만, 정한 규칙에 맞게 LH전세를 놓았기 때문에 현재로서는 문제가 없다고 본다. 또한 이러한 거래는 실물경제에도 영향을 미치는데, LH진행 법무사는 수수료를 받고, 임차인의 요구에 따라 들어간 인테리어 비용은 지역 자재상과 인부들의 매출이 된다. 시장에 돈이 도는 것이며 지역경제가 좋아진다.

결론적으로 보면 임대인은 LH전세를 유리하게 이용했고, 임차인도 시장가격보다 싼 가격에 더 좋은 집에서 세를 살 수 있게 되었다. 모두 실리를 추구했다고 볼 수 있으며, 추가적으로 실물경제 시장에도 좋은 영향을 주었다. LH전세는 한 가지 예시에 불과하다. 이처럼 시장 참여자들이 시장에서 어떻게 실리를 추구하는지 관찰하며, 이러한 심리를 바탕으로 시장을 예측하면 좋은 결과가 있을 것이다.

소자본엔 왜 플러스피 투자가 매력적인가?

플러스피는 많은 사람들이 사용하고 있는 개념인데, 나는 보통 '임대차를 맞추기 위해 지불한 비용의 합이 전세가보다 작은 경우'를 플러스피라고 한다. 예를 들어 매매가가 1억원이고 인테리어 비용이 1천만원, 매수 및 전세 중개수수료가 100만원, 등기비용이 150만원이라고 하면 전세가가 1억1,250만원을 넘어야 한다는 것이다.

전세가가 매매가보다 비싸다니, 사실 플러스피는 일반적인 상식에는 안 맞지만, 수요와 공급에 따라 일시적으로 발생한다. 따라서 이런 시장을 잘 찾으면 원금을 잃지 않는 투자를 할 수 있게 된다.

집을 사고 세를 준다는 것은 임차인에게 이렇게 말하는 것과 같다.

"전세금을 빌려주고 2년 동안 그 집에 사세요. 전세금은 제가 2년 정도 쓰다가 잘 돌려드릴게요."

플러스피는 집을 사고도 전세금을 받으면 돈이 남기 때문에 투자금이 계속 늘어나게 된다. 즉, 무이자로 돈을 더 빌리는 것과 같다. 이론상으로는 플러스피 투자를 많이 하면 자산도 늘어나고 보유현금도 많아지게 된다.

소자본엔
플러스피 투자가
왜 매력적이지?

플러스피 투자는 위험할까?

플러스피는 매매가보다 현재의 사용가치(전세가)가 높다는 것이다. 세입자들이 앞으로 집값이 하락할 것으로 생각해서 매매보다 전세를 선호한다고 보면 된다. 그러나 플러스피를 만들어 내는 시점에서는 보통 반전이 일어난다. 매매가가 사용가치(전세가)보다 낮으니, 일반적으로 이처럼 가치가 왜곡되면 시장은 그것을 바로잡기 위해 흘러간다. 즉, 보통 플러스피가 되는 시장은 전세가가 매매가를 밀어올리게 되고, 결국 매매가가 상승하게 된다.

플러스피 투자에 성공하려면

플러스피의 특징을 정리해 보면 다음과 같다.

첫째, 플러스피 물건을 매수하면 자산이 늘어나고 현금이 오히려 쌓인다.

둘째, 플러스피 물건이 많다면 매매가는 저평가 구간에 진입했으며, 전세가는 오를 확률이 높다.

플러스피를 지속적으로 만들어 내기 위해서는 시장을 노련하게 바라볼 필요가 있다. 기본적으로 전세가가 매매가와 붙어 있어야 하며, 전세가 빠른 시간에 나가야 한다. 투자자들이 갑자기 진입하는 시장은 피하는 것이 좋으며, 오직 실거주자들의 생각과 이동에 초점을 맞추어 투자 여부를 판단해야 한다.

물론 플러스피 투자에는 매우 다양한 방법이 있고 시기별, 물건별로 다 다르기 때문에 다양한 의견이 있을 수 있다. 내가 경험하고 느낀 몇 가지 경우를 적어보면 다음과 같다.

남들이 안 사는 것 중에서 골라야 한다

플러스피는 기본적으로 임차인들이 집을 사기 싫어해서 비싼 전세라도 들어가겠다는 시장에서 발생한다. 투자자들이 많이 들어가는 시장, 즉 남들이 다 좋다고 하는 물건들을 사면 보통 플러스피가 안 된다. 뭔가 하자가 있고 남들이 사기 싫어해야 집주인이 싸게 파는 것이다. 우선 집을 싸게 사야 플러스피라도 해보는 것이므로, 남들이 안 사는 물건으로 조용히 작업을 해야 한다.

중기청 대출, LH전세 등 임차인이 좋아하는 상품 허용

임차인과 가격에 대한 협상이 필수이며, 그들의 상황을 잘 파악해서 최적의 대안을 제시하는 것이 좋다. 나는 보통 LH전세를 이용할 때는 공인중개사무소를 통해 임차인의 사정을 파악하고, 그들이 받아들일 수 있을 것 같은 범위에서 가격을 결정해서 제시한다.

인테리어 전략 잘 먹힌다

기존에 집을 가지고 있던 사람들은 임차인이 들어오더라도 인테리어를 잘 안 해주는 경우가 많다. 하지만 신규 전세 수요가 신혼부부가 가장 많다는 것을 생각해 보면 인테리어 전략이 잘 먹힌다. 신혼부부 수요를 노려서 구축을 깨끗하게 바꿔 주면 전세가 비싸게 나갈 수 있다.

하지만 전세가를 매매가 지표인 KB시세보다 너무 높으면 전세자금대출이 안 될 수도 있다. 그래서 나는 보통 KB시세 밑으로 나온 급매 위주로 매수하여 인테리어를 하며, 전세 보증금은 전세보증보험이 되는 수준으로 제시하고 월세를 10만원 정도 받는 전략을 많이 쓴다. 인테리어 비용을 아낄 수 있다면 경쟁력이 많이 확보되므로, 30대라면 셀프 인테리어로 비용을 줄이는 방법을 추천한다.

시간을 이용하는 방법

요즘처럼 시장가격이 올라 당장 플러스피가 어려운 경우, 앞으로 전세가가 오를 것 같은 시장이라면 전세 만기가 6개월 정도 남은 물건을 사거나, 집주인이 사는 집을 잔금 날짜를 길게 걸어 산다. 그리고 6개월 정도 기다린 후 계약금과 추가 플러스피를 회수한다. 이런 물건을 살 때는 집주인이나 임차인들의 사정을 살피는 것이 중요한데, 나는 보통 신축 입주 지역의 구축을 노린다.

예를 들어 올해 10월 입주 예정인 아파트가 있다면 4,5월부터 이 아파트로 이사하는 사람들이 내놓는 아파트를 매수한다. 계약금을 걸고 전세를 구하는 조건으로 계약하고, 6개월 뒤에 전세를 놓으면 시장에 따라 플러스피가 되는 경우가 있다. 10월 입주장에 전세가가 밀릴 수 있다는 단점이 있으므로 시장분석을 잘해서 들어가야 하며, 신축과 가격이 많이 차이나는 물건으로 고르는 것이 팁이다.

사실 플러스피는 경험을 해야 하는 것이라 계속 물건을 찾고 사보고 전세를 놓아 보면서 기술을 늘려나가야 한다. 내가 강조하고 싶은 것은 '플러스피는 존재한다'라는 사실이다. 특히 소자본을 가지고 투자를 하는 사람은 플러스피를 찾아 투자하는 것이 효과적이다. 현금 확보를 지속적으로 할 수 있기 때문이다.

소액 투자자에게 플러스피 투자가 매력적인 이유

소자본으로 부동산 투자를 시작하면 우선 시세차익형에 투자해야 한다. 결국에는 수익형으로 갈아타야 하지만, 소자본 투자자에게는 그럴 만한 돈이 없기 때문이다. 플러스피 투자는 돈이 별로 안 들고 전세를 빼면 오히려 현금이 늘어나므로, 이를 활용해 시세차익형 자산을 확보한 뒤, 돈이 어느 정도 모이면 월세를 받는 수익형 상품을 갈아타는 것이다. 이렇게 된다면 특별히 대출을 많이 하지 않더라도 빠른 시간 안에 자산을 키워 수익형 상품에 투자할 수 있게 되어 강력한 현금흐름 파이프라인을 가지게 된다.

앞에서 말했듯, 부동산 자산만 늘리면 보유세 부담이 커져서 지속하기 힘들 수밖에 없는데, 이를 헤징하기 위해서는 추가적으로 매월 들어오는 현금흐름이 필요하다. 플러스피를 해서 남는 돈으로 월세를 세팅하면 시간이 갈수록 자산과 현금흐름이 좋아져서 보유세 부담에서 좀 더 벗어날 수 있을 것이다.

플러스피로 하는 건물 투자

몇 년 전부터 아파트를 사서 전세를 비싸게 주는 플러스피 투자를 하고 있는데, 처음에는 어려웠지만 우여곡절 끝에 노하우가 생겼고, 1년 정도 지나자 돈이 어느 정도 모이는 것을 느낄 수 있었다.

1억9천만원 투자로 월 330만원 수익

나는 그 돈으로 건물을 사기로 결심했고 지방에서 2억원 후반대의 상가주택을 매입했다. 대출을 1억8천만원 정도 받았으니 취득세 포함 내 돈은 1억3천만원 정도 들어갔다.

건물을 싸게 샀기 때문에 리모델링에 큰 부담이 없었고, 리모델링 비용을 1억8천만원 정도 들였다. 물론 과정이 쉽지는 않았지만, 첫 수익형 모델을 건물로 할 수 있었던 가장 큰 원동력은 아파트 플러스피로 확보한 현금이었다.

리모델링 비용까지 총 5억원이 들어간 이 건물은 현재 월세가 380만원에 이른다. 대출을 포함한 총 보증금은 3억1천만원으로, 1억9천만원을 투자하여 이자를 제외하면 330만원 정도의 수익을 내고 있는 것이다. 약 20%의 수익률이며, 이처럼 높은 수익률은 결국 건물 매매가로 반영되어 시세차익으로 돌아올 것이다.

"3억원짜리 건물이 어디 있나?"

서울이나 경기도에 사는 분들은 이런 말을 할 수도 있을 것이다. 하지만 아직도 지방에는 대지 60~70평에 3층짜리 번듯한 건물을 3억원 이하에 살 수 있는 경우가 많다.

플러스피 투자의 힘

2022년 현재 아파트 플러스피는 지방에 더 많이 있기 때문에, 나는 아파트 플러스피를 만들어 건물을 사는 시나리오는 지방에서 해야 한다고 생각한다. 조심스럽지만 개인적인 생각으로는, 2022년 현재 3천만원 정도의 소자본을 가진 사람도 지금부터 지방 플러스피 투자를 시작해서 지속한다면 5년 안에 나만의 작은 건물을 하나 가질 수 있을 것 같다.

처음 시작하는 단계에서 이 말을 들으면 막연할 수도 있겠지만, 나는 하나씩 경험했기에 그리 어렵지 않다는 것을 안다. 그리고 기억하자. 누군가는 오늘도 건물주라는 목표를 이루기 위해 노력하고 있으며, 시작도 하기 전에 부정적인 생각을 한다면 필패한다는 것을. 통장에 당장 돈이 없더라도, 오늘부터라도 부동산 공부를 시작해 하루하루 노력한다면 여러분도 충분히 건물주가 될 수 있다.

하루라도 빨리 시작하자

30대라면 자산시장에 들어오기에 절대로 늦은 나이가 아니다. 하루라도 빨리 월급이 내 삶을 지켜주지 않는다는 것을 깨닫고 투자를 시작하자. 하루라도 일찍 자산시장에 뛰어든다는 것은 하루라도 먼저 은퇴할 수 있다는 것이다.

충분히 할 수 있다

물론 막상 시작하려고 하면 방법도 모르겠고 두려운 것도 사실이다. 나도 처음 투자를 하면서 시행착오를 많이 겪었고, '다 잃으면 어떡하지?'라는 생각에 밤잠을 설친 적도 많았다. 하지만 5년 정도 운영해 보니 리스크는 대금 지불을 못할 때 오는 것이라는 것을 깨달았다. 즉, 자산을 잘 운영하면서 무리한 투자를 하지 않으면 실패하지 않는다는 것이다.

그리고 투자를 하면서 느끼는 두려움은 보통 '막연한' 두려움이다. 초보 시절에는 잘 극복되지 않지만, 시장에서 많은 경험을 쌓다 보면 자연스럽게 이겨낼 수 있게 된다. 그러니 긍정적인 마음으로 시작하고 계속해서 경험해 나가자. 충분히 할 수 있다.

잃지 않는 투자를 위하여

나는 주변 친구들 중에서 가장 빨리 부동산 투자를 시작한 사람 중 한 명이다. 요즘은 친한 친구들이 부동산에 관심을 가지기 시작해서 매주같이 토론하고 물건을 보러 다닌다. 아직 친구들은 많은 자산을 가지지 못했지만 매주 성장하는 마음으로 물건을 찾으며 플러스피를 만들고 있고, 셀프 인테리어로 비용을 절감하고 대출을 어디서 더 받을 수 있을까 고민도 한다. 가끔은 나보다 더 잘해서 놀랄 때도 있다. 이런 모습을 보면 '시작만 하면 누구나 할 수 있다'는 생각이 든다. 마지막으로 이 장의 내용을 정리하면서 마치겠다.

첫째, 자본주의의 룰을 알고 '자산을 어떻게 늘릴 것인가'와 '어떻게 잘 운영할 것인가'를 고민해야 한다.

둘째, 부동산에는 유동성장과 실거주장이 있다. 유동성장에서는 투자자들을 이해해야 돈을 벌 수 있으며, 실거주장은 실거주자들을 기반으로 움직이니 그들의 심리를 이해해야 한다.

셋째, 가진 돈이 작을수록 잃지 않는 투자를 해야 하며, 플러스피를 최대한 활용해서 자산과 현금을 늘려가야 한다.

넷째, 모든 시장 참여자들은 실리를 추구하기 때문에 그들의 심리를 파악해서 투자해야 시장에서 살아남을 수 있다.

다섯째, 부동산 투자는 스스로 경험하고 판단하며 시장에 적응해야 한다.

부디 이 책을 읽는 여러분들이 용기를 얻고, 투자를 시작해 성공적인 투자를 지속해 나갔으면 하는 마음 간절하다.